Henry DUHAMEL

VOYAGE
D'INSPECTION DE LA FRONTIÈRE
DES
ALPES EN 1752

PAR LE

Marquis de PAULMY

Secrétaire d'État, Adjoint au Ministre de la Guerre, le Comte d'Argenson

LIBRAIRIE DAUPHINOISE
H. FALQUE & FÉLIX PERRIN
GRENOBLE
—
1902

Honoré d'une souscription
du Ministère de la Guerre

VOYAGE
D'INSPECTION DE LA FRONTIÈRE
DES
ALPES EN 1752

Cet ouvrage a été tiré à 200 exemplaires

Henry DUHAMEL

VOYAGE

D'INSPECTION DE LA FRONTIÈRE

DES

ALPES EN 1752

PAR LE

Marquis de PAULMY

Secrétaire d'Etat, Adjoint au Ministre de la Guerre, le Comte d'Argenson

LIBRAIRIE DAUPHINOISE
H. FALQUE & FELIX PERRIN
GRENOBLE

1902

PRÉFACE

Dans les pays de montagnes, les effets des transformations des armées et des armes se font moins sentir que partout ailleurs, aussi la méthode historique y conserve-t-elle particulièrement sa valeur et reste-t-elle la meilleure et la plus sûre de toutes par les exemples qu'elle fournit à ceux qui s'intéressent à tout ce qui se rapporte à la défense de nos frontières.

C'est pourquoi l'histoire de la guerre de la succession d'Autriche (1742-1748), plus encore que celle de la succession d'Espagne (1701-1713), présente toujours un sérieux intérêt pour l'étude de notre région alpine, par le fait que les conditions dans lesquelles elle eut lieu se rapprochent davantage de celles de la guerre moderne.

Le traité d'Utrecht avait tracé, entre le Dauphiné et le Piémont, les frontières qui séparent aujourd'hui la France de l'Italie, et, dès les premières campagnes, la conquête de la Savoie et du Comté de Nice achevait de créer entre les deux pays une situation identique à la situation actuelle. Pendant sept ans, les belligérants en vinrent aux mains sur tous les points vulnérables de l'immense périmètre formé par les Alpes et l'Apennin ; la guerre fut successivement portée dans la Savoie, dans le comté de Nice, dans les plaines du Pô et de celles-ci jusqu'aux portes de Toulon. Les enseignements qui découlent de l'étude de ces événements sont des plus instructifs ; on ne saurait méconnaître leur portée; qu'il suffise de dire que Bonaparte y trouva les éléments de sa merveilleuse campagne d'Italie » [1].

Nous ne pouvions mieux mettre en relief la valeur des documents historiques et topographiques recueillis au milieu du xviiie siècle sur notre frontière du sud-est qu'en rappelant en tête du Journal de voyage d'inspection du Marquis de Paulmy, adjoint à cette époque au Ministre de la Guerre, les suggestives appréciations données à leur sujet par un des initiateurs les plus particulièrement autorisés de l'alpinisme militaire en France, M. le général Arvers, auquel on doit la remarquable publication du « Mémoire du lieutenant-général de Vault sur la guerre de la succession d'Autriche » et celle du très important manuscrit du lieutenant-général de Bourcet sur les « Principes de la guerre de montagne » daté de 1775.

Antoine-René de Voyer d'Argenson, marquis de Paulmy [2], né en

---

[1] Guerre de la succession d'Autriche. Mémoire de de Vault, annoté par M. le colonel Arvers. Tome 1er, p. XI.

[2] L'extrait suivant d'une lettre adressée le 19 juillet 1744 au comte Marc-René d'Argenson, ministre de la guerre, par son frère, le marquis René-Louis d'Argenson, à l'occasion du prochain mariage du fils de ce dernier, le marquis de Paulmy, avec Marguerite Fyot de la Marche, fille du premier président au parlement de Dijon, indique les très intéressantes raisons qui engagèrent à donner au marquis de Paulmy le nom d'une terre qui ne lui appartenait pas, car elle était propriété de la famille de la Rivière, dont l'héritier direct fut le marquis de la Fayette, descendant de la branche aînée des Paulmy :

« Il s'agit de nommer dans le monde les deux nouveaux mariés et je vous prie d'y concourir, mon cher frère ; ce que je demande, c'est qu'ils aient un nom distinctif de nous deux, aussi bien que mon neveu, qui sera, s'il plaît à Dieu, marié cet automne.

« S'il y a quatre *Monsieur et Madame d'Argenson*, cela impatientera le public et nous nous attirerons des sobriquets. Peut-être on viendra-t-il de désobligeants. Excepté cet amour de l'ordre, je n'affecte aucun nom. Vous vous appelez le *comte d'Argenson*. Cela est à sa place, surtout depuis que vous n'êtes plus magistrat. Moi qui le suis, je ne m'annonce pas pour *marquis* ; mais on me nomme ainsi : je laisse faire, cela nous distingue, on y est fait.

« Ma belle-sœur m'a dit qu'on n'appelait plus mon neveu M. le marquis *de Voyer*, mais M. le marquis *d'Argenson*. Je lui ai représenté, et je vous représente, mon cher frère, que c'est là mon nom, et depuis longtemps, et qu'il ne serait pas bien de me le prendre, étant l'aîné, ayant la terre qui est marquisat, et étant

1722, était fils du marquis René-Louis, marquis d'Argenson, qui, ministre des affaires étrangères de 1744 à 1747, est surtout connu par ses Mémoires plusieurs fois réédités au siècle dernier. Conseiller au Parlement, puis maître des requêtes, le marquis de Paulmy demeura ambassadeur en Suisse de 1748 à 1751. Dès qu'il fut adjoint, vers la fin de cette dernière année, comme Secrétaire d'Etat au ministre de la guerre, le comte Marc-René d'Argenson, son oncle, avec la survivance de ce département assurée, on le chargea d'entreprendre une série de tournées militaires dont la première fut consacrée au sud-est de la France.

Dans ce voyage d'études, M. de Paulmy était accompagné, notamment, du marquis de Voyer, son cousin, maréchal de camp, inspecteur général de cavalerie et directeur des haras, de son beau-frère le comte de Maillebois, fils du maréchal, et de M. de Villemur, lieutenants-généraux et inspecteurs d'infanterie, de M. d'Affri, lieutenant-

---

dénommé ainsi depuis la mort de mon père. Ainsi, quand mon neveu aura femme surtout, je vous prie de lui donner un autre nom. Appelez-le M. de Voyer ; c'est le nom de la maison, et mon neveu a toujours porté ce nom au collège et à l'Académie.

« De même il y a, pour celui de Paulmy à faire porter à mon fils et à ma belle-fille, que j'ai déjà nommé mon fils comme cela depuis sa sortie du collège. Monsieur et Madame *de la Rivière* non seulement le permettent, mais, m'y exhortent. Quoique nous n'ayons pas cette terre à nous, nous en prenons le nom dans les actes. Il y a mille exemples de cela, la branche que vous commencez, MM. *de Caumartin* n'ont pas leur terre, les *d'Argouges*, et autres exemples illustres *(Condé, Conti,* etc.). C'est le nom de nos aînés, branche, réponds-je modestement, plus connue dans l'histoire et dans le service, si le nom *d'Argenson* l'est davantage aujourd'hui à Paris et dans l'âge moderne.

« Décidez, je vous prie, mais il faut un nom distinctif. Jusqu'à votre décision, cela ira flottant, variant ; c'est à l'occasion des mariages qu'il faut prendre plus net son parti sur cet article. A nos décès, nos enfants reprendront nos noms s'ils font bien ; c'est l'usage ».

Les deux frères n'échappèrent toutefois ni l'un ni l'autre aux sobriquets. Le marquis René-Louis fut appelé « *la Bête* » et le comte Marc-René « *Cadet* ou la *Chèvre* ». Ce dernier fut aussi qualifié d'*Organisateur des Victoires*, en souvenir des glorieuses batailles de Fontenoy et de Lawfeld.

Le portrait du Marquis de Paulmy joint à ce Journal est la reproduction d'une gravure de A. de Saint-Aubin, d'après Le Carpentier. Des douze épreuves tirées vers 1812, six furent offertes au Duc de Luxembourg, petit-fils du Marquis de Paulmy.

colonel du régiment des gardes suisses, et de M. de Monteil, colonel du régiment de Nivernais.

Sur l'ordre du Ministre de la guerre, cet Etat-Major fut suivi du brigadier d'infanterie et ingénieur en chef Pierre-Joseph Bourcet, spécialement occupé depuis 1749 de la direction du lever de la carte géométrique du Haut-Dauphiné et du Comté de Nice, qui fut gravée en 1758 à l'échelle du 86.400° (une ligne pour cent toises). Nul ne connaissait mieux que Pierre-Joseph Bourcet cette région montagneuse dont il était originaire et dans laquelle les capitaines Pierre Bourcet, son bisaïeul, et Daniel-André Bourcet, son père, s'étaient maintes fois illustrés. Cependant, malgré ses mérites éminents, le futur lieutenant-général, qui notamment avait puissamment secondé le prince de Conti et le maréchal de Maillebois durant les récentes campagnes de la succession d'Autriche, n'était pas connu de M. de Paulmy lorsqu'il fut invité à se rendre à Lyon pour se mettre à la disposition de ce dernier.

La jalousie avait pris les devants et fait aux yeux de M. de Paulmy un portrait peu avantageux de Bourcet.

« On l'avait annoncé comme *un bon homme, un bon guide, qui ne connaissait que les grands chemins*, de manière que cet officier n'eut pas lieu d'être absolument content du premier accueil de ce ministre. Instruit de la façon dont on l'avait dépeint, le sieur Bourcet joua, en partant de Grenoble, le personnage d'indicateur, affectant de nommer scrupuleusement les villages et les sentiers qui se trouvaient sur la route de Grenoble à Vizille. Là, il commença à prendre un autre ton. Il s'agissait de convaincre M. de Paulmy, sa suite et l'intendant[1] même, que l'emplacement sur lequel on avait établi le pont qui traverse la Romanche était absolument contraire à l'objet militaire parce qu'il réunit les deux routes au bourg qui, par sa position entourée de montagnes qui resserrent son bassin, ne peut jamais servir à un lieu d'assemblée.

La contestation fut assez vive, et M. de Paulmy, qui sentit l'incon-

---

[1] Pierre-Jean-François De La Porte, chevalier, marquis de Presles, Mers, Saint-Chartier, Sarzay et autres lieux, seigneur de Meslay, Saint-Firmin et Linières, conseiller du Roy en tous ses conseils, maître des requêtes ordinaires de son Hôtel, intendant de justice, police et finances en Dauphiné.

vénient de n'avoir qu'une seule route dont on pût faire usage en cas de guerre, demanda un second chemin distinct du premier pour arriver de Grenoble à Vizille, d'où, par le Rivoiran, Séchilienne et le Bourg-d'Oisans, à Briançon.

De Vizille, M. de Paulmy fit la montée de la Frey en litière et voulut avoir le sieur Bourcet avec lui [1]. Pendant ce trajet, il eut lieu de s'apercevoir combien on s'était écarté de la vérité et de la justice en ne lui désignant le sieur Bourcet que comme un guide. En arrivant à La Mure et en descendant de sa litière, il dit aux personnes qui vinrent l'entourer : « Messieurs, voilà une voiture bien instruite », et dès ce moment, au mécontentement de quelques-uns, ce ministre témoigna tous les égards possibles à son conducteur. Il y mit le comble lorsqu'à la fin de sa tournée le sieur Bourcet lui remit le journal de sa marche, qui contenait toutes les observations civiles et militaires qui devaient faire l'objet de son voyage, depuis Grenoble jusqu'aux extrémités du Roussillon [2] ».

Pierre Bourcet, né en 1700, avait débuté dès l'enfance dans la carrière militaire. En effet, de 1708 à 1713, il servit comme lieutenant de son père ; six ans plus tard, il faisait campagne sur les frontières d'Espagne. Les études de mathématiques auxquelles il s'adonna lui valurent d'être nommé officier pointeur en 1722 ; puis, au cours d'une tournée sur la frontière des Alpes où il accompagnait M. de Launay, lieutenant-général d'artillerie, il fut chargé par ce dernier de l'inspection spéciale des places des hautes vallées du Var et du Verdon.

Sur les instances du Maréchal de Berwick, le commandant du corps des ingénieurs, M. d'Asfeld, l'admit enfin dans le corps du génie pour lequel il se sentait une véritable vocation. Quelques jours après sa nomination en cette qualité à Briançon, il était chargé, entre autres travaux, de la construction du fameux Pont de communication, aussi appelé Pont d'Asfeld, dont l'arche unique de 40 mètres d'ouverture

---

[1] M. de Paulmy demanda au sieur Bourcet s'il craignait le rebours, il lui répondit ironiquement qu'il ne craignait rien.

[2] Notice attribuée à Jean Berthelot, secrétaire du lieutenant-général de Bourcet, publiée dans : *Les Bourcet et leur rôle dans les guerres alpines*, par M. le lt-colonel de Rochas d'Aiglun. Paris 1895. 1 vol. in-8°, page 60.

réunit les deux rives extrêmement escarpées entre lesquelles la Durance coule à 56 mètres de profondeur[1].

Au cours des campagnes d'Italie, de 1733 à 1735, aussi bien que pendant la guerre de la succession d'Autriche, il ne cessa de rendre de signalés services soit comme ingénieur, soit comme principal auteur des projets d'opérations qui réussirent le mieux. Cependant le comte d'Argenson, ministre de la guerre, lui refusa le titre d'aide-maréchal général des logis de l'armée, dont Bourcet avait rempli effectivement les fonctions.

« Je sais, écrivit de Bruxelles, le 21 juin 1747, le ministre, au comte de Mortaigne, combien le sieur Bourcet peut vous être utile et combien la connaissance qu'il a du pays où vous êtes et où vous allez entrer doit vous faire désirer qu'il fasse les fonctions d'aide-maréchal des logis de l'armée, aussi ne m'opposerai-je point à ce qu'il en remplisse les fonctions et qu'il en ait les émoluments, quand M. de Belle-Isle et vous, le jugerez nécessaire ; mais quant à consentir qu'il en ait le titre, je ne puis vaincre ma répugnance sur cet article, cette qualité ne me paraissant pas compatible avec celle d'ingénieur. Je crois qu'en y réfléchissant vous le sentirez aussi bien que moi. M. le maréchal de Belle-Isle en est convenu avec moi à son dernier voyage à Versailles. »

Toutefois, en cette occurrence, le maréchal de Belle-Isle persista à manifester, au dire du marquis de Pezay, historien des campagnes du maréchal de Maillebois « une qualité trop rare dans les Chefs ; celle de laisser entière à l'inférieur, à qui elle appartient, la gloire que les Chefs peuvent trop souvent usurper. »

Témoin des éclatants services que Bourcet rendait à l'armée, il insista en effet de nouveau auprès du ministre sur la valeur de ce dernier, dans une lettre adressée au comte d'Argenson le 21 octobre :

« Quelque instruit que vous soyez du mérite de M. de Bourcet, il est impossible que vous le connaissiez dans toute son étendue. Il réunit tant de talents et de vertus que je ne peux vous supplier assez de le récompenser, il a été l'âme de tout ce qui vient de se faire ».

Enfin, le 1er janvier 1748, Bourcet obtenait le grade de brigadier d'infanterie.

C'est alors qu'ayant fait pendant la guerre l'expérience de l'im-

---

[1] Voir à la fin du Journal de Voyage : *Documents annexes, 1er Mémoire*.

portance considérable de connaître en détail le pays dans lequel on avait à opérer, il obtint du ministre de la guerre d'employer pendant la paix les officiers du génie à étendre jusqu'à l'extrême frontière du Dauphiné le levé géométrique de la carte des comtés de Nice et Beuil qu'il avait fait effectuer par les ingénieurs du roi au cours des précédentes campagnes.

On peut aisément se rendre compte de la valeur des renseignements que le marquis de Paulmy fut à même de recueillir en 1752 au cours de son voyage d'inspection de la frontière des Alpes avec un guide comme Bourcet [1].

Parmi les divers mémoires remis à M. de Paulmy à l'occasion de ce voyage le plus grand nombre et les plus importants émanent d'ailleurs de Bourcet. Les originaux de ces intéressants manuscrits signés par leur auteur et généralement accompagnés d'annotations critiques, remarquablement judicieuses, écrites par diverses hautes personnalités militaires de l'époque, sont conservés à la Bibliothèque de l'Arsenal fondée par le marquis de Paulmy et cédée par lui, en 1785, au comte d'Artois. Cette superbe collection possède également plusieurs cartes dressées à l'occasion des reconnaissances faites par M. de Paulmy ainsi qu'un manuscrit donnant presque absolument le même texte du compte-rendu de la Tournée militaire de 1752 dans le sud-est de la France, que le journal qui fait l'objet de la présente publication.

Cependant, alors que dans notre manuscrit le comte de Guibert, mentionné sur la première page comme en étant l'auteur, paraît exposer les faits d'après ses propres impressions, il semblerait à la lecture du texte de la copie appartenant à la Bibliothèque de l'Arsenal que M. de Paulmy y a consigné personnellement les observations recueillies durant son voyage.

Cette modification dans le mode de rédaction est nettement expli-

---

[1] Bourcet fut nommé : Directeur des fortifications du Dauphiné, le 1ᵉʳ juin 1756 ; Maréchal de Camp, le 1ᵉʳ février 1758 ; Lieutenant-Général en Dauphiné, le 2 mai 1760 ; Grand-Croix de l'Ordre de St-Louis en 1770.

Il n'avait pas moins de 72 années de service lorsqu'il mourut à 81 ans, le 14 octobre 1780, dans une propriété des environs de Grenoble, située près du nouveau fort auquel son nom a été donné sur la proposition du savant historien de la frontière des Alpes, le lᵗ-colonel de Rochas d'Aiglun.

quée par la note suivante placée en tête de ce dernier volume qui appartint à M. de Paulmy :

Tournée militaire de M. le marquis de Paulmy, adjoint à M. le comte d'Argenson, son oncle, ministre de la guerre, dans les provinces de Dauphiné, Provence, Languedoc, Roussillon.

« J'ai rédigé les quatre tournées suivantes sur les itinéraires de
« M. de Paulmy, sur un grand nombre de mémoires de toute espèce
« qu'il avait emportés d'ici pour son instruction, sur beaucoup d'au-
« tres pièces qui lui avaient été fournies sur les lieux par les ingé-
« nieurs et autres officiers, par les intendants et enfin sur quantité
« de places et de cartes particulières sans lesquelles il m'aurait été
« impossible d'arriver à la vérité, du moins à la précision.

« Dans plusieurs endroits où les mémoires m'ont manqué j'ai con-
« sulté M. de Paulmy qui ayant la mémoire excellente et toute fraî-
« che pour les objets qu'il venait de voir me racontait ce qu'il avait
« vu et je l'écrivis ensuite chez moi, dans la forme que j'ai suivie
« partout.

« J'ai trouvé plus commode et plus décent de faire parler M. de
« Paulmy que de raconter par lui. »

Le lieutenant-général Charles Benoît, comte de Guibert, né à Montauban en 1715, avait servi brillamment en Italie. C'est lui, d'autre part, que le duc de Choiseul chargea de rédiger *l'Ordonnance du service en Campagne* de 1778, considérée par Wimpffen comme la perfection du genre, du moins théoriquement car elle ne fut jamais mise à l'essai.

Son fils, le général Jacques-Antoine-Hippolyte, comte de Guibert, fut à l'Académie française le collègue du marquis de Paulmy, il n'avait que neuf ans, lorsque celui-ci effectua sa reconnaissance de la frontière des Alpes. Mais, de 1775 à 1785, ayant été également appelé à visiter diverses régions montagneuses de la France et de l'étranger, il recueillit une série d'observations décrites de façon singulièrement suggestives dans ses notes sur ce voyage [1] entrepris dans un tout autre but que celui du marquis de Paulmy.

---

[1] *Voyages de Guibert dans diverses parties de la France et en Suisse, faits en 1775, 1778, 1784 et 1785.* Ouvrage posthume publié par sa veuve. Paris, 1806, 1 vol, in-8°.

« On trouve, dit-il par exemple, à l'avantage des habitants des Alpes, toutes les vertus et les qualités qui naissent de leur constitution. Plus d'hospitalité, plus de franchise, plus d'énergie, plus de lumières, plus d'air, du bonheur, de la sérénité, de l'innocence et de la santé réunis ; enfin, de plus grandes idées, soit amenées par les souvenirs de l'histoire, soit inspirées par les sentiments et les images de liberté qui vous y environnent, disposent l'âme à plus d'enthousiasme, et l'esprit à plus de réflexion ».

Et ailleurs, à propos de la mauvaise tenue des auberges, ce général, dont l'*Essai de tactique générale* fait encore autorité de nos jours, se révèle en véritable précurseur de l'hygiène moderne lorsqu'il s'écrit : « Pourquoi n'exigerait-on pas de ceux qui en établissent d'avoir des moyens, un local, un mobilier et une industrie proportionnés à l'espèce d'auberge qu'ils se proposent de tenir? Pourquoi n'y pas défendre les tapisseries et les meubles de laine, et exiger de simples murailles bien blanchies, et reblanchies ensuite toutes les fois que les juges de police, dans leur visite, le jugeraient nécessaire..... »

En dehors de l'intérêt offert par l'ensemble de mémoires qui, remis en 1752 au marquis de Paulmy, ont permis de donner un état descriptif général exact, de notre frontière du Sud-Est à cette époque, il convient de signaler de façon toute particulière l'importance de la série de Cartes manuscrites dressées spécialement à l'occasion de cette reconnaissance, par le colonel Ryhiner, collaborateur de Bourcet dans cette tournée d'inspection.

De nombreux tracés de voies de communication dont nulle autre carte publiée jusqu'ici ne fait mention, joints à une quantité d'indications spéciales inédites, noms de lieux, panoramas visibles de points principaux d'observations, etc., concernant les deux côtés de cette partie de la frontière et se rapportant plus ou moins directement au Journal du Voyage du marquis de Paulmy, donnent une valeur exceptionnelle à ces précieux documents topographiques qui comprennent cinq feuilles. Seule, la première ayant trait au parcours de Paris à Lyon, est d'un médiocre intérêt en ce qui concerne les alpes franco-italiennes.

La seconde est consacrée à la région du *Bas Dauphiné* comprise entre le Rhône, au Nord et à l'Ouest, et l'Isère au Sud et vers l'Est.

La troisième, figurant le *Haut Dauphiné*, a pour limites extrêmes

Grenoble, Gap, Tournoux, le Viso, Fenestrelle et St-Jean-de-Maurienne ;

La quatrième comprend la *Haute Provence*, depuis Serres à l'Ouest et le Viso au Nord, jusqu'à Broc sur-Var au Sud et Coni à l'Est.

Enfin, la cinquième, la *Basse Provence*, s'étend d'Arles vers Menton.

Au point de vue artistique, des scènes représentant les épisodes les plus caractéristiques du voyage ornent agréablement les marges de chaque carte, où elles forment une succession de tableaux admirablement dessinés et fort curieux, en particulier au point de vue documentaire, par les costumes des personnages, officiers, soldats, montagnards, bourgeois, etc., qui les animent, ainsi que par l'originalité de la composition des échelles de mesure des distances.

H. DUHAMEL.

PREMIÈRE PARTIE

BAS-DAUPHINÉ

Je rappelle ce voyage dans le même ordre que je l'ai fait et dans le même dessein, c'est-à-dire pour ma propre instruction. Avant de l'entreprendre j'en concevais tous les avantages, et les objets m'ont fait sentir encore plus vivement sur les lieux la nécessité de les reconnaître. Je leur ai donné l'attention la plus forte et la plus suivie. Je n'ai manqué ni de zèle, ni d'activité, et je souhaite que les connaissances que j'ai pu prendre ne soient point inutiles au service du Roi.

DE PARIS A LYON

(Le 3 juillet, de Paris à Villeneuve-la-Guiare ; le 4, à Viteaux ; le 5, à Dijon ; le 6, à Tournus ; le 7, à Lyon. Total : 100 lieues).

En partant de Paris le 3 juillet, je n'ai trouvé sur toute la route de la Bourgogne rien à remarquer par rapport à la guerre. Ce pays en est naturellement à couvert par l'éloignement des frontières. J'ai été coucher le même jour à Villeneuve-la-Guiare, le 4 à Viteaux et le 5 à Dijon. Le 6, j'ai été coucher à Tournus, après avoir dîné à Chalon-sur-Saône et visité la citadelle de cette ville.

Cette citadelle me parut assez bonne. Elle est fortifiée assez régulièrement ; rien ne la domine. Cependant elle mérite peu l'attention depuis que la Bresse et la Franche-Comté appartiennent à la France. C'est, au reste, une résidence agréable pour un état-major et des invalides. On réparerait aisément le chemin couvert et plusieurs parties du revêtement qui sont en mauvais état.

Situation et importance de Lyon. — On séjourna le 8 et le 9 à Lyon. La situation heureuse et magnifique de cette ville, sa grandeur, l'étendue de son commerce et la perfection de ses manufactures lui ont mérité la célébrité dont elle jouit. Ce n'est proprement qu'une grande fabrique, mais la plus belle de l'Europe, dont il ne serait ni convenable de faire une place de guerre, ni aisé d'en faire une bonne.

Le Rhône lui forme cependant un rempart respectable du côté le plus exposé, c'est-à-dire du côté du Dauphiné et de la Savoie. La multitude de ses habitants serait seule en état de construire, dans le besoin, les retranchements nécessaires pour sa défense, et même de les garnir suffisamment si elle en avait la volonté. Mais aussi il faut convenir que cette multitude serait à charge en cas d'investissement, quoique deux rivières, telles que le Rhône et la Saône, puissent donner bien de l'aisance à cette ville pour faire promptement des approvisionnements abondants.

Le château de Pierre-Encise, que j'ai visité, n'est bon qu'à l'usage qu'on en fait d'y renfermer des prisonniers. Trop petit, trop bizarrement construit, trop mal placé pour servir de citadelle à une ville qu'il ne domine point, et qu'il ne peut ni protéger ni tenir en bride, il ne défend pas même le pied de son escarpement. Ce n'est que pour la montre qu'il a du canon, dont on n'ose faire usage, parce qu'on a éprouvé que l'effort fait sauter en éclat le roc tendre et cassant sur lequel ce château est bâti.

On a proposé de construire une véritable citadelle sur la montagne de Fourvières, sur la rive droite de la Saône. Elle serait placée convenablement pour contenir la ville, mais non pas pour la défendre. Il faudrait des fonds considérables pour une pareille entreprise et le seul objet qu'on aurait en vue parait être suffisamment rempli par les précautions qu'on a prises depuis quelques années de diminuer le pouvoir de la bourgeoisie dans la ville de Lyon, d'y établir l'autorité militaire et de tenir toujours des troupes à portée d'y entrer. La garnison de Lyon n'est cependant actuellement composée que d'une compagnie d'infanterie qui se prétend détachée du régiment Lyonnais, qui en porte l'uniforme et dont les hommes sont très beaux et ont plus l'air de guerre qu'on ne devrait l'exiger d'une troupe semblable. Le guet et les autres compagnies bourgeoises sont belles aussi et bien vêtues.

Il y a une salle ou magasin d'armes qui appartient au roi et qui occupe un étage entier des greniers publics appelés les greniers d'abondance. Cet étage serait plus utilement employé au même usage que le reste du bâtiment. Les armes seraient mieux logées aussi dans l'arsenal, dont l'emplacement est assez vaste et bien choisi ; la ville offre d'y bâtir à cet effet une aile aussi magnifique que la salle qu'on lui rendrait. Alors les effets du roi seraient réunis et conservés plus commodément et plus sûrement dans le même lieu. Il en reste beaucoup de la dernière guerre appartenant à l'artillerie et cet arsenal n'en doit être jamais dégarni, à cause de l'aisance qu'on a pour les transporter de là dans tout le Dauphiné, le Languedoc et la Provence, à l'égard desquels et de l'Italie même Lyon peut être regardée comme le premier dépôt de la guerre.

DE LYON A VAUCERRE

(*De Lyon à Saint-Laurent-de-Mure, 3 lieues ; à la Verpillère, 2 l.; à Bourgoin, 2 l.; à Ruis, 1/2 l.; à Vachère, 1 l.; à la Tour-du-Pin, 1 l. 1/2 ; au Gud, 1 l. 1/2 ; aux Abrets, 3/4 l.; au Pont-de-Beauvoisin, 3/4 l.; au château de Vaucerre, 3/4 l. Total : 13 l. 3/4).*

On partit de Lyon le 10 pour se porter par la grande chaussée au Pont-de-Beauvoisin, qui est la limite la plus marquée entre la France et la Savoye et la communication la plus connue des voyageurs. De Lyon jusqu'à Bourgoin le pays est cultivé et fertile : c'est un bassin assez vaste formé par la courbe que décrit le Rhône au-dessus et au-dessous de Lyon dans un cours de 8 à 10 lieues. On a toujours fait camper de la cavalerie dans ce bassin lorsqu'on a eu lieu de craindre que la ville de Lyon ne fût insultée. Il y a un beau camp à prendre à moitié chemin entre les villages de Saint-Laurent et de la Verpillière, derrière de grands marais.

Bourgoin est un gros bourg, fort riche, que sa position entre Lyon, le Pont-de-Beauvoisin, Vienne et Grenoble, rend naturellement le quartier général et le centre de tout corps d'armée qu'on voudra assembler entre le Rhône et le Guiers.

J'ai vu à Bourgoin le corps des Volontaires du Dauphiné, ce reste de différentes troupes légères qui ont servi dans les armées d'Italie pendant la dernière guerre et dont on a cru devoir conserver un fond pour l'employer dans les mêmes pays, dans des besoins semblables. Le commandant est tout ce qu'il y a de meilleur dans cet ordre de troupes légères et il a sous lui plusieurs capitaines qui ont aussi du mérite dans le même genre. Au reste, il y a assez de divisions, beaucoup de dérangement dans ses finances et il est mal exercé parce qu'on ne le rassemble presque jamais.

Entre le village des Abrets et le Pont-de-Beauvoisin, je découvris à gauche le cours du Rhône, celui du Guiers, leur confluent à Saint-Genix-d'Aoste et, près de ce lieu, l'emplacement du pont projeté sur le Rhône pour passer du Dauphiné dans le Bugey. Ce pont fera une partie essentielle d'un grand chemin de communication qui part de Moirans en Dauphiné, sur la route de Lyon à Grenoble, et doit conduire de là jusqu'au Bugey et même dans la Bresse ; il est déjà fort avancé et ce sera une traverse importante pour le commerce. Je m'arrêtai au village du Pont-de-Beauvoisin pour en observer la position, et, après avoir examiné de plus près le cours du Guiers, ses rives opposées tant au-dessous qu'au-dessus de ce dernier endroit, et le tableau général du pays, on fut coucher au château de Vaucerre, où M. le comte de Marcieu attendait M. le marquis de Paulmy pour l'accompagner jusqu'à Grenoble.

Frontière française des Alpes. — Saint-Genis-d'Aoste est le premier point de la ligne que nous avions à parcourir en prenant la frontière des Alpes de la gauche à la droite, depuis l'embouchure du Guiers dans le Rhône jusqu'à celle du Var dans la mer ; ce qui fait un front d'environ cent lieues de pays en suivant les enclaves et les contours des montagnes, des vallées et des ravins. Cette étendue peut se réduire à six divisions.

La première va de Saint-Genis-d'Aoste jusqu'aux cols du Galibier et du Lautaret, entre le commencement du Dauphiné et toute la Savoye. Elle se subdivise en cinq points principaux qui sont : le Pont-de-Beauvoisin, l'Entre-deux-Guiers, Barraux, la vallée de Graisivandan et le pays de ce nom.

La seconde, depuis le Galibier, comprend le Mont-Genèvre et la lisière du Briançonnais jusqu'à la vallée du Queyras, entre le Dauphiné et le Piémont ; elle peut recevoir aussi plusieurs subdivisions.

La troisième, continuant entre le Piémont et le Dauphiné et finissant de notre côté à la Provence, comprend la vallée du Queyras jusqu'au col Marie ou de Vars.

La quatrième s'étend depuis le col de Vars jusqu'à l'autre extrémité de la vallée de Barcelonnette, entre la Provence et le Piémont.

La cinquième, aussi entre la Provence et le Piémont, comprend l'étendue de pays couverte par les places de Colmars, de Guillaume et d'Entrevaux.

La sixième commence à Entrevaux et finit à l'embouchure du Var qui sépare la Provence du comté de Nice.

Cette frontière, la plus singulière du royaume et la plus curieuse à étudier, demandera que j'entre dans de grands détails, surtout par rapport à la défensive. Il convient cependant d'observer d'avance son peu de profondeur. Car elle est généralement assez mince dans toute sa longueur ; c'est-à-dire que la partie des Alpes qui se trouve de notre côté a fort peu de profondeur, par conséquent qu'elle est plus aisée à percer que la partie qui lui est opposée, mais que ce défaut est en quelque sorte compensé par les difficultés que trouveront toujours les ennemis, soit à subsister en-deçà, soit à transporter des vivres de chez eux en des distances trop grandes et par des chemins trop incommodes. Au contraire, nous avons plus de facilité pour former sur nos limites et sur celles du pays étranger les dépôts des subsistances nécessaires à l'assemblée et au passage des armées. Nous avons aussi plus d'espérance, ayant pénétré une fois dans les plaines du Piémont, d'y trouver des vivres en abondance. Mais l'autre partie des Alpes opposée à la nôtre a aussi beaucoup plus d'épaisseur et conséquemment une plus grande force de résistance. Le corps des montagnes et des vallées qu'elle présente peut se considérer comme une masse de fortification composée des murs les plus hauts et des fossés les plus profonds. On ne pénètre au travers de cette barrière que par des chemins raides et raboteux qu'on appelle du nom de *cols* ; quelques-uns ouverts aux voitures permettent le transport de l'artillerie ; d'autres ne sont praticables que pour les bêtes de charge ; beaucoup pour les hommes de pied seulement et presque tous sont fermés par les neiges pendant huit mois de l'année, de sorte que l'on n'a que les quatre mois de juin, juillet, août et septembre, pour faire passer les Alpes à des troupes pour les établir au-delà et, si l'on ne réussit pas, pour les ramener avant le retour des neiges. Cela seul a toujours beaucoup contribué à rendre les expéditions d'Italie difficiles et souvent malheureuses ; c'est en partie aussi ce qui défend notre frontière, mais avec la différence dont nous avons fait mention il n'y a qu'un moment.

Les souverains de la Savoye et du Piémont se sont appliqués depuis longtemps à rompre les chemins les plus aisés ou à les assujettir par des forts et des châteaux, à boucher les gorges, à barrer les vallées, à construire des forteresses ou des places de guerre dans les endroits les plus forts par eux-mêmes ou les plus importants à fortifier : en un mot, à mettre dans les passages les plus commodes ou les plus accessibles des obstacles équivalents ou même supérieurs à ceux que la nature seule a placés dans les autres. Par là, ils tiennent en quelque sorte les portes de l'Italie fermées ; ils sont du moins en état de ne permettre l'entrée qu'à des forces supérieures ou de nous faire acheter les passages à des conditions avantageuses pour eux. Ils se sont fait céder par le traité d'Utrecht les quatre vallées françaises d'Oulx, de Sézane, de Bardonnèche, de Pragelas et de Château-Dauphin, en échange de la vallée de Barcelonnette, cession très onéreuse qui nous ferme les meilleurs débouchés du Piémont, qui découvre une partie de notre frontière et dont le traité d'Aix-la-Chapelle ne nous a pas relevés. Ils ont déjà plus d'une fois pénétré et introduit des ennemis éloignés sur les terres du royaume ; et l'attention suivie avec laquelle ils tâchent d'étendre leurs limites doit nous rendre très vigilants à mettre les nôtres en sûreté.

Vallées occidentales des Alpes, ou de France ou de Savoye. — On se formera une notion moins vague de la totalité des Alpes dont il est ici question en observant la situation des vallées principales et la direction des rivières qui les arrosent. Dans toute la partie occidentale des Alpes, il n'y a que cinq rivières remarquables qui toutes ont leur cours vers la France ; plusieurs y prennent leur source, les autres viennent de la Savoye. L'*Isère* coule dans la vallée de Tarentaise et de là dans le Dauphiné ; l'*Arc* dans la vallée de Maurienne et va grossir l'Isère ; la *Durance* qui prend sa source au Mont-Genèvre parcourt le Haut-Dauphiné jusque dans le Comtat ; le *Guil* arrose la vallée du Queyras et l'*Ubaye* celle de Barcelonnette.

On remarque douze vallées principales, par conséquent autant de rivières, sur le penchant occidental des Alpes, c'est-à-dire du côté du

Piémont, où elles se dirigent toutes presque parallèlement les unes aux autres, savoir : la *Doria Baltea* qui coule dans la vallée d'Aoste ; l'*Orco* dans la vallée de Pont ; la *Sture* dans celle de Cantoira ; la *Doira* dans celle de Suze ; le *Cluzon* dans celle de Pragelas ; le *Pralis* dans celle de Saint-Martin ; la *Pelice* dans celle de Luzerne ; le *Pô* dans la vallée de Pô ou de Crussol ; la *Vrayta* dans celle de Château-Dauphin ; la *Mayra*, la *Grana* et une autre *Sture* dans les trois vallées contiguës du même nom.

Communications soit avec la France, soit avec le Piémont. — De ces douze vallées du Piémont, les quatre premières, savoir celles d'Aoste, de Pont, de Cantoira et de Suze, ne communiquent qu'à la Savoye qui leur est intermédiaire par rapport à notre frontière, à moins qu'on ne comprenne, comme l'on fait ordinairement dans la vallée de Suze, celles d'Oulz, de Bardonnèche et de Sézanne, qui ont des débouchés doubles sur la Savoie et sur le Briançonnais. Les huit autres vallées principales communiquent immédiatement du Piémont en Dauphiné et en Provence.

Vallées fortifiées du Piémont. — L'exposition détaillée de toutes ces vallées, des montagnes qui les renferment, des cols qui les font communiquer, de la nature des chemins, de la distance des lieux, appartient à des mémoires particuliers. J'observerai seulement qu'il n'y a que quatre de ces vallées qui soient défendues par des fortifications comme étant par leur nature les plus ouvertes et les plus faciles à pénétrer. Dans la vallée d'Aoste, il y a le château de Bard et la place d'Yvrée ; dans la vallée de Suze, les forts d'Exiles et de la Brunette ; dans celle de Pragelas, Fenestrelles, qui est une fortification de premier ordre par sa situation et par la difficulté des approches ; dans celle de Sture, les barricades de Demont et de Cony. On peut compter pour la cinquième vallée fortifiée celle de Château-Dauphin, quoique le château de ce nom ne soit plus une porte capable d'arrêter une armée. Mais les établissements à faire de notre part dans les vallées de France, d'où il faut déboucher, souffrent de grandes difficultés qui ajoutent beaucoup à celles du passage.[1]

---

[1] Voyez les mémoires de M. Bourcet relatifs à sa carte manuscrite des Alpes. *(Note du Rédacteur du Journal.)* Voir *Documents annexes*, 2ᵉ *Mémoire*.

Vallées par lesquelles on peut pénétrer. — Ces cinq vallées fortifiées sont cependant les seules par lesquelles on puisse, avec quelque espérance de succès, entreprendre de passer en Piémont ; encore celle de Pragelas est-elle impénétrable. Les sept autres n'ont pas même besoin de fortification : les débouchés en sont presque fermés et les cols si étroits qu'ils laissent à peine passer des gens de pied. Quant au choix à faire entre les quatre vallées auxquelles le passage des Alpes se trouve militairement réduit, il faut avoir déterminé auparavant les objets de l'expédition et l'on peut en général s'en proposer trois.

Le premier objet serait de s'étendre dans la place de Piémont et d'y établir la guerre en conservant ses communications avec la Savoye, qu'on aurait assujettie, et avec la France. On peut, dans cette vue, se servir des quatre vallées, le choix dépendrait des indices des dispositions de défensive des ennemis et d'autres circonstances ; la vallée de Sture paraît cependant préférable, absolument parlant. En opérant par celle de Suze, qui est ensuite la plus favorable, on pourrait se contenter de bloquer la Brunette et l'on n'aurait que le siège d'Exiles à faire.

Le second objet serait de traverser la plaine de Piémont et de se porter dans les états de Gênes, soit pour secourir les Génois, soit pour d'autres desseins ultérieurs, ce qui doit s'exécuter par la vallée de Sture et de préférence par celle de Château-Dauphin, comme moins fortifiée.

Le troisième objet serait d'entrer par le Piémont dans le Milanais pour y étendre ses conquêtes : on sera alors réduit à la seule vallée d'Aoste, à moins qu'embrassant à la fois le premier et le troisième objet on ne fasse une double entreprise.

Au reste, on sait que la difficulté des vivres est encore plus grande que celle des passages, que les matières ne se trouvent et ne se transportent qu'avec des peines et des dépenses infinies et qu'elles manquent souvent. Si l'on opère par la vallée de Sture ou par celle de Château-Dauphin, on tirera ses subsistances des vallées de Queyras et de Barcelonnette, de l'Embrunais et du Gapençais. Si c'est par la vallée de Suze, on les tirera de la Savoye et des districts de Gap et d'Embrun. Et s'il faut entreprendre par la vallée d'Aoste, on fera venir ses vivres de Faucigny, du Chablais et du Valais. Mais ces pays sont les uns si peu abondants, les autres si pauvres, que, dans tous les cas, il faudra avoir formé des entrepôts de vivres considérables à Grenoble, d'où l'on sera toujours en état de les verser sur celui des points qu'on aura choisi pour l'expédition.

Voilà ce que l'on peut dire en général des vallées du Piémont par rapport à l'offensive. On suppose qu'on aura commencé par s'emparer de la Savoye et que ce sera toujours un préalable facile, parce que la frontière de ce duché, correspondant au Dauphiné, est ouverte en plusieurs endroits et qu'elle n'a aucune fortification considérable. Par la même raison, on pourrait en être chassé aisément par un ennemi supérieur et y entrer de même avec des renforts. L'autre partie de la frontière de Savoye est étrangère à cette tournée ; je dirai seulement que le Rhône supérieur, qui la sépare des terres de France, la défend faiblement, qu'il est étroit et que notre rive domine entièrement celle de Savoye.

Ces notions préliminaires étant établies, je continue mon journal.

Du château de Vaucerre, qui est un point de vue très élevé [1], je découvris une grande étendue de la première division de notre frontière, une partie de la limite de Savoye et ses principaux débouchés par la rivière de Guiers : 1° celui du Pont-de-Beauvoisin sur les

---

[1] Mémoire de M. Bourcet relatif à sa carte manuscrite des Passages des Alpes. — (Documents annexes.)

Observations importantes sur les frontières du Dauphiné, 25 février 1752, de M. le comte de Marcieu. — (Documents annexes.)

La bibliothèque de l'Arsenal possède [Mss. 6436.95 (1076)] une carte ornée de trois fort beaux cartouches, dont l'un figure le « *Point de vue du château de Vaucerre sur les débouchés de Chaille, des Echelles et Entremont qui conduisent à Chambérry* », avec indications signalant spécialement « Vaucerre, Pont-Beauvoisin, Chaille, les Echelles, Entremont, Pont-Jailliau, Guiers Vif et Guiers Mort R., Ennam R, Mont Miribel, Mont S¹ Franc, Mont de l'Alpe et Mont Maleissar ».

Sur cette carte d'ensemble de la Tournée militaire de M' le M'* de Paulmy, le second cartouche représente la « *Vue du Cours de l'Yser depuis la partie au-dessus de Montmélian jusqu'au Fort Barreaux* ». Les renvois au panorama mentionnent « Montmélian, Fort Barreaux, Bourg de Barreaux, Chaparcillan, Bellecombe, les Marches, Francin, Apremont, N. D. de Mians, Pontcharat, Château de Bayard, l'Yser R, l'Osens R, le Cernon R ».

La « Perspective de l'attaque du Polygone de Grenoble, où sont représentés l'ouverture de la tranchée, le couronnement du chemin couvert, l'essai d'un cavalier de tranchée et l'effet de plusieurs mines », fait l'objet du troisième cartouche. (Note de l'éditeur H. D.)

Abrets et la Tour-du-Pin ; 2° celui de Chaille sur Saint-Geoire et Chirens ; 3° celui du village et bassin des Echelles sur Saint-Laurent, Pommiers et Voreppe ; 4° celui d'Entremont par la Chartreuse et le Sappey sur Grenoble.

Les chemins qui amènent de la Savoye à ces quatre points partent tous de Chambéry. Celui d'Entremont seul a une direction particulière, les autres ne sont que des fourches ou des rameaux de la grande route si connue par le *passage* appelé *des Echelles* qui est taillé dans le roc. Mais, au-dessus du Pont-de-Beauvoisin, il y a encore deux autres chemins qui viennent de même de Chambéry, dont l'un conduit au Pont, l'autre porte sur Saint-Genis-d'Aoste, où les ennemis pourraient aussi passer le Guiers pour marcher sur Morestel et de là sur Bourgoin.

Les trois débouchés supérieurs, c'est-à-dire de Chaille, des Echelles et d'Entremont, se trouvent dans des montagnes dont je distinguais plusieurs chaînes qui paraissent se suivre entre elles dans une projection latérale. Celles que j'ai vues les plus près sont celles de Miribel et de Saint Franc, qui s'ouvrent à Chaille pour laisser passer le Guiers. Elles ont, sur le flanc qui me faisait face, le débouché de Chaille et le vallon de Saint-Joire ; sur le flanc opposé est la petite plaine ou bassin des Echelles. J'aperçus plus loin une autre chaîne de montagnes au travers de laquelle passent les deux ruisseaux appelés le Guiers-Vif et le Guiers-Mort, qui, avant de se réunir en un seul canal de rivière au-dessous du village des Echelles, embrassent un terrain assez vaste hérissé de rochers et sillonné de vallons.

Cet espace, qui renferme la Grande Chartreuse et le débouché d'Entremont, se nomme l'Entre-deux-Guiers. Derrière cette seconde chaîne, on en découvre encore une troisième formée par les hautes montagnes de Maleissar et du Haut-Seuil qui séparent le territoire d'Entremont de la vallée du Graisivaudan.

En ajoutant à ce tableau : que le Guiers qui fait la limite des deux états dont je viens de parler est étroit et facile à traverser en grand nombre d'endroits ; que depuis Saint-Genis-d'Aoste jusqu'au Pont-de-Beauvoisin il y a la rive droite ou de Savoye plus élevée que la rive gauche qui est sur le Dauphiné ; que de là jusqu'au bassin des Echelles il n'y a qu'un intervalle médiocre où la rive gauche, au contraire, domine la droite ; que, plus haut, le Guiers-Vif, qui continue de marquer les limites, a ses deux bords également plats et que la partie de l'Entre-deux-Guiers, où les sources de l'une et l'autre branche vont se perdre, n'est point inaccessible quoique la mieux fermée : on comprendra que cette rivière n'est ni de part ni d'autre susceptible d'une bonne défense, mais moins encore de notre côté. C'est pourquoi dans les guerres précédentes, où nous n'avons pas été en forces sur cette position de frontières, on s'est toujours contenté d'y envoyer beaucoup de cavalerie et des dragons pour empêcher les ennemis de faire des courses dans les plaines de Dauphiné et aux portes de Lyon : la nature du pays semble demander de préférence des dragons qui manœuvrent à pied et à cheval.

Ce ne serait donc pas sur les bords même du Guiers qu'il conviendrait d'établir des troupes pour en défendre le passage, mais sur une ligne en arrière, dans des points avantageux où tous les débouchés du Guiers concourraient. On peut indiquer, par exemple, les hauteurs de Romanieu et des Abrets, pour la gauche de la ligne ; les montagnes du Bauche, de l'Hautefort et de Pomiers, pour le centre ; et les bois de Porte, entre la Chartreuse et le Sappey, pour la droite. La gauche arrêterait tout ce qui déboucherait par le Pont-de-Beauvoisin sur les Abrets et par Saint-Genis-d'Aoste sur Morestel ; le centre, tout ce qui viendrait par Chaille sur Saint-Joire ou par le bassin des Echelles sur Saint-Laurent ; et la droite s'opposerait aux troupes ennemies qui auraient débouché par Entremont.

Ces positions, très bonnes contre des partis, ne promettraient cependant point l'avantage de résister avec un petit nombre aux attaques d'un ennemi bien supérieur. Aussi n'est-il pas fort à craindre que le roi de Sardaigne porte jamais de grandes forces sur cette frontière pour entreprendre sérieusement contre la France, ni même pour opérer une diversion un peu considérable, parce qu'il ne peut faire arriver du canon de la Savoye que par le Petit-Mont-Saint-Bernard avec des peines infinies, et qu'il risquerait beaucoup de s'avancer sur les Guiers avant d'avoir assujetti Barraux. Lorsque Montmélian était fortifié, les ennemis avaient un point d'appui, au moyen duquel, en mettant beaucoup de troupes en quartiers d'hiver dans la haute comme dans la basse Savoye, ils étaient à portée de tenter des incursions dans le Lyonnais et dans le Bugey et de former de plus grands projets, suivant les circonstances. Au lieu que, depuis la démolition de Montmélian, les troupes qu'ils voudraient établir en Savoye n'y trouveraient pas de protection. Malgré le retranchement que les

Espagnols ont construit pendant la dernière guerre autour de cette place, on ne doit la regarder que comme une porte qui n'exigerait pas qu'on fît de grandes dispositions pour la soumettre.

On pourrait donc se dispenser, et il serait difficile, de prendre actuellement de plus grandes précautions pour la défense du Guiers, si ce n'est dans l'objet d'empêcher la contrebande qui se fait continuellement dans toute cette partie par de grosses troupes de gens armés devant lesquels les gardes des fermes n'osent se montrer. Mais comme il peut arriver que les fortifications de Montmélian soient un jour rétablies et, qu'indépendamment de cette supposition, notre frontière est déjà assez faible d'elle-même, il résulte que le seul moyen de la rendre meilleure est de mettre Barraux dans un état de force capable d'en imposer au roi de Sardaigne et de faire de Grenoble, qui n'est guère plus éloignée de la ligne de défense que Barraux, une place de premier ordre : deux projets fondés d'ailleurs sur plusieurs autres vues militaires, comme je le dirai ensuite.

DE VAUCERRE A GRENOBLE

(De Vaucerre aux Abrets, 1 lieue 1/2 ; à Montferrat, 1 l. 1/2 ; à Chirens, 1 l. 1/2 ; à Voiron, 1 l.; à Moirans, 1 l.; à Voreppe, 1 l.; au Fontanil, 1/2 l.; à Saint-Robert, 1/2 l.; à la Buisserate, 1/2 l.; à Saint-Martin, 1/4 l.; à Grenoble, 1/4 l. Total : 9 lieues 1/2).

En partant de Vaucerre le 11 juillet pour aller à Grenoble, il fallait revenir sur ses pas jusqu'aux Abrets et passer ensuite contre le lac de Paladru et la vallée de Saint-Joire ; de là par Chirens, Voiron, Moirans, où la nouvelle communication du Bugey forme une quatrième fourche avec les grands chemins de Lyon à Grenoble, de Valence et de Saint Marcellin. Suivant après cela pour Voreppe, Saint-Martin-le-Vinoux, ayant à gauche l'Entre-deux-Guiers et l'Isère à droite. C'est à Saint-Martin-le-Vinoux, à un quart de lieue de Grenoble, que le Drac entre dans la rive gauche de l'Isère, et je remarquai sur cette rive les dépôts qui, rétrécissant considérablement le lit de la rivière, causent les inondations auxquelles Grenoble est sujet. Le sable déposé en quantité par le Drac et la vase que l'Isère y ajoute ont si fort élevé le fond de celle-ci à l'embouchure, que l'eau, qui surabonde dans des grandes crues, est forcée de refluer sur la ville, parce qu'il ne peut pas s'en écouler autant qu'il en arrive dans le même espace de temps.

Pendant les deux jours de séjour à Grenoble[1], nous fîmes la revue du régiment Royal Infanterie, qui me parut assez beau, bien tenu, parfaitement exercé, manœuvrant très bien, et du bataillon de Bourckfelden, que je trouvai très beau, très élevé et très bien exercé. Nous

---

[1] Suivant délibération, en date du 10 juillet 1752, signée par **Amabert**, premier consul de la ville de Grenoble, M. Dupré de Mayen, avocat de la ville, fut chargé de complimenter à son arrivée le marquis de Paulmy, secrétaire d'Etat, procédant à la visite des places frontières du Dauphiné. En outre on décida : 1° l'illumination générale de Grenoble, notamment celle de l'Hôtel-de-Ville ; 2° le présent de quatre grosses de paires de gants. (*Note de l'Editeur H. D.*)

vîmes l'école du canon, les manœuvres de l'artillerie, l'école de mathématique, la salle ou dépôt d'armes, les deux magasins à poudre placés auprès de deux portes de la ville, la machine inventée par le sieur Manson pour faire monter le gros canon et le faire tourner dans les montagnes, l'arsenal, qui est proprement, la citadelle de Grenoble et ses casernes en état de loger deux compagnies, celles de la ville qui peuvent contenir un bataillon, et je visitai principalement les fortifications et les terrains des environs pour les confronter avec les grands projets de travaux, tant civils que militaires, qu'on a proposés.

La ville de Grenoble, située sur la rive gauche de l'Isère, à l'extrémité de la vallée de Graisivaudan et à la fourche des chemins qui communiquent aux autres places principales de la frontière, telles que Barraux à la tête de la même vallée de Graisivaudan, Embrun, Briançon et Mont-Dauphin du côté du Piémont, paraît naturellement destinée à leur servir d'entrepôt général de guerre. C'est le lieu le plus convenable pour assembler des troupes et des subsistances et pour déposer les effets du roi dans presque tous les cas de guerre offensive ou défensive, tant du côté du Dauphiné et de la Savoye que du côté du Dauphiné et du Piémont ; d'autant plus que nous n'avons aucune place en seconde ligne sur toute cette frontière. Il ne faut pas aussi dissimuler que Barraux ne ferme pas absolument l'entrée de la ville où il est ; que l'Isère qui la traverse dans toute sa longueur la couvre, à la vérité, d'un côté, comme les montagnes du Haut-Seuil la couvrent de l'autre, mais que le terrain qui se trouve à la gauche de l'Isère, dans la même vallée, présente des débouchés très faciles sur Grenoble et que cette capitale a une enceinte si irrégulière ou plutôt si informe qu'on ne saurait comment la défendre. D'ailleurs, elle est dominée de la droite de l'Isère par la montagne du Rachas sur laquelle il y a pour ouvrage principal un mauvais réduit appelé la Bastille qui n'arrêterait pas longtemps les ennemis.

Projets de fortifier Grenoble et de le mettre à couvert des inondations. — En liant à toutes ces considérations militaires celles que mérite une ville de ce rang, on voudrait en faire une place de guerre des plus respectables, pourvoir à sa sûreté à l'égard de ses rivières, les faire même servir à l'avantage de la fortification. Il est certain que le cours de l'Isère, retardé par les traverses ou barres qui forment les dépôts, devient insensiblement plus lent, rend la pente des eaux plus petite et l'effet des débordements plus grand ; que le Drac menace, de son côté, de faire des irruptions sur plusieurs points ; que ce n'est que par des digues considérables et par une grande vigilance à les réparer qu'on les contient dans un espace de son lit appelée le Canal du Jourdan ; que ce canal, qu'on a souvent rehaussé, se trouve de seize pouces plus élevé que le seuil de la porte qu'on nomme La Graille et que les déversements de ce torrent seraient seuls capables d'abattre quelques parties des murs de la ville. Il paraît aussi, à l'inspection du terrain, que le moyen le plus sûr de remédier aux mauvais effets de ces deux rivières serait d'en changer le lit. On pense pour cet effet qu'à l'égard de l'Isère, qui coule actuellement entre la ville et les faubourgs de Saint-Laurent et de La Perrière placés au bas de la montagne de Rachais, il faudrait la diriger hors de l'enceinte opposée, depuis la Porte de France jusqu'aux extrémités des faubourgs de Saint-Joseph et des Trois-Cloîtres, d'où elle rentrerait dans son ancien lit environ à 300 toises au-dessous de la ville. Son cours, plus droit et plus raccourci, par conséquent plus rapide, dépenserait une plus grande quantité d'eau.

Grenoble se trouverait alors placée à la droite de l'Isère et couverte en avant d'une grande partie de son enceinte par ce nouveau canal. Mais, comme par la suppression de l'ancien elle ne serait plus séparée de la montagne de Rachas, il serait indispensable de construire un bon front de fortification qui embrasserait les parties les plus importantes de cette montagne. On escarperait les plateaux les plus élevés, et, au moyen d'un petit fort qui communiquerait à la Bastille et de quelques ouvrages à mi-côte qui seraient protégés par des ouvrages supérieurs, on réduirait les ennemis à ne pouvoir former d'attaques que par le penchant des vignes de La Tronche. Alors, ils s'engageraient dans un rentrant meurtrier où ils seraient vus de tous côtés par la hauteur de Rachas et par la citadelle qu'on suppose encore qu'on bâtirait vis-à-vis, dans le terrain de l'Ile-Verte. La construction de cette citadelle serait dirigée, relativement à la fortification de la montagne, dans l'objet d'une défense respective.

Quant à l'enceinte de la ville du côté du nouveau canal de l'Isère, elle demanderait d'être rebâtie entièrement ; mais, pour épargner la dépense, on pourrait se borner aux réparations essentielles en construisant un simple camp retranché entre cette enceinte et le nouveau lit de l'Isère, qui tiendrait lieu d'un avant fossé presque impossible à franchir. Ce front ne serait pas même abordable si la grande écluse, qu'on projette aussi de construire à l'extrémité du nouveau canal pour inonder dans le besoin la plaine de Grenoble jusqu'au pied de la montagne de Rachas, y jetait seulement 8 à 10 pouces d'eau ; il ne resterait donc à fortifier que quelques autres parties du contour de la place qui ne tiendraient ni à la rivière, ni à la montagne, ni à la citadelle, et qu'on rapprocherait de ces trois points d'appui par des ouvrages intermédiaires.

A l'égard du Drac, on pense qu'il conviendrait de lui former un nouveau lit depuis le Pont de Clet et, qu'étant dirigé en ligne droite, de façon qu'à son confluent il formât avec l'Isère le plus petit angle d'incidence possible, il aiderait celle-ci à entraîner les sables qu'il continuera d'amener.

Ce projet de Grenoble [1], que je ne fais que rappeler sommairement, mérite sans doute de grandes attentions, présente de grands avantages et demande aussi des dépenses fort considérables qui seraient uniquement sur le compte du Roi. La ville y gagnerait beaucoup et ne pourrait y contribuer en rien, puisque, suivant les mémoires que M. de la Porte, intendant de la province, a donné de ses revenus et de ses charges, il s'en faut de 870 l. que la recette égale la dépense [2].

DE GRENOBLE A BARRAUX

(De Grenoble à La Tronche, 1/4 de lieue ; au Bachet, 1/4 l. ; à Monbonnot, 1/2 l. ; à Saint-Imier, 3/4 l. ; à Bernin, 1/2 l. ; à Croles, 1/4 l. ; à Montfort, 1/2 l. ; à Lumbin, 1/4 l. ; à La Mure, 1/4 l. ; à la Terrasse, 1/4 l. ; au Touvet, 1 l. ; à Sainte-Marie, 3/4 l. ; à la Buissière, 1/2 l. ; à Barraux, 3/4 l. Total : 6 lieues 3/4).

Le 14, nous nous rendîmes de Grenoble à Barraux [3], qui n'en est

---

[1] Mémoire sur les fortifications de Grenoble (1752), par L. Bourcet. — *(Documents annexes.)*

[2] Mémoire sur l'administration de la Ville de Grenoble, par M. de La Porte. — *(Documents annexes.)*

[3] Mémoire relatif au projet général des Fortifications de Barrault (1752), par Bourcet et Mémoire sur le camp retranché de Barrault (1752), par Bourcet. — *(Documents annexes.)*

qu'à six lieues et demie. Ce fort, bâti en 1597 par Charles Emmanuel, duc de Savoye, et pris l'année suivante par les troupes de Henri IV, aux ordres du duc de Lesdiguières, est, par sa position sur les limites des deux états, un poste très important, un corps de garde avancé pour la sûreté de Grenoble et une porte pour entrer en Savoye toutes les fois qu'on voudra. Il occupe une hauteur éloignée de 300

toises de la rive droite de l'Isère et, sur la même ligne, d'environ 1500 de la grande montagne d'Alpes ou du Haut-Seuil, qui ferme la vallée de Graisivaudan au couchant. Le premier espace du fort à la rivière est d'une défense aisée à cause de son peu d'étendue et de la nature du terrain. L'autre espace, coupé en long par une chaîne de montagnes inférieures et parallèles à celles du Haut-Seuil, présente deux plaines par lesquelles il serait plus difficile d'empêcher des ennemis de passer en forces, soit pour investir la place, soit pour se porter en avant sur Grenoble. Au centre, c'est-à-dire vers la partie qui fait face à la Savoye, il y a un des rideaux des montagnes dont les penchants dominent le fort de très près et le ruisseau appelé le Furet qui en descend, roulant ses eaux dans un vallon parallèle au front de fortification, conduit à couvert jusqu'au pied du glacis. Plus loin, se présentent encore deux lignes de hauteur presque dans la même direction que la première, au bas desquelles coulent aussi dans des vallons ou ravins assez profonds, deux autres ruisseaux ; le plus près du Furet se nomme la Guerche, l'autre le Cernon.

On aurait donc besoin de beaucoup de troupes pour éloigner les approches de la place dans cette partie intérieure qui est assez accessible et pour occuper les penchants qui dominent le fort. Il n'en faudrait pas moins pour barrer les deux plaines à la gauche, c'est-à-dire au couchant ; ce qu'on ne pourrait faire sans occuper les villages nommés le Grand et le Petit Croisel pour arrêter ce qui viendrait de plus haut par le débouché de Belle-Combe et du côté de l'Isère, c'est-à-dire à la droite ou au levant. Il y aurait encore des postes avancés à défendre, tels que le plateau appelé de Laraignée et la hauteur du Cautanier.

Pour remplir au moins le gros de l'objet, M. de Vauban aurait projeté de former le long du Furet, depuis la première chaîne de montagnes que ce ruisseau traverse jusqu'à la hauteur du front de la place, du côté de la Savoye, un camp retranché soutenu de redoutes de distance en distance. Mais comme la droite de ce camp, quoique fort près de la place, n'en tirait aucune défense, le maréchal de Villars, en 1708, laissant la gauche appuyée au même point du côté du couchant, imagina de retirer la ligne en arrière en l'éloignant du ruisseau du Furet ; et, au lieu de la diriger en avant du front de Savoye, il la ferma du côté occidental de Barraux, ce qui donnait à la droite du camp la protection d'environ la moitié de la fortification de la place ; avantage médiocre par rapport à l'inconvénient d'abandonner le vallon et le ruisseau du Furet, dont le camp de M. de Vauban embrassait la défense.

Par l'examen que fit le maréchal de Berwick, en 1711, de ces deux projets et du terrain, il reconnut qu'il ne suffisait pas de défendre le ruisseau du Furet, ni les penchants qui dominent la place, ni la première plaine de la gauche, mais qu'il fallait porter le camp retranché beaucoup plus en avant. Il appuya la gauche au ruisseau de Cernon, auprès de la Combe-Eynard, qui est un point presque inaccessible, et porta la droite à l'extrémité du plateau de Laraignée, sur le bord de l'Isère ; et, pour fermer entièrement la petite plaine et les débouchés qui sont entre les deux chemins des montagnes du couchant, il établit un corps d'infanterie tant au village du Petit Croiset que sur le plateau voisin.

Le camp de M. de Berwick mérite sans contredit la préférence sur les deux autres : 1° parce que la défense des approches du fort est portée beaucoup plus en avant ; 2° parce que les ruisseaux et les vallons de la Guerche et du Furet se trouvent fort en arrière et pourraient favoriser la retraite des troupes qui auraient défendu les retranchements du camp ; 3° parce que la défense des deux Croisets et du débouché de Bellecombe est liée de plus près au reste de la ligne ; 4° parce que les penchants qu'occupe le front de ce camp sont beaucoup plus élevés et plus rapides. Le seul inconvénient, c'est qu'il serait plongé à la droite par la hauteur du Cautanier, qu'il faudrait raser ou rendre impénétrable : on avait proposé, en 1727, d'y construire un petit fort.

Ces projets de camp retranché devant Barraux supposent, comme il est très vrai, que cette petite place, abandonnée à ses propres forces, ne serait pas capable d'une grande résistance. Son enceinte est formée de cinq bastions très irréguliers qui contournent un plateau oblong fort étroit et sur la crête duquel la fortification est placée de manière qu'on découvre l'escarpe dans toute sa hauteur, défaut extrême qu'on aurait évité dans la construction si on n'avait établi l'enceinte qu'aux deux tiers de l'élévation du plateau, en réservant la partie supérieure pour un simple donjon. Les ouvrages extérieurs sont : une demi-lune et une lunette pour couvrir le front de la porte unique du fort ; une autre demi-lune sur le front de Savoye, et deux autres pièces du côté de la rivière ; des fossés qui n'ont presque partout que douze pieds de profondeur, un chemin couvert de très peu de largeur, et un glacis informe au pied duquel on est à couvert de toutes directions des feux de la place. A quoi il faut ajouter qu'il y a deux fronts entiers et plusieurs autres parties dont la maçonnerie tombe en ruines.

Sur cette simple exposition, on peut juger qu'il ne serait pas possible, quelque dépense qu'on voulût sacrifier, de faire de Barraux une place de premier ordre, et que ce n'était pas le dessein du duc

Charles Emmanuel. Cependant, on peut la mettre dans un très bon état de défense : 1° en reprenant tout ce qui est dégradé ; 2° en approfondissant les fossés jusqu'à dix-huit pieds au moins au-dessous du couronnement de la contrescarpe et en se servant des terres qu'on en tirerait pour donner plus de largeur au chemin couvert et de la prolongation au glacis ; 3° en donnant un peu plus d'étendue aux bastions par la suppression du chemin de rondes et en les exhaussant aux angles flanqués qui sont mal à propos plus bas que les angles des épaules ; 4° en formant un avant-chemin couvert, au milieu de la hauteur du plateau, dans le prolongement du glacis, avec des communications sur les capitales pour arriver à cet avant-chemin couvert dont on retrancherait les places d'armes ; 5° en couvrant, par une contre-garde, et par quelques autres ouvrages, la demi-lune du front de Savoye, et en établissant sur ce front trois flèches qui tiendraient lieu en quelque sorte d'un camp retranché, parce qu'elles donneraient la facilité de se porter plus en avant et jusque sur le ruisseau du Furet. Enfin, il conviendrait encore de construire quelques bâtiments dans l'intérieur, soit pour les troupes, soit pour l'artillerie et les mines. Le corps des vieilles casernes est dans un mauvais état.

Tout ce qu'on propose ici de réparer ou d'ajouter aux fortifications de Barraux est sans doute plus instant et beaucoup plus nécessaire que le rétablissement du camp retranché, et, en supposant la place bonne et forte par elle-même, il semble qu'elle pourrait se passer de cet appui, du moins tant que Montmélian ne sera pas relevé. Il faut convenir que le camp n'a pour objet que de couvrir le fort même, d'en éloigner les approches, d'en retarder ou d'en empêcher le siège, et que Barraux et son camp, se soutenant réciproquement, ne peuvent pas fermer toute la vallée du Graisivaudan, mais uniquement l'espace compris entre la montagne du Haut Seuil et la rive droite de l'Isère. Par conséquent, il resterait à l'ennemi, comme on l'a déjà dit, toute la partie comprise entre la rive gauche de l'Isère et les montagnes qui ferment la vallée au conchant, c'est-à-dire une largeur de 15 à 1800 toises, dont la plus grande partie se trouve dans une plaine ouverte où l'on peut marcher sur un très grand front pour se porter sur Grenoble. Il faudrait donc fermer encore cet espace par un second camp retranché qu'on lierait au premier par des ponts de communication sur l'Isère, ce qui exigerait une quantité de troupes prodigieuses.

D'où l'on doit conclure, en résumant ce qu'on a observé à l'égard de Grenoble, que si cette place et celle de Barraux étaient fortifiées, suivant les projets proposés, elles en imposeraient suffisamment, se donneraient un secours mutuel et mettraient en sûreté non seulement la vallée de Graisivaudan, mais toute la frontière de la gauche jusqu'au Rhône, parce que les ennemis délibéreraient longtemps avant d'assiéger deux places importantes et n'oseraient pas se porter en avant en laissant derrière eux ou sur leurs flancs deux fortes garnisons. Celle de Barraux n'est composée à présent que du second bataillon du régiment de Frainel, que j'ai trouvé beau quoique ayant moins l'air de guerre que Royal-infanterie, et du quart de compagnie suisse de Reynold, qui est assez bien pour une troupe peu importante.

Nous revînmes le 13 à Grenoble, où nous vîmes l'attaque et la défense du polygone[1]. Les attaques, partagées en deux jours, représentèrent les principales phases d'un siège, depuis l'ouverture de la tranchée jusqu'à la capitulation, l'attaque et le commencement du chemin couvert, l'essai d'un cavalier de tranchée et de plusieurs mines, soit du côté des assiégeants, soit de la part des assiégés, le logement sur l'angle de la demi-lune, la brèche perfectionnée par le mineur, le logement sur le haut de la brèche, et nous vîmes aussi le bureau des ingénieurs qui, sous les yeux de M. Bourcet, travaillent depuis plusieurs années à lever la carte exacte et détaillée de toutes les montagnes du Dauphiné[2]. M. le Marquis examina le commencement de leur travail de cette année, duquel il fut extrêmement satisfait. Ce travail mérite de servir de modèle à de pareils établissements qui nous procureraient la plus parfaite connaissance de nos frontières. A l'égard du civil, il visita les différents bureaux du Parlement et la Chambre des comptes. Il s'instruisit de l'administration de la justice, de la police et des affaires de la ville et employa les moments de loisir qu'il put trouver à l'examen de différents mémoires ; les deux plus importants, et qui peuvent mériter d'avoir place ici, lui furent donnés par M. de la Porte et par M. Bourcet.

---

[1] Voir page 25, note 1.

[2] L'état des ingénieurs alors employés au lever de cette carte sous la direction du Brigadier d'Infanterie, Ingénieur ordinaire du Roy en chef, Pierre Bourcet, comprend les noms de Bourcet de la Saigne, Montanel, Dupain, Geoffroy cadet, Aguiton, Aquillon, Beylié, Millard, Polchet. (Note de l'éditeur H. D.)

L'objet du premier[1] serait d'établir et de soutenir en tous temps, sur la frontière du Dauphiné, un approvisionnement d'environ cent cinquante mille quintaux de fourrages pour s'en servir dans l'occasion, en cas de guerre, de façon que cet approvisionnement ne coûtât rien au Roi. Le projet est fort simple dans les moyens, puisqu'il ne s'agirait que d'un ordre de la part de l'intendant pour assujettir les communautés à conserver d'une année à l'autre les quantités qui leur seraient imposées par une répartition proportionnelle et qu'on ne payerait que dans le besoin réel de les déplacer; l'avantage militaire de cette imposition perpétuelle n'est pas moins sensible en ce que, dans tous les cas de guerre sur cette frontière et dans quelque point que les armées se portassent, on serait toujours assuré d'un premier fond de fourrages qu'il n'y aurait plus qu'à pousser de dépôts en dépôts vers les emplacements indiqués. M. de la Porte prétend qu'on serait plus maître du temps et des précautions à prendre pour les transports des fourrages qui sont souvent impossibles à cause des neiges, de la qualité des chemins et de l'éloignement des lieux, lorsqu'on n'a pas commencé les versements dès le mois d'août ou de septembre de l'année qui précède la guerre. Il convient que les peuples trouveraient, au moins pour la première fois, l'obligation de garder leurs fourrages d'une récolte à l'autre fort onéreuse, mais il pense qu'ils s'y accoutumeraient comme dans le temps de guerre, et que, pour avoir toujours devant eux la quantité ordonnée, qui serait sans doute la plus forte partie de la récolte totale, ils diminueraient leurs consommations en gardant un moindre nombre de bestiaux. Mais c'est déjà un grand inconvénient que la nécessité de diminuer le nombre des bestiaux dans des pays où ils sont très précieux et cet inconvénient n'est pas le seul que présente l'approvisionnement proposé, non seulement à l'égard de la première année, mais pour toutes celles où les foins viendraient à manquer. Ne pourrait-il pas arriver aussi qu'on eût travaillé pour l'ennemi autant que pour nous-mêmes? Et, sans pousser les objections plus loin, comme la paix est l'état ou du moins l'état ordinaire des peuples, on doit répugner à procurer

---

[1] Mémoire de M. de la Porte contenant un projet d'approvisionnement de fourrages à établir et à soutenir en tout temps dans le Dauphiné pour s'en servir dans les occasions. — *(Documents annexes.)*

l'avantage du service militaire dans des occasions importantes, mais rares, par des moyens qui seraient dans tous les temps à charge à une province.

Par le même principe, on doit entrer plus volontiers dans l'autre projet, où l'intérêt public concourt parfaitement avec l'intérêt particulier M. Bourcet[1], après avoir exposé les causes physiques et politiques de la dépopulation journalière des vallées et des montagnes du Dauphiné, appuie sur la nécessité d'arrêter au plustôt les progrès du mal, de diminuer la misère des habitants qu'il divise en trois classes, à raison de leurs facultés, et de les arracher à des pays naturellement sauvages, par des soulagements, par des grâces qui rendraient leur sort moins dur, comme : 1° de modérer la capitation et de diminuer la taille sur les fonds dont les particuliers ne jouissent plus et qui sont en grand nombre. Il serait même juste de l'ôter entièrement jusqu'à ce que ces fonds fussent remis en valeur ; 2° de donner aux habitants de cette frontière le sel au même prix qu'aux Briançonnais et les raisons de considération sont les mêmes ; 3° de leur accorder, dans les parties de la frontière où il n'y a point de bois à gâter, la permisson d'avoir des chèvres ; 4° bien loin de diminuer la quantité de bestiaux, c'est-à-dire des vaches et des moutons, de faciliter aux communautés et aux particuliers des environs d'en nourrir davantage en faisant acheter par le Roi les droits des Seigneurs sur les pâturages des montagnes ; 5° d'aider quelques habitants à avoir des capitaux en bestiaux qui sont le seul bien de la troisième classe ; enfin, d'exempter tous les habitants de la milice, mais pour s'en servir plus utilement à la défense du pays, à la garde des cols, des sommets des montagnes, des débouchés et des communications éloignées, que les communautés seraient chargées d'entretenir sur les terrains de leurs dépendances.

Il paraît effectivement que les soulagements proposés pour fixer et multiplier des sujets utiles coûteraient peu de chose en comparaison des avantages qu'on trouverait à leur faire prendre les armes en temps de guerre. Ces habitants dispenseraient d'entretenir plusieurs bataillons et les remplaceraient avantageusement parce qu'ils connaîtraient mieux

---

[1] Mémoire particulier sur les Frontières du Dauphiné (1752), par Bourcet. — *(Documents annexes.)*

le pays et les chemins ; qu'ils garderaient des passages et des débouchés, où l'on ne peut pas envoyer des troupes, et qu'ils résisteraient mieux à la rigueur du froid sur les sommets des montagnes. Le projet de M. Bourcet est d'ailleurs fondé sur des exemples puissants ; on sait que les Souverains du Piémont et de la Savoye ont toujours tiré de bons services des paysans armés de leurs frontières, c'est-à-dire d'hommes de la même espèce et du même pays que ceux des montagnes du Dauphiné. Au reste, il n'y a pas d'établissements utiles qui soient absolument sans inconvénient ou qui ne souffrent des difficultés dans l'exécution lorsqu'il s'agit de sacrifier des intérêts actuels et des avantages éloignés.

DEUXIÈME PARTIE

HAUT-DAUPHINÉ

Nous partîmes le 17 de juillet de Grenoble pour aller à Briançon.

Mais avant de parler de la route que je pris et des différents objets militaires que j'y observai, il est nécessaire de donner une idée des rapports qu'ont ensemble ces deux places, de leur communication, et pour cela de nous transporter sur les limites respectives qui s'étendent entre la Maurienne d'une part et le Dauphiné de l'autre, depuis les grandes montagnes qui couvrent le flanc gauche de la vallée de Graisivaudan jusqu'aux cols du Galibier et du Lautaret. On se rappellera que ce front termine notre première division de la frontière des Alpes ; il est d'environ 22 ou 23 lieues et traverse entre les deux États une suite non interrompue de montagnes escarpées et élevées pour la plupart, placées à côté les unes des autres, souvent jointes, quelquefois séparées pas des vallons ou par des torrents. Les intervalles les plus grands renferment, suivant leur capacité, des villages, des hameaux, des habitations éparses. Les sommets de ces montagnes, couverts de neige pendant neuf mois de l'année, donnent des herbes aux troupeaux pendant les trois autres mois. On trouve presque partout des cols ou des sentiers frayés tant pour le commerce des habitants d'un lieu à l'autre que pour le pâturage des animaux, mais la plupart si serrés, si tortueux, si rapides et si courts dans la même direction qu'ils ne peuvent servir qu'à des chasseurs. Des espaces de plusieurs lieues sont totalement occupés par des groupes de rochers inaccessibles, et, si dans quelques endroits il se trouve des passages plus larges ou plus commodes qu'ailleurs, ils sont généralement subordonnés à des sommités dont celui qui s'empare le premier peut, avec fort peu de troupes, arrêter des forces supérieures. Ce tableau conviendra également aux montagnes du Graisivaudan, du Gapençais, de l'Embrunais et du Briançonnais, qui présentent une profondeur de six, de huit, de dix lieues et plus tout le long et en deçà de la ligne des limites dont je parle.

Cette ligne est regardée comme impénétrable de part et d'autre, à la gauche, par l'interposition d'une grande masse de montagnes où il n'y a qu'un passage extrêmement étroit appelé le Pas de la Coche; de sorte qu'on ne pourrait tourner cet obstacle que par la vallée du Graisivaudan.

Mais cette même ligne, vers son milieu, a plusieurs débouchés, tels que les cols de Saint Sorlin d'Arve, de Vaujani, etc., sur Saint Jean de Morienne et sur plusieurs villages de la vallée de ce nom. Par conséquent, elle offre les mêmes débouchés sur le terrain de France, avec cette disparité que la vallée de Morienne est un pays assez ouvert, qu'il est presque sur la limite, et qu'au lieu que l'épaisseur des Alpes est presque partout ailleurs du côté de l'ennemi, elle se trouve ici infiniment plus grande de notre côté.

Depuis le centre, cette ligne est encore presque impénétrable jusqu'à l'extrémité de la droite où sont les cols du Galibier, du Lautaret et quelques autres qui donnent des débouchés assez faciles, soit pour passer du Briançonnais dans la Morienne et de là dans le Piémont par le grand chemin du Mont Cenis, soit pour se porter de la Morienne dans la vallée du Monestier et sur Briançon, qui n'est qu'à trois lieues du Lautaret.

Ainsi, Briançon est une place extrêmement importante par sa position dans tous les cas de guerre offensive ou défensive, surtout depuis la cession des quatre vallées qui l'avoisinent de fort près. C'est la **clef du haut Dauphiné**, la seule place avancée sur la frontière, la plus respectable par ses fortifications; et comme elle couvre Grenoble, quoique dans un éloignement considérable, elle ne peut aussi se soutenir qu'au moyen d'une communication libre et assurée avec cette capitale, parce qu'il serait plus difficile et quelquefois impossible de la secourir du côté de la Provence. Une communication aussi nécessaire demande d'être traitée dans un certain détail.

Si on tirait une ligne droite de Grenoble à Briançon, elle passerait par des montagnes absolument impraticables, telles que celles de la Montagne abîmée de La Val Louise, etc. Aussi, les deux chemins qui conduisent d'une place à l'autre sont-ils dirigés plus haut et plus bas que cette ligne supposée, mais il y en a un qui s'écarte beaucoup de la direction la plus courte, et ils s'éloignent prodigieusement l'un de l'autre.

Petite Route de Grenoble à Briançon. — Le Chemin Haut, c'est-à-dire le plus près des limites, et qu'on nomme la Petite Route[1], est naturellement tracé par la Romanche, petite rivière qui coule dans un vallon profond et étroit. On joint cette rivière à deux lieues de Grenoble, au bourg de Vizille, d'où elle n'est qu'à une lieue et demie de son embouchure dans le Drac, et on la remonte sans la quitter jusqu'auprès du Galibier. Sur la rive gauche, à cinq lieues de Vizille, après avoir passé Rivoiran, Chéchilienne, Gavet, Clavaux et Livet, on rencontre le Bourg d'Oisans, situé entre des masses de montagnes qui, en s'éloignant circulairement, forment un bassin très vaste par rapport à la nature du pays, puisque le plus grand diamètre a 900 toises, dont une partie est baignée par un marais.

On doit regarder le Bourg d'Oisans comme un corps de garde placé sur la Petite Route, comme une porte intermédiaire, un lieu d'établissement entre Grenoble et Briançon qui mène au centre de la frontière de Morienne et qui donnerait aussi aux ennemis toutes sortes de facilités de nous nuire s'ils l'occupaient en forces les premiers. Deux lieues plus loin est le village du Mont de Lans placé sur un plateau élevé entre deux vallons ; poste très important aussi, relativement au débouché des limites. Du Mont de Lans on passe par la Combe ou Gorge dite de Laval, où sont quelques hameaux ; on arrive à La Grave, et de La Grave, en découpant le défilé des Ardoisières, au Vilars d'Arène. De là, en traversant les cols du Lautaret et du Galibier, qui sont très près, on laisse derrière soi les sources

---

[1] Itinéraire de la Petite Route de Grenoble à Briançon, où il est fait mention de tous les différents débouchés qui déversent de cette route dans la partie supérieure de la Morienne, ainsi que dans les vallées d'Oulx et de Cézane 1752, par M. Bourcet de la Saigne, frère du Brigadier. — (Documents annexes.)

de la Romanche, on tourne court sur la droite et, dans une direction opposée à la première, on descend la vallée du Monestier le long du ruisseau de la Guisanne, qui conduit à Briançon par la Magdelaine, le Lauzet, le Casset, Monestier, Villeneuve, Chantemerle et Saint Chaffray.

Je n'ai point dû parler d'une quantité de ponts sur lesquels il faut passer et repasser la Romanche de la droite à la gauche, ni des torrents, des ravins, des penchants escarpés, des fondrières, qui rendent une partie de la route que je viens de décrire mauvaise. On conçoit que pendant les trois mois de l'année qu'elle est ouverte il y a encore des obstacles et des accidents à craindre de la part des orages subits ou des pluies abondantes dans un vallon si étroit, arrosé par une rivière qui est profondément encaissée en plusieurs endroits. C'est sans doute parce qu'elle est souvent fermée par les neiges durant les neuf autres mois qu'on n'a pas toujours pris pour l'entretenir et la réparer un soin assidu et qu'on n'y a pas fait toute la dépense qu'elle aurait méritée, d'ailleurs, si les accidents n'exposaient pas à voir perdre tout d'un coup le fruit des travaux qu'elle coûterait. On peut dire aussi, contre le système d'accommoder à grands frais cette route, qu'elle est trop voisine des limites et par là trop exposée aux insultes de l'ennemi. Quoiqu'il en soit, il est certain qu'elle demande aujourd'hui de grandes réparations. J'ajouterai qu'elle a vingt-une lieues d'étendue.

Grande Route de Grenoble à Briançon. — Pour ne pas prévenir les observations que j'ai à faire plus bas sur la Grande Route (qui est celle que nous avons suivie), il suffira de dire ici qu'elle est la même que la Petite Route entre les deux premières lieues, de Grenoble à Vizille, et qu'elle en a trente-cinq ; que, traversant la Romanche de la droite à la gauche sur le pont de Vizille, elle s'éloigne d'abord de la Petite Route dans une direction diamétralement contraire jusqu'à La Mure, c'est-à-dire à la distance d'environ cinq lieues ; que, de là, elle continue de s'en éloigner de plus en plus, mais seulement en ligne divergente ; que, depuis La Mure, elle va à Corps en côtoyant le Drac jusqu'à Brutinel, où elle s'en éloigne pour se diriger sur Gap ; qu'ensuite elle joint à Savines la Durance ; qu'en remontant cette rivière elle se replie à gauche, passe à Embrun, à Mont-Dauphin, et, à six lieues de là, tombe sur Briançon, où elle joint enfin le

Chemin Haut. De sorte qu'on peut se former de ces deux routes une image assez ressemblante en les considérant comme décrivant une espèce de triangle dont Vizille serait la sommité; la Petite Route formerait un côté terminé à l'hôpital de Lautaret, près du Galibier, la Grande Route formerait l'autre côté appuyé à Embrun, et la ligne qui passerait par ces deux points serait la base; cette base, sur laquelle Briançon se trouverait placé, aurait douze ou treize lieues, et c'est l'étendue de la base réelle ou de la ligne que décrivent ensemble la Durance et la Guisanne entre les deux points du Galibier et d'Embrun.

Nécessité d'établir des communications entre la Grande et la Petite Route. — Ainsi l'énorme distance qui sépare ces deux routes les rend absolument étrangères l'une à l'autre et les laissera toujours dans le besoin des secours réciproques qu'il leur serait très nécessaire de se prêter jusqu'à ce qu'on les joigne par des communications, par des chemins intermédiaires qui ont sans doute existé autrefois, et dont il reste encore quelques vestiges. Cet amas effrayant des montagnes comprises entre les deux routes, est en général semblable au front des limites : il n'a d'inaccessible que quelques groupes plus considérables que les autres; presque partout ailleurs on ouvrira des routes, ou on les trouvera tracées par les habitants du pays et par leurs troupeaux, il ne s'agira donc que de les perfectionner pour l'usage des troupes.

C'est surtout vers la base de notre triangle qu'il est très nécessaire, relativement à la défense de Briançon, d'établir de nouvelles communications entre les deux routes, afin de nous multiplier les moyens de secourir promptement et sûrement cette place, et aux ennemis les difficultés de l'assiéger ou de la bloquer, ce qui ne leur serait pas fort difficile actuellement dans plusieurs suppositions raisonnables qu'on pourrait faire, puisqu'il suffirait que deux corps de troupes débouchant l'un par le Galibier, le Mont Genèvre et d'autres cols voisins, sur la Petite Route, l'autre du côté de Barcelonnette, par les cols de Vars et de Risoul, sur la Grande Route, y prissent des positions avantageuses; par cela seul, le blocus de Briançon serait fermé et peut-être celui de Mont Dauphin et d'Embrun, selon le point que les ennemis auraient choisi sur la Grande Route. Il serait alors fort difficile, par la nature du pays, de les déposter, même avec des troupes plus nombreuses; il n'y aurait pas de possibilité, si on suppose au contraire qu'ils fussent supérieurs par leurs propres forces ou par celles de leurs alliés ou par l'effet de quelque diversion qui occuperaient les nôtres ailleurs ; et, pour lors, l'intervalle de la fonte au retour des neiges, qu'on veut regarder comme trop court pour les préparatifs et pour les questions d'un siège tel que celui de Briançon, pourrait être si bien employé que la place succomberait nécessairement.

Mais, si dans l'entre deux de la Grande et de la Petite Route il y avait quelques chemins de traverses de l'une à l'autre et plusieurs communications parallèles dirigées sur la Durance et sur la Guisanne, le blocus de Briançon ne dépendrait plus uniquement de l'occupation de deux passages. Nos secours arriveraient par ces débouchés intérieurs que les ennemis ne pourraient pas fermer tous à la fois ; et, dans les cas où ils voudraient tenter des incursions dans le Dauphiné avant d'avoir soumis nos places, ou s'avancer en forces dans la province, après les avoir assujetties, ces mêmes débouchés tomberaient sur les routes que leurs convois de subsistances et de munitions de guerre auraient à tenir, soit qu'ils vinssent du côté de la Morienne par le Galibier et les autres cols voisins, soit du côté de Barcelonnette par le col de Vars. Par conséquent ils ne pourraient marcher que sous de grosses escortes, et avec beaucoup de danger, surtout si les habitants du pays étaient en armes, suivant le projet dont il a été parlé.

Pour remplir ces objets, on propose d'établir dans l'intervalle des deux routes, vers la partie qu'on a comptée vers la base du triangle, quatre communications parallèles et une traverse [1].

La *première communication* prise de St Bonnet, qui est auprès de Brutinel entre Corps et Gap, irait par Ourcières aboutir à Châteauroux sur la Durance entre Embrun et Mont Dauphin. Elle mènerait en huit heures de St Bonnet à Châteauroux, au lieu qu'il faut dix ou onze par le grand chemin. L'on a estimé que les ponts à construire ou à réparer et les autres travaux à faire pour la rendre praticable tant à l'infanterie qu'aux bêtes de sommes coûteraient environ 16.950 l.

La *seconde communication* se dirigerait d'Ourcières par Dormillouse sur Fraisinières, village situé près de la Durance à côté de celui du

---

[1] Mémoire sur les communications à ouvrir dans l'intervalle de la Grande à la Petite Route de Grenoble aux places de la Frontière (1752), par Bourcet. — (*Documents annexes.*)

Palon, ancien camp de M. de Catinat en 1690 et qu'on regarde encore comme une très bonne position entre Mont Dauphin et Briançon. Cette communication abrégerait aussi beaucoup; on compte qu'une dépense de 4.815 l., suffirait pour l'accommoder, mais pour des gens de pied seulement.

La *troisième communication*, la plus essentielle de toutes, commencerait sur la première, un peu avant le village d'Ourcières, passant par Champoléon et en tournant une grande montagne, tomberait sur le village de L'Argentière, placé de même que Fraisinières sur la Durance, entre Mont Dauphin et Briançon, mais au centre de l'intervalle, environ à quatre lieues de l'une et l'autre place. Au moyen de plusieurs petits ponts à construire et d'autres travaux à faire dans les parties hautes ou basses, cette route peut-être établie convenablement au passage de l'infanterie et des bêtes de charge; on évalue la dépense à 42.080 l.

La *quatrième communication* commençant dans Laval Godemar, au village de la Chapelle, se dirigerait par le Clos de Jousseline ou Vallon Peyre où elle formerait deux branches; la droite entrerait dans la route de Champoléon à L'Argentière, la gauche porterait par le col du Haut Martin, sur La Val Louise et le ruisseau de la Pisse. Il y aurait aussi des ponts à faire et des travaux assez considérables qui pourraient aller à 32.720 l.

Au reste les quatre nouveaux chemins partent tous du voisinage de la Grande Route, entre Corps et Gap, pour la rejoindre par des lignes plus courtes sur la Durance entre Embrun et Mont Dauphin. Ils sont à peu près parallèles entre eux et séparés à distance assez égale les uns des autres par les montagnes les plus élevées et les plus larges du Haut Dauphiné. Si les habitants du pays étaient chargés de la défense et de l'entretien de ces communications, suivant les vues dont il a été parlé, on leur assignerait des postes et des lieux d'assemblée, des points de ralliement, et il conviendrait d'établir des signaux sur les sommités les plus hautes.

On propose encore, relativement à la défense de Briançon, une *cinquième communication* parallèle aux autres qui commençant à St Christophe, à une lieue environ du Mont de Lans, passant par la Bérarde, coupant le vallon de l'Alpe et le col d'Arcine, irait se terminer au village du Casset sur la Guisanne, et cette route recevrait deux traverses qui, par le vallon de l'Alpe et le col d'Arcine, tomberaient au

Villar-d'Arenne sur la Petite Route ; par les calculs estimatifs, il en coûterait environ 18.720 l.

Voilà pour la partie de la droite et du centre, où se trouve la plus grande épaisseur de l'intervalle des deux routes. Mais, vers la gauche, il est encore plus indispensable d'ouvrir une bonne communication qui traverserait de Corps au Bourg d'Oisans, non-seulement dans l'objet de soutenir Briançon et les deux routes l'une par l'autre, mais parce qu'on s'assurerait les moyens de parvenir toujours avant les ennemis au Bourg d'Oisans, d'y porter en peu de temps les secours qu'on voudrait pour défendre notre frontière ou pour entrer dans la Morienne, et, dans tous les cas de guerre offensive ou défensive, cette route serait d'une utilité infinie. On propose de la diriger de Corps par Sainte Luce, St Michel, la Chenelette sur le village de Vaubonnois, et de ce lieu par Leperier, Chante Louve et col d'Ornon sur Oisans. On évalue la dépense de cette importante traverse à 33.080 l. M. de Catinat avait su en faire usage, et il y a plusieurs parties qu'on n'aura besoin que de réparer. Mais comme on ouvrirait aussi aux ennemis un chemin pour se porter de la Morienne à Corps par le Bourg d'Oisans, et de Corps aux environs de Grenoble et dans le Bas Dauphiné, il faut supposer qu'en même temps qu'on établirait la communication, on s'assurerait la facilité de la fermer aux ennemis par une bonne fortification, ou en accommodant quelque poste qui dominerait le passage.

A l'égard de l'espace qui se trouve à l'extrémité de la droite dans l'angle de sommité, il y a des endroits totalement fermés par les montagnes, dans les autres il serait plus facile que nécessaire d'établir de nouveaux chemins.

Ce n'est pas que toutes les nouvelles communications qu'on propose dispensassent de réparer et d'entretenir les deux routes principales qui sont seules à l'usage de l'artillerie. La Petite surtout, qui est fort dégradée, exige d'autant plus d'attention que la différence de quatorze lieues qu'elle a de moins que la Grande produit une économie considérable de temps et principalement d'argent dans des pays où l'on sait que le transport des subsistances est souvent plus cher que les matières mêmes. M. de La Porte, dans un mémoire qu'il a fait pour établir la préférence de la Petite Route à cet égard, suppose une armée, composée de quarante bataillons et vingt-cinq escadrons, marchant de Grenoble auprès de Briançon avec un train d'artillerie proportionnée et tout ce qui suit une armée avec les vivres et les subsistances nécessaires pour toute la campagne, et il évalue à la somme de 1.537.025 l. l'épargne qu'on trouverait à faire sur les marches et les transports par la Petite Route plutôt que par la Grande. Sans examiner si les calculs sont bien exacts, on ne peut disconvenir qu'en diminuant le chemin on diminue à proportion la dépense, et que l'économie du temps ne soit, par rapport aux opérations militaires, un autre avantage souvent infini et qui décide de tout ; mais les armées pourraient être placées dans le Dauphiné ou dans le Piémont de façon qu'il faudrait nécessairement se servir de la Grande Route de Grenoble, et l'idée de M. de la Porte n'est pas, sans doute, d'en interdire absolument l'usage.

DE GRENOBLE A VIZILLE

(De Grenoble à Hebens 3/4 l. ; à Tavernolles 1/4 l. ; à Bries, 1/2 l; à Vizille, 1/2 l. Total 2 lieues.)

En partant le 17 juillet de Grenoble pour aller coucher à Corps, nous prîmes le nouveau chemin de Vizille, dirigé par Hebens, Tavernolles et Bries. Laissant à droite l'ancien chemin qui passe en côtoyant le Drac par Echirolles et Jarry le Bas, nous traversâmes la Romanche, à un quart de lieue au-dessus de Vizille, sur un pont de bois appelé le Pont du Péage, à la place duquel on a projeté d'en construire un autre de pierre qui serait placé encore plus loin, au hameau du Message. Le projet du nouveau chemin et du nouveau pont me parut avoir été formé contre toutes les vues militaires par des inspections des ponts et chaussées qui ne consultent que l'économie qui se trouve à n'avoir qu'un chemin à entretenir au lieu de deux. On suppose qu'il suffirait d'établir à Vizille, le point de partage de la Grande et de la Petite Route de Briançon, qu'il fallait par conséquent abandonner le chemin du Bas Jary comme inutile ou d'un trop grand entretien et renoncer absolument à relever l'ancien pont de Champ, sur lequel on passait autrefois la Romanche à trois quarts de lieue environ au-dessous de Vizille. M. le marquis de Paulmy, fit sentir à M. de La Porte que le nouveau chemin n'étant qu'une direction perfectionnée de celui qui existait déjà pour conduire à la Petite Route, il ne serait pas moins nécessaire de conserver ou de réparer le chemin du Bas Jary pour arriver séparément à la Grande Route, et même de rétablir le pont de Champ ; que les deux routes de Briançon doivent partir, non de Vizille située dans un bassin trop resserré par les montagnes pour jamais servir d'entrepôt ou de lieu d'assemblée, mais de Grenoble même et par deux portes différentes ; qu'on ne peut pas avoir moins de deux débouchés pour faciliter dans le besoin l'entrée et la sortie de cette place aux colonnes, aux équipages, à l'artillerie, aux munitions de tous genres et pour éviter les engorgements auxquels on est exposé lorsqu'il n'y a qu'un seul chemin pour la circulation des troupes et de tous les attirails de guerre.

DE VIZILLE A LA MURE

(De Vizille à La Fray, 1 l. ; à Petit Chat, 1/2 l. ; à Pierre Châtel 3/4 l. ; à La Mure, 1 l. 1/4. Total : 3 lieues 1/2)

Du pont du Péage, en passant par les villages des Travers, par ceux de La Fray, de Petit Chat, de Pierre Châtel et coupant la vallée de Metesine nous nous rendîmes au bourg de la Mure, ayant toujours à droite le cours du Drac à la distance d'environ une demi-lieue et laissant à gauche les trois lacs de La Fray et les hautes montagnes qui séparent la Matesine de la Valdens ou Valdain.

DE LA MURE A CORPS

(De La Mure aux Terrasses, 3/4 l. ; au Souchon, 3/4 l. ; à Guet 3/4 l. ; St Jean des Vertus, 3/4 l. ; à Corps, 1/2 l. ; Total : 3 lieues 1/2).

De La Mure après avoir vu plusieurs communications de ce bourg avec la Petite Route [1] par La Valdens, par le Vaubonnois et par le Val Jouffery, nous arrivâmes à Corps en continuant de remonter le Drac, et passant par les villages des Terrassses, Souchon, Guel et St Jean des Vertus ; et dans ce trajet je remarquai à gauche plusieurs petites rivières venant des rivières de St-Michel et de Ste-Luce et d'autres points par lesquels passe la grande traverse de Corps au Bourg-d'Oisans.

---

[1] Communications de la Grande et de la Petite Route depuis Corps jusques à Bourg-d'Oisans, par Bourcet. — *(Documents annexes.)*

DE CORPS A GAP

*(De Corps à Aspres 1/2 l. ; à Aubsaigne 3/4 l. ; à Brutinel, 2 l. 3/4 ;
à St Guignes 1/2 l. ; à Gap, 1 l. 1/2. Total 6 lieues 1/2.)*

Partant le 18 juillet de Corps, nous passâmes à une demi-lieue sous le village d'Aspres où j'examinai la position avantageuse que M. de Catinat avait prise en 1692 dans l'objet d'empêcher les ennemis qui étaient à Lesdiguières, vis-à-vis de lui, de déboucher sur Corps et de là sur La Mure et Grenoble. Il avait la droite de son camp appuyée au Drac et au Pont St Bernard, le centre au hameau de Broüe et au village de St Firmin et la gauche au pont de Souchier, sur la rive droite de la Severaisse qui couvrait aussi son front. D'Aspres nous traversâmes la Severaisse sur le pont de la Trinité. Ensuite, passant le Drac de la droite à la gauche et suivant de près cette rivière jusqu'à Brutinel nous le quittâmes entièrement pour marcher dans une nouvelle direction à Gap par St Guignes et le Chauvet. Dans le trajet de Corps à Brutinel, je vis les débouchés du Val Godemar, les grandes masses des montagnes qui séparent cette vallée de celles de Champsaur, et la position du bourg de St Bonnet d'où part un chemin très fréquenté, qui, suivant une ligne plus courte que celle du grand chemin qui passant par Gap va tomber sur Embrun, longe le Drac le long de sa rive droite, et, par Ourcières et le col des Tourrettes, tombe sur Châteauroux, entre Embrun et Mont-Dauphin. C'est de cette traverse que partent les communications projetées de Champoléon, d'Ourcières, etc.

DE GAP A EMBRUN

*(De Gap à la Bâtie 1 l. 3/4 ; à Chorges, 1 l. 1/4 ; à Savines 2 l. ; à
Embrun 2 l. Total 7 lieues.)*

De Gap, le 19 juillet, passant par la Bâtie Neuve et Chorges, nous joignîmes la Durance qui se traverse sur un pont de bois à Savines, laissant à gauche les cols des Chabrières et des Tourrettes qui communiquent à celui d'Ourcières, et, à la droite, le col de Pontis qui communique à Ubaye dans la vallée de Barcelonnette. C'est par ce col que le duc de Savoye fit marcher une partie de ses troupes pour faire le siège d'Embrun, en 1692; son artillerie passa par le col de

Vars. De Savines, en remontant la rive gauche de la Durance, nous traversâmes le torrent de Boscodon, près de l'abbaye de ce nom, et, repassant ensuite la Durance de la gauche à la droite sur le pont de Clapière, il ne resta plus qu'un quart de lieue à faire pour arriver à Embrun.

Embrun[1] est regardée généralement comme une place très défectueuse par son assiette et fort imparfaite dans sa fortification. Elle occupe à quatre cents toises ou environ de la Durance, un plateau situé au pied du Mont St Guillaume qui la commande de près sur une grande partie de son enceinte, surtout du côté du nord et du levant, et qui la soumet à des feux plongeants. Il n'y a que le côté du midi, qui fait face à la Durance, et une partie du front de la porte de Gap, vers le couchant, qui soient en sûreté au moyen des escarpements inaccessibles ou très aisés à défendre. La fortification consiste dans un ouvrage à corne, médiocre, devant la porte de Gap, auquel on a ajouté depuis peu un flanc; deux demi-lunes, du côté nord; deux pièces détachées, devant la porte de Briançon; une autre pièce appelée la demi-lune des Croix, du côté du levant; et, sur la même ligne, un bastion nommé le bastion des Capucins, qui est surmonté d'un cavalier. Quelques-uns de ces ouvrages ne sont point attachés à l'enceinte de la place et cette enceinte n'a pour défense que les embrasures et les créneaux du parapet qui sont en assez mauvais état. Elle n'est pas revêtue dans quelques parties, ni même terrassée; d'ailleurs la contrescarpe et le chemin couvert ont également besoin d'être réparés.

Ce sont sans doute les défauts naturels de cette place, qui ont fait négliger de mettre plus d'art et plus de dépense à ses fortifications. Elle pourrait même paraître exiger moins de soins depuis que par la construction de Mont Dauphin elle n'est plus qu'en troisième ligne, en supposant l'ennemi venant du Piémont; et, s'il arrive par le col de Vars qui mène d'abord à Mont Dauphin, la place d'Embrun se trouve encore en seconde ligne; il est vrai qu'il peut absolument

---

[1] Mémoire sur la Fortification de la Ville d'Embrun (1752), par Bourcet. — (*Documents annexes.*)

Mémoire pour servir à connaître les places du Haut Dauphiné dans l'état qu'elles se trouvent et ce qu'il convient d'y faire pour les rendre capables d'une bonne défense, 10 juillet 1752, par M. d'Heuriance. — (*Documents annexes.*)

investir Embrun en coupant du col de Vars par celui de Risoul sans passer sous le canon de Mont Dauphin, ou en pénétrant comme en 1692 par le col de Pontis. Mais, dans ces deux chemins, il aurait un travail immense à faire pour conduire du gros canon, indépendamment des obstacles qu'on lui opposerait, et l'on ne doit pas présumer qu'il voulut entreprendre sur Embrun en laissant Mont Dauphin der-

rière lui ; comme il n'est pas à supposer qu'il investit Mont Dauphin sans masquer Embrun. Ainsi, dans tous les cas, Embrun n'est point une place inutile depuis qu'on a construit Mont Dauphin ; c'est une place de plus. Et une place de montagnes, même médiocre, doit être regardée comme forte, lorsqu'elle oblige l'ennemi à des préparatifs de guerre dispendieux, à des marches lentes et pénibles qui peuvent lui faire perdre du temps et donner aux secours celui d'arriver ; lorsqu'il faut absolument du canon pour l'attaquer et qu'il est fort difficile de l'y conduire. Le duc de Savoye pour assiéger Embrun en 1692 ne put faire passer que du canon de val de 12 livres de balles par le col de Vars qui n'était point fermé alors ; et la place, quoique mal pourvue d'artillerie, tint treize jours de tranchée ouverte contre une armée considérable.

Il paraîtrait donc convenable de faire d'Embrun une aussi bonne place que sa situation peut le permettre, quand on n'aurait pour objet que de s'assurer un point d'appui d'où l'on peut envoyer des secours à Mont-Dauphin, inquiéter les marches, les quartiers, et troubler les opérations des ennemis. On doit aussi considérer Embrun comme un poste important pour arrêter les incursions que des partis pourraient tenter sur Gap et sur les environs, et c'est même la seule place capable d'en imposer aux ennemis par rapport à la Haute Provence et à la vallée de Barcelonnette.

Il y aurait aussi quelques augmentations à faire aux bâtiments militaires d'Embrun qui consistent dans un corps de caserne capable de contenir un bataillon, un hôpital et un magasin à poudre. Entre autre choses, il serait très nécessaire de bâtir un arsenal, soit pour servir d'entrepôt aux places avancées, soit pour loger l'artillerie nombreuse qui doit toujours être la principale défense d'Embrun. Je vis sous les armes le second bataillon de Trainel, composant toute la garnison et je fus très content de cette troupe que je trouvai belle.

D'EMBRUN A MONT DAUPHIN

(D'Embrun à Châteauroux, 1 l.; à St Clément, 1 l.; à Mont Dauphin, 1 l. Total, 3 lieues.)

20 juillet. — D'Embrun, en remontant la rive droite de la Durance et passant par Châteauroux et par le pont de St Clément nous nous rendîmes à Mont Dauphin qui n'est qu'à trois lieues. A Châteauroux, je remarquais à gauche une des communications dont j'ai parlé, qui va par Ourcières à St Bonnet, et, à la droite de l'autre côté de la Durance, le village de Séguret et le col du Crachet qui communique à ceux de Vars et de Risoul. De là, repassant la Durance de la droite à la gauche, sur le pont de bois de St Clément, qui est jusqu'à présent le seul débouché pour secourir Mont Dauphin et Briançon par la Grande Route, j'observais qu'il serait d'une grande

importance de ne pas laisser détruire ou occuper ce pont par les
ennemis, d'autant plus qu'il est soumis par ses deux extrémités à des
rochers escarpés contre lesquels la Durance coule comme entre deux
murs, et que ces rochers font des postes avantageux surtout celui
de la droite appelé le Rotier. J'observais aussi que le passage de ce
pont était très incommode pour l'artillerie, parce que ses avenues

étant en équerre et sans contour ne laissent la liberté du tirage qu'à
deux ou trois paires de bœufs. A une lieue de Saint Clément et de
la Durance nous passâmes le Guil, sous Mont Dauphin, au pont
appelé de Ste Marie ou Pont Rouge.

L'irruption et les ravages affreux que fit le duc de Savoye en 1692
dans l'Embrunais et dans le Gapençais engagèrent Louis XIV à chercher
aussitôt une position à fortifier qui pût à l'avenir préserver les mêmes

cantons de pareils malheurs, appuyer Briançon et donner plus de corps à la défensive générale du Haut Dauphiné et de la Haute Provence. M. de Vauban trouva le plateau de Millaure la position la plus heureuse qu'il pu désirer, et, dès l'année suivante, 1693, ce plateau qui avait été négligé jusqu'alors commença à devenir une place respectable sous le nom de Mont Dauphin[1]. On convient que c'est un emplacement unique, soit pour la force de l'assiette, puisque les rochers escarpés qui lui servent de murs le rendent inabordable sur les trois quarts de son enceinte, soit du côté de l'économie de la construction dont la nature a fait les plus grands frais, soit dans les vues militaires de fermer par une seule barrière les passages principaux par lesquels l'ennemi peut entreprendre sur le Briançonnais ou sur l'Embrunais ; il ne peut arriver du côté de Briançon que le long de la rive gauche de la Durance, ou le long du Guil par la vallée de Queyras, dans le dessein de marcher vers Embrun, et, du côté de la vallée de Barcelonnette par le col de Vars, pour se porter vers Briançon, et ces trois chemins se trouvent assujettis à Mont Dauphin, et presque sous son canon.

Si l'on considère Mont Dauphin par rapport au Guil qui lui sert de fossé du côté du midi et du levant, et par rapport à la Durance qui le couvre et qui reçoit le Guil au couchant, il est entre ces deux rivières comme dans une presqu'île. Considéré par rapport à la chaîne de rochers qui l'enveloppent, il représente une espèce de fer à cheval dont l'ouverture des branches est le seul endroit par lequel on puisse approcher et attaquer la place.

Cette partie accessible, qui ne fait tout au plus que la quatrième du contour de Mont Dauphin, est fermée par deux fronts de fortifications à peu près réguliers. Chacune des deux courtines a sa demi-lune qui la couvre ; les fossés sont profonds, les chemins couverts sont larges et les glacis fort étendus. Il y a de plus un avant chemin couvert qui renferme une lunette en bonne maçonnerie avec un fossé revêtu, et les glacis de cet avant chemin couvert sont extrêmement prolongés ; de sorte que l'assiégeant serait contraint de prendre de

---

[1] Mémoire sur la fortification de Mont Dauphin (1752), par Bourcet. — (*Documents annexes.*)

Mémoire pour servir à connaître les places du Haut Dauphiné, etc. (1752), par M. d'Heuriance. — (*Documents annexes.*)

grandes précautions pour avancer sous un feu rasant qui ne pourrait être que très meurtrier par sa nature et fort vif de la part d'une garnison qui n'aurait pas d'autre attaque à repousser. Cependant M. de Vauban aurait porté plus loin cette fortification s'il avait eu des fonds proportionnés à ses vues, et il y a longtemps qu'on a projeté de construire des contregardes à tous les angles flanqués des bastions et des demi-lunes avec deux lunettes pour fermer la droite et la gauche de l'avant-chemin couvert, ce qui serait plus que suffisant pour mettre la place en état de soutenir, de ce côté là, trois ou quatre mois de tranchée ouverte ; par conséquent pour la rendre imprenable, parce que c'est tout le temps que l'ennemi peut employer entre les vieilles neiges qui ne fondent qu'au mois de juin et les nouvelles qui commencent à tomber dès la fin de septembre.

Mais il y aurait d'ailleurs quelques précautions à prendre à l'égard de l'escarpement même du fer à cheval, dont la partie qui figure la pince et qui regarde le pont Ste Marie se trouve plus basse et bien moins inaccessible que le reste. Comme l'ennemi se trouverait tout d'un coup dans l'intérieur de la place, si, par surprise ou autrement, il venait à escalader cette partie inférieure du plateau, on a proposé de la séparer de la partie supérieure par une enceinte qui mettrait à couvert de tout danger et qui est commencée depuis plusieurs années. On pourrait même abandonner entièrement cette portion basse qui est d'une petite étendue et dont l'ennemi ne pourrait tirer aucun avantage, contre le plateau supérieur qui la domine de plus de soixante pieds. C'est dans cette même partie basse qu'on avait déjà travaillé en 1748 a préparer l'ouverture de la nouvelle porte qu'on a résolu de placer vis-à-vis le pont Ste Marie pour entrer à Mont Dauphin du côté d'Embrun par la ligne la plus courte, au lieu qu'il faut prendre un détour long et pénible pour aller chercher la seule porte qui existe actuellement du côté d'Egliers. La nouvelle, qui sera militairement utile pour rendre les mouvements des attirails de guerre plus libres et moins sujets à la confusion de l'entrée et de la sortie, a pour objet principal d'inviter les voyageurs à s'arrêter à Mont Dauphin, ce qui établirait une espèce de branche de commerce avantageuse aux habitants. C'est la station naturelle d'Embrun à Briançon, et l'on n'évite d'y entrer qu'à cause de la difficulté et de la longueur du circuit qu'il faut faire.

Au reste, le petit défaut qu'on propose de corriger à l'enceinte de

Mont Dauphin n'est rien en comparaison de la proximité du plateau de Guillestre, qui l'avoisine à moins de deux cents toises du côté du levant et qui domine si considérablement la place que le canon des assiégeants découvrirait toutes les gauches de nos ouvrages et prendrait en flanc les troupes qui les défendraient. Il paraît que les ressources ordinaires de l'art ne remédieraient point parfaitement à une vue de situation d'autant plus grande qu'elle est commandée de plus haut; qu'ainsi le meilleur moyen serait d'opposer aux vues nuisibles du plateau de Guillestre un épaulement fort épais et fort élevé, qui ne fut revêtu en maçonnerie qu'à la face intérieure et qui ne présentât aux batteries, que les ennemis établiraient sur ce plateau, qu'une masse de terre dans laquelle les boulets s'enterreraient; ce qui n'empêcherait pas qu'on ne construisît quelques traverses dans l'intérieur des fortifications pour garantir des ricochets.

Avec les nouveaux travaux qu'on vient d'exposer sommairement, les projets et réparations qu'exige absolument la mauvaise maçonnerie des anciennes fortifications, on aura la meilleure place des Alpes, mais une ville misérable et déserte si l'on ne prend pas des mesures pour la repeupler. Les habitants, dont le nombre diminue depuis bien des années, malgré de grands privilèges dont ils jouissent, portèrent des plaintes à Monsieur le marquis de Paulmy sur le joug de l'autorité militaire à laquelle ils sont assujettis et qui, selon eux, est la principale cause de la dépopulation de Mont Dauphin et de la répugnance qu'ont les voisins de venir s'y établir. C'est pourquoi ils lui demandèrent pour première grâce qu'on leur donnât une forme d'administration semblable à celle des autres communautés de la province; qu'en les réunissant avec celle d'Egliers, appelée le quartier du Roy, en un seul corps, on leur accordât des officiers municipaux pour les gouverner et l'établissement d'une justice à laquelle ils puissent avoir recours dans leurs différents. Ils lui proposèrent ensuite que les bureaux des fermes, du change, des contrôles des actes, qui sont à Guillestre, fussent transportés à Mont Dauphin comme dans un lieu qu'il importerait davantage de décorer et de peupler même pour le bien des troupes; qu'on y établit un grenier à sel, des foires publiques, des marchés, etc., afin de soutenir les anciens habitants et d'en amener de nouveaux. Ils se promettent surtout de grands avantages de la porte Ste Marie qu'on leur a accordée, mais qu'il ne serait pas prudent d'ouvrir avant d'avoir avancé suffisamment les ouvrages qui doivent la défendre.

Des deux corps de caserne qu'il y a à Mont Dauphin pour loger deux bataillons, on en a pris un pour servir d'hôpital et le lieutenant du Roi s'est emparé du pavillon des officiers. Par conséquent il reste à faire une maison pour le lieutenant du Roi qui évacuera alors le pavillon, et un bâtiment pour les malades qui restitueront le corps de caserne ; au moyen de quoi, la garnison qui est fort à l'étroit, se trouverait à l'aise. Il m'a paru aussi que le magasin à poudre n'étant point à l'épreuve de la bombe, il était indispensable d'en construire un qui eut cet avantage. On y doit ajouter un arsenal ou plutôt en former un qui ne peut être que très utile pour recevoir les dépôts d'artillerie qu'on voudrait mettre dans cette place. Cette construction est déjà commencée et avancée à un certain point ; mais le défaut de fonds empêchera probablement qu'elle n'avance aussi bien que le reste des projets de fortification de cette place dont je viens de parler et qu'il serait cependant bien essentiel d'exécuter pendant la paix. Les deux bataillons du régiment de Nice en composent la garnison.

En effet, il est certain que la place de Mont Dauphin (et l'on doit dire la même chose de Briançon) ne saurait être trop bien fortifiée ni trop bien munie en tous genres, si l'on fait attention : qu'elles sont extrêmement éloignées de la Flandre ou de l'Allemagne, où sont communément employées les forces du royaume ; qu'il est par conséquent nécessaires qu'elles soient toujours en état de se soutenir par leurs propres forces, de protéger des frontières stériles sur lesquelles on ne peut pas entretenir perpétuellement des troupes nombreuses, et donner au moins le temps d'y porter secours.

DE MONT DAUPHIN A BRIANÇON

(De Mont Dauphin à St Crépin, 3/4 l. ; à la Roche, 1 l. ; à La Bessé, 1 l. ; à Quairières, 1 2 l. ; à St Martin, 1/2 l. ; à Presle, 1/4 l. ; à Chamandrin, 1/2 l. ; à Ste Catherine 1/2 l. ; à Briançon 1/4 l. Total 5 lieues 1/4.)

21 juillet. — De Mont-Dauphin, en passant par Egliers, St Crépin, La Roche, La Bessé, lieu propre à camper dix ou douze bataillons, et par Quairirières, nous remontâmes la Durance jusqu'à St Martin,

où nous repassâmes de la gauche à la droite. Dans ce trajet d'environ trois lieues et demie, je remarquais à droite les cols de Furfande, de Lozon et des Ayes qui communiquent de la Durance aux vallées de Servières et de Queyras, et à gauche, au-delà de la Durance les villages de Rotier, Chantelouve, Chancelas et le camp de Palon, les points importants de Fraissinières et de Largentière, avec les communications dont j'ai parlé amplement plus haut. J'observais seulement, comme j'ai fait à l'égard de la traverse de Corps au Bourg d'Oisans, que ces communications pourraient dans plusieurs cas très possibles servir aux ennemis contre nous. Entre La Bessée et Quayrières, je remarquais encore à droite les vestiges d'anciens bâtiments et probablement de vieilles fortifications dont on ignore quelles furent la force et la destination. Vis-à-vis de ces masures qu'on appelle Pertuis de Rostans, j'observais de l'autre côté de la Durance, la spacieuse montagne de La Val Louise qui se divise en deux vallons : l'un, nommé de Bonvoisin qui communique au col de Haut Martin, dont j'ai déjà parlé, l'autre nommé le vallon de la Pisse ou de La Lefroide qui communique à la vallée de Monestier par le col de Léchauda.

De St Martin, passant par Presle, St Blaise et Chamandrin, nous traversâme la Guisanne près de son embouchure dans la Durance, entre ce village et celui de Ste Catherine, qui n'est qu'à un petit quart de lieue de Briançon.

Mais, avant de commencer les observations que j'ai à faire sur l'assiette et sur les fortifications de cette place, il est nécessaire de donner préalablement une idée du Briançonnais et de la frontière respective, afin d'embrasser dans une certaine généralité les différents rapports qui constituent l'importance de Briançon.

Le *Briançonnais* [1] appelé l'Ecarton de Briançon, va du Nord au Midi dans la longueur d'environ dix-huit lieues, depuis le Galibier et le Lautaret, sur la frontière de Morienne jusqu'au col de Valente, sur la frontière du Piémont, près du Mont-Viso et des sources du Pô. Il peut avoir six ou sept lieues du couchant au levant, dans sa plus grande largeur qui est de La Val Louise au Mont Genèvre.

Le front septentrional du Briançonnais, c'est-à-dire la partie limitrophe à la Morienne, présente sur une étendue d'environ trois

---

[1] Mémoire sur le Païs Briançonnais.

lieues plusieurs débouchés très ouverts, tels que le col du Galibier, le col de la Ponsonière, le col du Loup et celui de Neuvache, etc.

Le côté oriental du Briançonnais s'étend l'espace d'environ 16 lieues du col de Neuvache à celui de La May, le long des vallées cédées, et du col de La May à celui de Valente, le long des vallées de Saint Martin et de Luzerne, quartiers des Vaudois. Du premier point au second, la ligne des limites est coupée par les cols de la Muande, du Val Etroit, d'Esture, de l'Echelle, de la Muletière ou de la Chaux de Baulard, de Lours, des Désertes, de Chaberton, des Frères Mineurs, du Mont Genèvre, de la Coche, de Guimont, de Rochas, du Bourget, de Chabôt, du Malrif, des Thures et de Rodour. Du second point au troisième, la ligne des limites traverse les cols d'Abriès, de St Martin, autrement Bout du Col, de Bouchier, de Nivoux ou de Malore, d'Hurine ou de Catherine, de la Croix, du Chevaleret, et de Crussol qui mène à la vallée de Crussol ou du Pô.

Le côté méridional du Briançonnais a quatre ou cinq lieues d'étendue, depuis le col de Valente jusqu'au col de St Paul, près de celui de Vars et des sources de l'Ubaye. Il fait face à la vallée du Pô, à la vallée de Château Dauphin et en partie à celle de Barcelonnette, et présente beaucoup de débouchés, tels que les cols de Saux ou Sauze, de Ruine, de Lagnel, de St Véran, de Longuet ou Longet, de Malacros, de Roni, du Chazal, du Lautaret, le col Marie, etc. Sans expliquer en détail que tels cols sont propres au passage de l'artillerie etc., il suffit de dire ici que des trois côtés du nord, du levant et du midi, le Briançonnais et la frontière opposée, sont respectivement ouverts par un grand nombre de débouchés assez bons la plupart et assez près les uns des autres.

Quant au côté occidental du Briançonnais, il est absolument intérieur à l'égard du Dauphiné, étant borné depuis le Galibier jusqu'aux montagnes de Dormillouse par le Graisivaudan, et, depuis les environs de Dormillouse jusqu'auprès du col de Vars, par l'Embrunais, au centre duquel se trouve Mont Dauphin.

Telle est en gros l'étendue et la forme du Briançonnais, en y comprenant la vallée du Queyras qui en fait au moins un tiers et qui occupe tout le front du midi et partie de celui du levant. De cinquante une communautés qui composaient le gouvernement du Briançonnais dix-neuf forment le Briançonnais proprement dit, ce sont : Briançon, Val Louise, le Monestier, La Salle, St Chaffray, Neuvache, Mont

Genèvre, Vilars St Pancrace, St Martin de Queyrières, Servières, Puy St André et Puy St Pierre : les sept autres qui sont Molines, Arvieux, Château Queyras, Aiguilles, Abriès, St Véran et Rissollas, appartiennent au district de Queyras.

Les trente deux communautés Briançonnaises qui ont passé sous la domination du roi de Sardaigne sont :

Bardonnesche, Baular, Millaure, Rochemole, Mélezet et les Arnaudières dans la vallée de Bardonnesche ;

Oulx, Savoul, Saux, Jouvençeaux, Salbertrand, Exiles et Chaumont dans la vallée d'Oulx ;

Cézanne, Bouzon, Thures, Roulières, Lauze, Chanlas, Molières, Fenils et Désertes dans la vallée de Cézanne ;

Pragelas, Usseaux, Fenestrelles, Mantoule, Roure et Méane, dans la vallée de Pragelas ;

Château Dauphin, La Chenal, St Eusèbe et Bellins dans la vallée de Château Dauphin.

A ce dénombrement qui fait voir en détail combien le Briançonnais a perdu de terrain et d'habitants depuis 1712, il faut ajouter que la partie qu'il a conservée est non-seulement la plus petite, mais la plus pauvre et la plus mauvaise ; que c'est une contrée des plus âpres, des plus sauvages et des plus tristes des grandes Alpes et que le peu de terre qu'il y a ne produit avec beaucoup de peine que du seigle et de l'avoine en petite quantité. Les montagnes et les vallées fournissent assez abondamment des pâturages aux troupeaux, mais elles refusent presque absolument aux hommes le bois qu'il leur serait nécessaire contre la dureté et la longueur des hivers. De sorte qu'ils sont obligés de partager les étables avec leurs animaux dont l'haleine leur tient lieu de feu. Au lieu que les quatre vallées contiguës de Bardonnesche, d'Oulx, de Cézanne et de Pragelas, qui descendent vers le Piémont, commencent à participer à sa température et à sa fertilité ; elles produisent généralement des grains et des fruits de toute espèce, et l'on y trouve des forêts, de grands vignobles et de belles prairies. La vallée même de Château Dauphin, quoique plus froide et moins fertile, n'est pas mauvaise ; on doit la compter pour la cinquième vallée cédée, puisqu'elle a été démembrée par le même traité que les quatre autres.

Ainsi, il n'est pas surprenant que le Briançonnais, mutilé comme il l'est aujourd'hui ne puisse plus armer de milices nombreuses pour sa

VILLE ET CHATEAU DE BRIANÇON
En 1752

défense, ni fournir, comme il faisait autrefois aux subsistances, au service et à tous les besoins des armées ; et ce qu'on lui a ôté n'est assurément point compensé par l'acquisition de la vallée maigre et aride de Barcelonnette qui n'a d'ailleurs nulle fortification, qui était toujours ouverte aux armes de la France, et qui l'est encore à celles de l'ennemi. Mais la lésion qui résulte du démembrement des cinq vallées cédées, paraîtra encore bien plus énorme si l'on considère, que, soit du côté de l'offensive, soit du côté de la défensive, elles ont transporté à l'ennemi tous les avantages qu'elles nous donnaient sur lui ; qu'Exiles, dans la vallée d'Oulx, Fenestrelles dans celle de Pragelas. Château Dauphin, dans la vallée du même nom ou de Vreyta, qui nous ouvraient les trois meilleures portes du Piémont, nous les ferment à présent, et que ces mêmes fortifications qui défendaient, contre le Piémont, une partie considérable de notre frontière, en facilitent aujourd'hui l'invasion. Par conséquent, Briançon, qui n'est qu'en seconde ligne à l'égard d'Exiles et de Fenestrelles, du côté du levant, et à l'égard de Château Dauphin du côté du midi, se trouve en première ligne et si près de la nouvelle frontière ennemie, puisqu'il n'en est qu'à une lieue, qu'on peut regarder cette place comme réduite à la seule force de ses murailles et des forts qui l'environnent.

Aussi, quoique l'irruption faite par le duc de Savoye dans le Dauphiné l'année 1692 eut engagé à perfectionner les fortifications de Briançon [1], on y a beaucoup ajouté depuis le traité d'Utrecht ; et l'on sent qu'elles ne sont point encore proportionnées au danger et à l'importance de la place. Briançon, bâti sur les penchants d'un rocher qui borde la rive droite de la Durance, est naturellement défendu au nord, au levant et en partie au midi, par la rivière qui l'entoure de ces côtés, et par ses escarpements. Un roc encore plus élevé qui domine au nord, d'un côté la Durance et de l'autre la ville, était occupé autrefois par un château dont il ne reste que des débris et qui indique un très bon emplacement pour une forteresse. Le reste de l'enceinte de la ville est presque tout revêtu en maçonnerie et représente des fortifications très irrégulières, si basses qu'elles ne couvrent pas le

---

[1] Mémoires pour servir à connaître les places du Haut Dauphiné dans l'état qu'elles se trouvent et ce qu'il conviendrait d'y faire, etc. (1752), par M. d'Ileuriance.
— (*Documents annexes.*)

premier étage des maisons des habitants, et si près de ces maisons, dans presque toute sa circonférence, que les soldats ne pourraient éviter d'être blessés par les ruines des bâtiments que les boulets renverseraient sur les remparts si cette enceinte était battue du canon. La partie haute, qui suit la crête de l'escarpement qui domine la rivière, n'a qu'un chemin couvert et un glacis informe. La partie basse qui regarde le couchant et le vallon de Ste Catherine jusqu'au débouché de la vallée du Monestier, n'a pour ouvrages extérieurs que : deux demi-lunes qui couvrent le front de la porte appelée de Pignerol et celui de la grande église ; un fossé de neuf pieds de largeur, sur dix-huit pieds de profondeur ; une fausse braye couverte par un ouvrage de contregarde, avec un fossé entre deux pour fermer l'étendue comprise entre le second front et la porte d'Embrun, où commence la partie haute. L'autre extrémité de l'enceinte basse est appuyée au château et se trouve défendue par quelque petits ouvrages. Une redoute, appelée des Salettes, située sur une hauteur assez raide et difficile à grimper, à trois cents toises en avant du château, du côté nord, est encore regardée comme une dépendance des fortifications de la ville parce qu'elle défend le débouché de la Vachette, qui est le seul par où l'ennemi puisse arriver à la ville en venant du Mont Genèvre. Son fossé est assez profond et renferme dans sa contrescarpe une galerie casematée ; mais l'ennemi en gagnant le haut de la montagne, dont la redoute n'occupe pas le sommet, pourrait rouler des pierres ou des fascines, qui combleraient le fossé ; et si l'on mettait le feu aux fascines, la fumée ferait abandonner les casemates et la porte. On propose pour remédier à ces inconvénients, de séparer davantage cette redoute de la montagne, par un avant-fossé fort large qui serait disposé de façon qu'il serait partagé par une arête au milieu, laquelle présenterait deux pentes très rapides qui entraîneraient à droite et à gauche, tous les déblais de la montagne et les empêcheraient de combler le fossé. Cette précaution pourrait retarder la prise de la redoute, sur laquelle l'ennemi peut d'ailleurs faire avancer du canon assez facilement.

Ainsi, la ville de Briançon n'est pas fort bonne par elle-même, et, quoiqu'elle soit susceptible d'être mieux fortifiée, elle ne serait encore qu'une place médiocre si l'on n'avait pas su faire entrer dans sa défense plusieurs hauteurs voisines qu'on avait toujours senti la nécessité d'occuper en forces ou de retrancher. Quelques-unes étaient bordées de retranchements en pierres sèches et de palissades lorsqu'on se détermina, au commencement de ce siècle, à y construire de véritables fortifications, et, les projets s'étendant ensuite à mesure qu'on reconnaissait le besoin de défendre un poste par un autre, Briançon est devenue une place très importante composée d'un amas de forteresses qui lui servent pour ainsi dire d'avant places, qui sont liées ensemble par un système commun de défensive et qui obligent à autant de sièges qu'il y a de fortifications.

Il était naturel de fortifier d'abord le plateau appelé des Têtes, qui se trouve au levant de Briançon, à moins de 200 toises de distance, et qui domine la ville de plus de 80 en élévation. Et comme les Têtes sont plongées à leur tour par un autre plateau qui est aussi au levant, on construisit sur ce plateau un second fort appelé le Randouillet; de sorte que les Têtes communiquent avec la ville par un pont [1] sur la Durance, et, avec le Randouillet, par une fortification qui traverse le vallon de Fons Christiane. Ces trois fortifications quoique séparées, ne forme qu'un tout.

Le plateau appelé de Biffecul ayant paru trop rapproché de la partie basse du fort des Têtes, en avant duquel il est situé, on jugea, ainsi qu'il convenait, de l'occuper, pour fermer un ravin dont l'ennemi pourrait faire usage, et l'on y bâtit le fort Dauphin qui se trouve à la hauteur et environ à 400 toises de la redoute des Salettes, la Durance entre deux.

Des observations successives décidèrent la construction du fort d'Anjou sur la montagne de Serrelatte et une redoute à machicoulis, appelée du Point du Jour, environ à 200 toises du Randouillet, pour tenir les hauteurs qui ont des vues offensives sur ce fort. Enfin on a porté la défense extérieure de Briançon depuis le fort d'Anjou jusqu'au plateau de l'Infernet, qui en est éloigné d'environ mille toises, dans la direction du nord, et qu'on a retranché en pierres sèches.

La communication du fort d'Anjou à ce plateau est sur l'arête d'une montagne, dont les penchants, du côté du levant, déversent sur la vallée et sur la communauté de Servières où l'ennemi peut se porter par les cols de Gondran et de Bourget. Les penchants d'occident de la même montagne descendent vers les villages de Fontenil et de la

---

[1] Mémoire, attribué à Bourcet, concernant la construction du Pont de communication de Briançon aux Testes. — (*Documents annexes*.)

Vachette, sur la haute Durance, où l'ennemi peut arriver par le Mont Genèvre, et il faut remarquer que cette montagne dans son penchant occidental, sur la Durance, a beaucoup de largeur, beaucoup de parties escarpées et inaccessibles, et qu'elle est regardée comme impraticable.

En supposant donc que l'ennemi débouchant par le Mont Genèvre s'avançât sur la Vachette et sur le Fontenil, il rencontrerait d'abord sur la droite, la redoute des Salettes, et, sur la gauche, le fort Dauphin, qu'il faudrait soumettre avant de pouvoir approcher de la ville et des Têtes. S'il venait du côté de Servières, par le col du Bourget ou par le chemin de Queyras, il aurait à attaquer toute la partie du levant, c'est-à-dire l'Infernet, le fort d'Anjou avec sa redoute, et le Randouillet, en descendant de l'un à l'autre. S'il s'avançait du côté du midi jusque dans la plaine de Servières, il se mettrait sous les feux combinés du Randouillet, des Têtes et de la ville. Ainsi il ne pourrait d'abord s'approcher que du Randouillet, qui parait inattaquable par le bas ou par le côté du midi où l'assiégeant aurait des travaux immenses à faire pour se couvrir. Enfin, si l'ennemi se portant au couchant, du côté de la vallée du Monestier, laissait toutes les hauteurs de Briançon pour n'attaquer que la ville même, on compte que sa garnison, rafraichie sans cesse par celle des hauteurs, ferait une longue résistance ; mais il faudrait 10 à 12 bataillons pour la totalité des fortifications.

Ce que je viens d'exposer peut donner une idée générale de la position de Briançon et de ses forts et de leur défense respective. Mais, quelque redoutable que paraisse d'abord l'ensemble de tant de pièces, on est obligé de reconnaître qu'il y en a encore plusieurs à ajouter ou perfectionner ; et il faut avouer que la ville est faible et que les vues qu'on a eues, en occupant l'Infernet, ne sont qu'à demi remplies.

A l'égard de la ville, on proposerait de faire, du rocher de l'ancien château, une plate-forme pour y placer plusieurs batteries et de l'envelopper d'une enceinte assez spacieuse pour contenir les bâtiments nécessaires à un poste, qui tiendrait lieu d'une très bonne citadelle. Cette plate-forme découvrirait presque tout le pourtour de la place, battrait tous les points sur lesquels l'ennemi pourrait s'avancer contre l'enceinte supérieure de la ville, et remédierait aux défauts, qu'ont les deux chemins couverts de cette partie, d'être vus par les montagnes de Salettes ou Croix de Toulouse. On pourrait même la séparer de la ville et l'unir au pont de la Durance, qui communique au fort des Têtes, et, par ce moyen, elle serait en état de se soutenir après la prise de la ville, et d'incommoder beaucoup les ennemis, parce que sa garnison serait sans cesse rafraîchie par les Têtes, qu'on ne suppose point encore assujetties. Pour remédier à la faiblesse de la partie basse de Briançon, on voudrait en étendre l'enceinte du côté du midi, et la couvrir par un ouvrage à corne, dont le front méridional plongerait dans le penchant de Ste Catherine qui est actuellement à couvert de toute direction des batteries de la place, et le front qui regarderait la vallée du Monestier croiserait ses feux avec ceux de la plateforme, surtout l'ancienne enceinte occidentale et inférieure ; ce qui ferait de Briançon une place également forte dans toutes ses parties, indépendamment de ses hauteurs, et contre laquelle toute entreprise de siège deviendrait très longue et très meurtrière.

Comme la nouvelle enceinte donnerait un grand emplacement, on proposerait d'y bâtir un hôpital spacieux et capable de contenir au moins 2.500 lits, non seulement dans la vue du besoin qu'on en aurait en cas de siège, mais par rapport à l'utilité infinie qu'on retirerait de cet établissement dans tous les cas où la guerre se ferait sur les frontières du Piémont et du Dauphiné. On ne peut pas regarder comme un véritable hôpital la maison que le roi loue pour cet usage à un quart de lieue de la place, et qui serait d'abord au pouvoir des assiégeants. Il paraîtrait nécessaire aussi d'ajouter un second corps de casernes à celui qui existe déjà, mais qui ne peut loger que deux bataillons, et de construire quelques bâtiments pour l'artillerie, qui n'en a point du tout ; et, pour les vivres, on trouverait l'emplacement convenable pour ces édifices militaires dans le terrain qu'occupent, dans les meilleures positions de l'intérieur de la ville, deux communautés religieuses fort inutiles au service de la place.

A l'égard de l'Infernet, on a reconnu que ce plateau, dont le sommet est un cône tronqué pourrait être escarpé dans la plus grande partie de son pourtour, et, qu'à la place des retranchements en pierres sèches qu'on y fit en 1747, il serait nécessaire et suffisant d'y construire une bonne redoute, équivalente à celle des Salettes ; que cette redoute se trouverait trop éloignée du fort d'Anjou ; que l'ennemi pourrait, sans être vu par l'Infernet, longer le penchant oriental de la montagne du côté de Servières et faire arriver de l'artillerie sur la partie de cette montagne qu'on appelle le plateau de la Seille, qui domine de très près la redoute à machicoulis, et le fort d'Anjou et la redoute voisine, qui ne résisteraient pas longtemps à l'effort des batteries, faciliteraient ensuite les approches du Randouillet, qui est à la vérité très bien fortifié mais qu'on ne regarde pas comme imprenable étant attaqué par le fort d'Anjou. Et la perte du Randouillet, entraînant bientôt celle des Têtes, dont il domine toute la partie intérieure, la perte des Têtes avancerait beaucoup la prise de la ville, surtout si la citadelle projetée, qui dans ce cas serait sa meilleure défense, n'était pas encore construite. Par conséquent, afin d'empêcher l'ennemi de suivre, dans son projet d'attaquer, cette manière de procéder successivement par les hauteurs, on juge qu'il serait indispensable d'occuper un poste élevé qui se trouve sur le plateau de la Seille, environ à moitié chemin de l'Infernet au fort d'Anjou ; qu'il suffirait d'y bâtir un petit fort intermédiaire de figure carrée, qui présentât deux de ses fronts au penchant oriental et occidental de la montagne, et les deux autres aux forts de droite et de gauche ; qu'alors l'ennemi obligé de commencer par l'Infernet, aurait deux sièges de plus à faire, ce qui le dégouterait d'attaquer par les hauteurs, et le réduirait à entamer ses opérations par les bas qui ne lui seraient pas favorables. Enfin, pour lui présenter partout des obstacles accumulés les uns sur les autres, on propose de tirer, du fort projeté de la Seille au fort Dauphin, une communication retranchée en pierres sèches qui, traversant en écharpe le penchant occidental de la montagne, servirait de barrière contre tout ce qui voudrait s'avancer du côté de la Vachette et du Fontenil sur le fort Dauphin et protégerait en même temps la communication des Têtes avec le Randouillet.

Au reste il n'est pas possible que tant de fortifications, ajoutées par nécessité les unes devant les autres, forment un tout parfait, et cela n'est pas nécessaire. Il suffirait qu'elles puissent donner le temps aux secours d'arriver et aux neiges de chasser les assiégeants qui ne peuvent employer que quatre mois au plus à une pareille entreprise ; et ce terme est bien borné à proportion du nombre des sièges à expédier et de la résistance possible de chacun des sièges des fortifications actuelles et projetées de Briançon. En un mot, cette multiplicité de chicanes a pour objet d'épuiser les forces de l'ennemi, de rebuter sa patience, et de gagner du temps. C'est un inconvénient inévitable qu'elles coûtent des sommes prodigieuses pour leur construction et pour leur entretien et que, pour leur défense, elles exigent des garnisons nombreuses, une artillerie puissante, des munitions abondantes de guerre et de bouche, des approvisionnements infinis de toute espèce.

Il ne me reste plus qu'à rappeler quelques remarques qui auraient interrompu l'exposition suivie que je viens de faire de Briançon et de reprendre sommairement les objets dans l'ordre que je les ai vus. Le lendemain de mon arrivée à Briançon, c'est-à-dire le 23 juillet, je visitais toutes les fortifications de la ville. Je vis les casernes, qui sont le seul édifice militaire qu'il y ait; je fis la revue des deux bataillons de Médoc, régiment médiocrement beau, très bien exercé et fort dérangé dans ses finances. Au dehors j'allais visiter la maison qui sert d'hôpital et la redoute des Salettes.

DE BRIANÇON AU MONT GENÈVRE, AU COL DE GONDRAN ET RETOUR A BRIANÇON

(De Briançon à la Vachette, 1/2 l.; au Mont Genèvre, 1 l.; au col de Gondran, 1 l. 1/2; à Gimont, 1 l.; à l'Infernet, 2 l.; au plan de la Seille, 1 l.; au fort d'Anjou 1 l.; au Randouillet, 1/4 l.; aux Têtes, 1/4; à Briançon 1/2 l. Total, 9 lieues. — NOTA. Ces distances ne sont pas estimées selon la ligne la plus courte ou à vol d'oiseau, mais en égard aux sinuosités et surtout aux montées et descentes qui augmentent beaucoup le chemin.)

23 juillet. — Pour reconnaître les fortifications extérieures de Briançon, la situation générale et les principaux débouchés des environs, nous nous portâmes au Mont Genèvre, par le Fontenil et la Vachette, traversant ensuite la Durance de la gauche à la droite sur un pont de pierre un peu au dessous de la jonction avec la Clarée, qui arrose la vallée des Prés et celle de Neuvache, laissant à gauche, les villages des Rosiers, des Albert et de Plampinet, et à droite, les revers de la montagne qui est terminée par le plateau de l'Infernet.

Entre la vallée de Neuvache et celle de Monestier, il y a une montagne assez spacieuse où sont les cols de Buffère, de Grenou, et que M. de Berwick avait cru devoir faire occuper et retrancher. M. le comte de Mailli d'Haucourt fit construire des retranchements considérables sur les mêmes points en 1747, par ordre de M. le Maréchal de Belle Isle.

Du Mont Genèvre, nous montâmes au col de Gondran, laissant à gauche le grand chemin qui passe aux Clavières et à Cézanne; et, avançant un peu au-devant des limites respectives sur la hauteur de Gimont qui donne des vues très étendues sur les cols et les montagnes de la frontière et sur l'intérieur du pays ennemi, je vis, du côté du nord, la direction de la vallée de Bardonnesche avec la chaîne de montagnes qui sépare la Morienne de la vallée de Suze, et s'étend depuis le col de la Roue jusqu'au petit Mont Cenis. Du côté du levant, je découvris une grande partie des quatre vallées cédées, la direction des vallées de Cézanne, d'Oulx et de Suze, le long de la Doire, sur laquelle on rencontre le fort d'Exiles, au pied du Petit Mont Cenis, avant d'arriver aux fortifications de Suze et de la Brunette. Plus au levant, j'aperçus le col de la Fenêtre, le penchant méridional de l'Assiette, plateau si funeste en 1747, et la direction de la vallée de Pragelas fermée par la grande fortification de Fenestrelles. Au midi, je vis le vallon du Bourget, les cols de Pic et de Malrif, qui mènent dans la vallée de Queyras, les débouchés du col d'Hizouard, la direction de la vallée de Servières.

De la hauteur de Gimont, revenant par Briançon, nous nous portâmes sur le plateau de l'Infernet, et, passant par la montagne de la Seille, où j'examinai l'emplacement du fort projeté, nous descendîmes sur le fort d'Anjou et sur la redoute du Point du Jour que je trouvai subordonnée de très près, comme je l'ai dit, au dos d'âne du plan de la Seille.

Du fort d'Anjou je descendis au Randouillet dont je parcourus l'enceinte basse et celle de son Donjon, qui fait face aux penchants de la montagne du Point du Jour. Le magasin à poudre, placé sur le côté occidental du fort, me parut plus en sûreté que les trois corps de casernes qui sont vus du plan de la Seille; elles peuvent loger trois bataillons.

En visitant la communication de Fons Christiane qui joint le Randouillet aux Têtes, j'admirais le travail de la fontaine et des rampes qui assureront de l'eau aux garnisons de deux forts en cas de siège ; mais il me parut que cette communication, quoique bien retranchée, n'était point encore assez forte et qu'il faudrait la séparer des rampes du Randouillet par un bon fossé, afin que la perte de ce fort ne décidât pas en même temps celle des Têtes. Passant ensuite au fort Dauphin, je jugeai qu'il avait besoin d'être couvert par l'enceinte transversale dont j'ai fait mention, qui barrerait jusqu'au plan de la Seille les penchants de la montagne dont il est trop rapproché.

Du fort Dauphin nous entrâmes dans les Têtes. Ce fort se trouve en bon état; il n'exige qu'une légère augmentation de logement pour les troupes qu'il faudrait y placer dans la nécessité. Il y a actuellement trois corps de casernes capables de contenir trois bataillons.

Du fort des Têtes, descendant sur le pont de la Durance par les rampes du penchant occidental, nous rentrâmes à Briançon, en montant le chemin pratiqué dans le roc au-dessous de l'ancien château.

Le 24, je vis sous les armes les deux bataillons du régiment de la Saône, que je trouvai à peu près comme celui de Médoc; et, reprenant, le 25 juillet, le chemin que nous avions tenu en venant de Mont Dauphin, nous passâmes sous le canon de cette place et nous fûmes coucher à Guillestre, bourg très médiocre, sans fortification, mais très propre par supposition à servir de quartier général toutes les fois qu'il conviendra d'assembler des troupes dans les environs, soit pour l'offensive, soit pour la défensive; et ce cas doit arriver fréquemment, parce qu'un camp établi sur le plateau de Guillestre, qui est un emplacement assez spacieux et assez commode, se trouve à portée de s'avancer sur plusieurs points de la frontière étrangère et qu'il peut fermer aux ennemis les débouchés du col de Vars, de la combe de Queyras et du vallon de Seillac, et quelques autres cols, par lesquels les ennemis voudraient se porter sur Mont Dauphin, sur Embrun, ou sur Briançon.

DE GUILLESTRE AU MÉLEZET

(De Guillestre au Château de Vars, 1 l. 1/4; au sommet du col, 2 l. 3/4; au Mélezet, 1/2 l. Total: 4 lieues 1/2.)

Le 26 juillet, nous prîmes le chemin le plus court pour sortir du Dauphiné. A cinq quarts de lieue de Guillestre, nous passâmes sous le château de Vars qui n'est point fortifié, mais qui est dans une situation avantageuse pour y placer un fort propre à découvrir les les ennemis, s'ils voulaient se porter par le col de même nom sur Mont Dauphin. Remontant ensuite les villages de Vars et d'Allons, nous laissâmes à gauche le hameau de la Fortune, ainsi que le Col du Valonier, par lequel on communique aux Serènes dans la vallée de Maurin, et à droite le col du Crachet qui conduit sur la Durance, vis-à-vis de Châteauroux. Nous marchâmes pendant plus de deux heures pour arriver au haut du col de Vars. De là, passant entre le poteau qui marque la séparation du Dauphiné d'avec la Provence et les anciennes redoutes de M. le Guerchois, dont il ne reste plus que la trace, je descendis sur le Mélezet premier hameau du district de Barcelonnette.

Avant que de quitter absolument le Dauphiné, il me reste à dire quelque chose sur la vallée et sur le château de Queyras[1] que j'envoyais visiter par des personnes capables de m'en rendre un bon compte, n'ayant pas le temps d'y aller moi-même. La vallée de Queyras, c'est-à-dire le district de ce nom, dont j'ai déjà donné une idée générale forme une pointe en dehors du Briançonnais du côté du levant, s'avance dans le pays ennemi, et se trouve ouverte par un grand nombre de cols qui communiquent aux vallées de St Martin, de Luzerne, du Pô et de Château Dauphin. Entourée d'ailleurs des plus hautes montagnes des Alpes, aux débouchés desquelles elle est subordonnée, et des peuples les plus portés au brigandage appelés Vaudois ou Barbets, elle est si exposée à leurs courses, qu'aux premiers mouvements de ces dangereux voisins les habitants de Queyras ont toujours demandé, comme une grâce, la permission de prévenir le pillage en se soumettant aux contributions dont on ne peut les dédommager que par des contributions en représailles qu'on tâcha de tirer des vallées limitrophes, telles que celles de Sture, de Cézanne et de Bardonnesche. On peut aussi quelquefois exempter le Queyras de contribuer, par la menace seule d'user de représailles sur les vallées piémontaises, comme l'on fit en 1747, si l'on est en état d'effectuer les menaces. Mais, à moins d'être supérieur, ou du moins égal aux ennemis, il n'est pas possible de soutenir le Queyras; il faut le regarder comme un pays presque totalement abandonné à l'ennemi, et dont on ne laissera pas que de tirer du fourrage, et se restreindre à défendre seulement le château de Queyras et les environs.

La vallée de Queyras proprement dite, c'est-à-dire le vallon et la gorge ou combe de Queyras, est arrosée par le Guil dans la longueur de

---

[1] Mémoire sur la vallée de Queyras (1752), par M. Bourcet.
Etat présent du Château de Queyras (1752), par M. de Monteils.
Mémoire pour servir à connaître les places du Haut Dauphiné, par M. d'Heuriane.
Itinéraire des vallées et chemins les plus praticables pour entrer dans la vallée et château de Queyras, par M. Desgagniers, avec note de M. Bourcet (1754).
Etat des Cols qui bordent la vallée de Queyras, par un habitant de cette vallée (1746).
Mémoire sur la vallée de Seillac et les vallons avec lesquels elle communique, par M. Bourcet. — (*Documents annexes.*)

cinq ou six lieues, depuis Abriès et Prevaire, villages voisins des limites, jusqu'au point de la Combe de Queyras, appelé le Tourniquet, qui est à trois quarts de lieue de Guillestre et qui, au moyen de quelques redoutes, pourrait avec peu de troupes défendre la Combe de Queyras et les cols qui y aboutissent.

La rivière de Guil reçoit trois ruisseaux ou torrents depuis Prevaire : celui de Brunissar, qui coule dans la vallée d'Arvieu; celui de l'Agnel qui coule dans le vallon de Molines ; et celui de Prevaire dans le vallon de Prevaire.

Au vallon d'Arvieu, situé à la droite du Guil, aboutissent quatre cols : celui de Furfande, qui conduit au Mont Dauphin ; celui de Lozon, qui conduit au village de la Roche sur la Durance; celui des Ayes, qui conduit au Grand Vilars près de Briançon ; et celui d'Hizouard, qui mène à la vallée de Servières et sous le fort du Randouillet.

Le vallon de Molines, qui est à la rive gauche du Guil, forme, au village de Molines, deux autres vallons, celui de Saint Véran et de la Chalpronde, et le vallon de l'Agnel, comprenant les villages de Molines, Ville Vieille, Costeroux, Font Guillarde.

Les sources du ruisseau de Prevaire et celles du Guil se perdent séparément dans les hautes montagnes de la limite.

C'est entre les embranchements du vallon d'Arvieu et celui de Molines, dans la vallée de Queyras qu'est situé le château de ce nom qui ferme exactement le vallon ou combe de Queyras. C'est un poste intermédiaire entre Briançon et Mont Dauphin, également éloigné d'environ quatre lieues de l'un et de l'autre, et dans une position avancée qui couvre plusieurs débouchés sur ces deux places. C'est aussi la seule position, dans le district de Queyras, capable d'en imposer aux Barbets et d'arrêter leurs courses, et, quoique ce château soit d'une défense très médiocre à cause des montagnes qui le dominent à la portée du mousquet, il exigerait cependant de la part de l'ennemi qui voudrait l'assujettir une disposition de siège qui donnerait le temps de se précautionner. Il ne pourrait être pris qu'avec des mortiers de six pouces au moins et des canons d'un calibre au-dessus de douze livres de balles, qui n'arriveraient qu'avec un travail infini de la vallée du Château Dauphin, par le col de l'Agnel, le seul praticable pour de l'artillerie, parce qu'on peut supposer que l'ennemi ne viendrait pas par la vallée de Servières et par le col d'Hizouard avant d'avoir soumis Briançon, de même qu'il n'arriverait pas sur le Château de Queyras par le col de Vars sans être maître de Mont Dauphin. Mais, comme il ne peut se porter sur ces deux places sans être obligé de passer sous le Château de Queyras ni le soumettre, et que l'artillerie qu'il aurait amenée jusque là, par le col de l'Agnel, ne pourrait plus être transportée que par le col d'Hizouard sous le Randouillet, où il serait bien plus commode de la faire venir par le col du Bourget et par la vallée de Servières, il n'est pas à croire que les piémontais voulussent perdre la plus grande partie d'une campagne, à une opération plus laborieuse qu'importante. Par la même raison, il n'est pas nécessaire de faire une place du Château de Queyras, il suffit de la mettre à l'abri d'un coup de main et en état d'en imposer aux Barbets, ce qui est son principal objectif.

Le Château de Queyras, situé sur le sommet d'une butte, sur la droite du Guil, est défendu dans les trois quarts de son pourtour par ses escarpements de rochers au pied desquels la rivière coule et n'est accessible que sur le front de l'entrée du côté du village de Queyras. Mais ce front n'a pour défense qu'une demi-lune dont l'angle est totalement aigu, et cette demi-lune, par laquelle on entre dans le château, a sur l'une de ses faces une simple porte qui n'étant couverte par aucun ouvrage avancé n'est point à l'abri du pétard. Le reste de la fortification consiste dans des murs crénelés, des tours à l'antique, une fausse braye, des flancs et des faces bizarrement disposées, et, comme ce château est d'ailleurs étroit et soumis aux vues des montagnes voisines à la portée de la carabine, on ne doit pas espérer que, dans l'état où il se trouve, il résistât plus de quatre ou cinq jours à l'effort des mortiers et des canons. Mais, avec deux ou trois cents hommes qu'il peut contenir, il aurait déjà l'avantage de gêner les courses des Barbets et pourrait tenir dans l'obéissance les sujets protestants dont le pays est rempli, et il serait aisé par l'addition de quelques ouvrages, de rendre ce poste à peu près respectable, même pour le cas de siège.

Pour cela on propose d'escarper toutes les parties de l'enceinte qui en sont susceptibles ; de se couvrir, par des traverses ou parades, contre les feux plongeants et les enfilades des hauteurs dominantes ; de construire dans l'étendue la plus soumise à ces hauteurs une route qu'on chargerait de terre pour mettre en sûreté les mousquetaires employés à la défense du front; de donner plus d'étendue et de force à la demi-lune qui couvre l'entrée du château et d'en protéger la porte; enfin de pourvoir au logement des troupes; d'agrandir et de mieux placer le magasin à poudre et d'en bâtir un pour les vivres. Il conviendrait même, de crainte de surprise et parce que la communication de Queyras avec nos places voisines est fermée longtemps par les neiges et qu'elle peut être coupée aisément par les ennemis, que ce poste fût toujours approvisionné de viandes salées, de farines, de riz, et généralement de munitions de bouche nécessaires que l'entrepreneur serait obligé de renouveler tous les ans. Cette dernière observation, à l'égard du Château de Queyras, regarde également nos autres places de la frontière des Alpes, et c'est la méthode que le roi de Sardaigne observe pour toutes les siennes. La garnison du Château de Queyras consiste à présent dans une compagnie de 60 invalides.

DU MÉLEZET A L'ARCHE
Suite du 24 Juillet

(Du Mélezet à Tournoux, 1 l.; à Gleizoles, 1/2 l.; à Meyrone, 1/2 l.; à Certamussa, 3/4 l.; à L'Arche, 3/4 l. Total: 3 lieues 1/2.)

Du Mélezet, nous passâmes au Pas de la Rissole, d'où j'observai la redoute du Pas de Fauze et celle de la Graille, et, montant à Tournoux, j'examinai le front supérieur du camp fameux qui porte ce nom et j'en reconnus l'étendue en descendant au hameau de Gleizoles, marchant ensuite par la combe de Meyrone, sur Certamussa, nous fûmes à L'Arche, village considérable dans un vallon assez ouvert, qui débouche par le col et village de l'Argentière sur la première fortification de la vallée de Sture, qu'on appelle les Barricades.

Le col de L'Argentière communique aussi, par sa droite, au vallon de Lauzanier, et, par sa gauche, au vallon d'Oronaye par lesquels on peut tourner les Barricades, supposé qu'on soit en forces, comme l'on fit en 1744.

TROISIÈME PARTIE

HAUTE-PROVENCE

La frontière de la Haute Provence peut se diviser, comme je l'ai déjà fait au commencement, en trois parties. La première, en sortant du Dauphiné (qui est la gauche par rapport au front qu'elle présente avec les deux autres en face de la frontière du Piémont), comprend la vallée de Barcelonnette, c'est-à-dire le côté qui répond aux terres du Piémont, depuis le col Marie, près des sources de l'Ubaye, jusqu'au col d'Aloz, près des sources du Var et du Verdon qui sont voisines. La seconde partie, qui est celle du centre, comprend les plus hautes montagnes de la Provence proprement dite, et présente, vis-à-vis le comté de Beuil qui lui est opposé, les trois petites places de Colmars, de Guillaume et d'Entrevaux. La troisième partie s'étend depuis Entrevaux, vis-à-vis le comté de Nice, jusqu'à St-Laurent, près de l'embouchure du Var dans la mer.

J'observerai sur la vallée (ou Vicariat) de Barcelonnette qu'elle communique du côté du levant et du midi aux vallées piémontaises de La Chenal, de Belins, de Maire, de Grana, de Sture, et de St Dalmas qui est la même que St-Étienne, par un grand nombre de débouchés tels que le col Marie, le col de l'Estropio, le col de Sautron, le col des Monges, le col de Reburent, le col de la Magdeleine, le col de Losanier, le col des Croix, le col de la Pelouse, le col du Vermillon, le col de l'Escursier, le col de la Caillole, et le col des Champs.

La frontière de Barcelonnette touche au nord le Dauphiné, auquel elle communique, par les cols de Cristillan, d'Abert, de Tronchet, de Girardin, de Vars, de Valonnier, des Orres, de Boscodon, de l'Echelette, de Femoras, de Morgon et de Pontis.

Enfin la vallée de Barcelonnette confine, du côté du couchant et en partie du midi, à la Provence et y communique par plusieurs débouchés, dont le col du Lauzet, placé à l'extrémité la plus basse de la vallée entre le nord et le couchant, c'est-à-dire entre la Provence et Dauphiné, est le plus important, parce qu'il est le plus commode de sa nature et le plus propre par sa proximité aux desseins de l'ennemi qui voudrait passer de Barcelonnette en Provence ; il communique aussi aux cols de Boscodon, de Femoras et de Pontis qui mènent dans l'Embrunais, mais pesquels la grosse artillerie ne peut pas passer. Le débouché du Lauzet pourrait être fermé par le fort de St Vincent, bâti dans cet objet sur la frontière de Provence, en 1693, si ce fort était dans une position plus rapprochée du passage. Il est d'ailleurs d'une fort petite capacité, fortifié très irrégulièrement, et, comme il n'empêcherait point l'ennemi, quand même il fermerait le Lauzet, de pénétrer en Provence par d'autres points voisins, on doit le regarder comme d'une utilité fort médiocre. On peut dire autant de la petite place de Seine [1], bâtie, aussi en 1693, à deux lieues environ du fort de St-Vincent, sur la même frontière de Provence, dans l'objet sans doute de défendre d'autres débouchés de Barcelonnette. Ses fortifications sont très irrégulières, tant celles de la ville que de la citadelle. Celle-ci est fermée par des remparts et des parapets à l'épreuve du canon, mais commandée par différentes hauteurs. Elle a peu de capacité, point de fossés ni de chemins couverts, il doit suffire d'entretenir cette place dans l'état où elle est actuellement pour s'en servir dans certains cas plutôt comme d'un entrepôt que comme d'une place de guerre.

Il faut observer aussi que la rivière d'Ubaye, prenant sa source au col Longet ou Longuet, près de la vallée de la Chenal, traverse toute la vallée de Barcelonnette, du levant au couchant, et va tomber dans la Durance près des villages d'Ubaye et de Pontis ; qu'elle coule dans un vallon très profond et resserré par les plus hautes montagnes

---

[1] *Mémoire sur la ville et le château de Seine*, par M. Bourcet. — (*Documents annexes.*)

depuis le lac de Prarouard, voisin de sa source, jusqu'à Jauziers : que, depuis ce village, le vallon s'ouvre beaucoup et que les penchants qui bordent les deux rives de l'Ubaye sont très accessibles dans la plus grande partie du reste de son cours, par conséquent, que cette rivière est difficile à défendre dans sa totalité.

Il est encore important de remarquer que la multitude des débouchés de la vallée de Barcelonnette ne laisse point de moyens d'en défendre l'entrée contre un ennemi supérieur, mais qu'elle nous est encore plus avantageuse qu'aux Piémontais dans le cas de l'offensive, parce que ces mêmes débouchés nous portent sur quatre de leurs vallées principales, avec des espérances de pénétrer en Italie, au lieu qu'ils ne pensent ni faire de l'établissement de longue durée dans la vallée de Barcelonnette, à cause de sa stérilité et du manque de positions, ni en sortir avantageusement pour s'avancer sur les terres du royaume, à moins d'une supériorité de force très marquée. Ils ne peuvent en général avoir que deux projets : ou de se porter sur Embrun ou sur Mont-Dauphin, par le col de Vars, le seul propre au passage de la grosse artillerie, ou de faire une irruption, soit en Provence par le col du Lauzet, soit dans l'Embrunais, par le col de Pontis et les autres dont j'ai parlé. A l'égard du premier projet, la position du camp de Tournoux, en rendra toujours l'exécution très hasardeuse à moins que l'ennemi ait une grande supériorité de forces. Quant au second, à moins de faire la même supposition, il est presque aussi difficile et d'ailleurs d'une conséquence bien moindre, attendu que ne pouvant absolument par le Lauzet, ni le col de Pontis, faire passer du canon, ils ne pourraient jamais faire que des courses légères et de peu de conséquences dans l'Embrunais et dans la Provence, en faisant courir à leurs détachements le hasard d'être coupés à leur retour par les troupes campées à Tournoux, qu'on suppose toujours occupé.

J'ajoute qu'il n'y a proprement qu'une seule position défensive dans toute la vallée de Barcelonnette, qui est le camp de Tournoux, qu'on peut considérer comme une place de guerre, mais qui ne garde que lui-même, étant situé tout au fond de la vallée de Barcelonnette, du côté de Mont-Dauphin : il a l'avantage de fermer la combe de Meyrone, par laquelle il faudrait que les ennemis conduisissent leurs gros canons au col de Vars, mais s'ils n'avaient dessein que de s'étendre dans le pays du côté de Barcelonnette ou de Jauziers, ils le feraient sans avoir rien à craindre du camp de Tournoux, il leur serait même possible, étant supérieurs, de tourner ce camp et peut-être de couper à nos troupes leur communication avec Embrun. C'est pourquoi, en supposant que le camp de Tournoux défendu par douze ou quatorze bataillons et attaqué de front serait inexpugnable, il ne faudrait le soutenir, au cas que les ennemis pussent le tourner avec des forces bien supérieures, que jusqu'au moment où on les verrait déboucher d'une part sur le village de St-Paul, de l'autre sur Jauziers. Il est vrai qu'on pourrait encore faire usage de la position du village de Jauziers, pour défendre le passage important qui communique à Tournoux, du côté du Châtelard; et les retranchements que M. le Maréchal de Bellisle fit faire à ce village en 1747, n'étaient qu'une suite des précautions que M. le prince de Conti avait prises dans les mêmes vues en 1744, lorsqu'il fit entourer d'une enceinte en pierres sèches le mamelon qui domine le village. Mais cette position n'est pas parfaite, ni susceptible d'une fortification plus considérable, parce qu'elle se trouve dominée par le penchant de la montagne qui sépare la vallée de Barcelonnette de l'Embrunais. C'est en vain qu'on a cherché dans toute la vallée une situation propre à y construire une place ; il n'y en a aucune.

DE L'ARCHE A BARCELONNETTE

(27 juillet. — De L'Arche à Meyrone, 1 l. 1/2 ; au Châtelard 1 l. ; à Jauziers, 1 l. ; à Faucon, 1 l. 1/2 ; à Barcelonnette, 1/2 l. Total : 5 lieues 1/2.)

Ces notions établies, partant de L'Arche pour venir à Barcelonnette, en repassant par Certamussa, Meyrone et Gleizoles, nous laissâmes le camp de Tournoux à droite, le vallon de la Condamine et du Parpaillon à gauche. Je remarquais sur le revers du camp de Tournoux, le pas de la Mortisse, qui, à cause des grands éboulements qu'il a souffert, ne peut plus servir aujourd'hui de débouché pour la retraite sur Embrun, mais elle peut se faire commodément et avec sûreté un peu plus haut, derrière le vallon de Bérard. Depuis Gleizoles, on passe trois fois l'Ubaye pour arriver à Jauziers, village bien bâti, dominé par une butte isolée qu'on a enveloppée, comme je l'ai dit, de quelques retranchements d'une défense médiocre.

De Jauziers, par Faucon, et laissant à droite les hameaux du Saignier, à gauche les cols de Claponze, du Vermillon et de Lencastraye, on arrive à Barcelonnette [1], bourg sans fortification qui donne son nom à la vallée dont il est le chef.

DE BARCELONNETTE A COLMARS

(28 juillet. — De Barcelonnette au Vernet, 3/4 l.; à Malune, 1 l.; à Morjuan, 3/4 l.; au sommet du col, 1 l. 1/2; à la Fons, 1 l. 1/2; à Aloz 1 l.; à Colmars, 1 l. 1/2. Total : 8 lieues.)

De Barcelonnette, traversant l'Ubaye de la droite à la gauche dessous ce bourg, nous passâmes par le Vernet, Malune et Morjuan, en suivant un chemin tortueux, étroit, presque impraticable, horrible par lui-même et par les objets qu'on découvre aux environs, tels que le vallon de Fours qui est à gauche dans un profondeur si prodigieuse qu'il ne présente qu'un abîme long et étroit mais couvert de pâturages. Etant arrivés par ce chemin au sommet du col d'Aloz, d'où, sortant bientôt du territoire de Barcelonnette, nous arrivâmes à Colmars en cotoyant la rive gauche du Verdon.

Quoique l'étendue qu'il y a du col de Lauzet au col d'Aloz soit traversée par beaucoup de débouchés tels que le col de Bernadet, le vallon de la Vierre, le col et le vallon de la Cestrière, le vallon de Genulier, les cols d'Auriac, du Val de Mars, etc., on compte que cette position de frontière n'étant exposée qu'à des diversions ou à des incursions dont les suites ne sont pas fort à craindre, est suffisamment défendue par le fort de Saint-Vincent, par la place de Seine, et par celle de Colmars qui termine le front de Provence opposé à la vallée de Barcelonnette. Colmars est en même temps le premier point d'appui à l'égard de la seconde partie de la frontière de Provence et forme, avec les places de Guillame et d'Entrevaux, une ligne de défense contre le comté de Beuil. Guillaume, qui se trouve au centre, mais faisant une pointe dans le pays ennemi, sert de corps de garde avancé aux deux autres, qu'il ne serait guère possible d'attaquer avant d'avoir assujetti cette place intérieure, parce que sa garnison aurait des débouchés sur tous les chemins que les ennemis seraient obligés de tenir, surtout sur la vallée d'Entrevaux, par laquelle il faudrait qu'ils passassent pour se porter sur Colmars.

---

[1] Mémoire au sujet des fortifications de Barcelonnette et sur la préfecture de ladite vallée. — *(Documents annexes.)*

En général, les trois places de Colmars, Guillaume et Entrevaux couvrent exactement tous ces débouchés dont l'ennemi voudrait se servir pour faire des diversions en Provence par le Comté de Beuil [1]; et, quoique elles ne soient respectables ni par leur assiette, ni par leurs fortifications, on les regarde comme inaccessibles à la grosse artillerie de siège par la nature de leurs avenues, par conséquent comme imprenables, excepté les cas de surprise. Elles exigeraient seulement qu'on s'y précautionnât soit contre les approches du mineur, soit contre un coup de main, en flanquant les parties de leur enceinte qui ne se défendent pas réciproquement, et contre l'effet des bombes de six pouces ou grenades royales en construisant des souterrains dans les endroits où ils seraient les plus nécessaires. On sera d'autant plus tranquille sur toute l'étendue qui couvre les trois places dont je parle qu'elles seront en meilleur état de se défendre par elles-mêmes ; parce que, alors, on ne s'inquiétera plus des démonstrations ou des petites diversions que l'ennemi pourrait faire sur ce front par le comté de Beuil, en même temps qu'il voudrait entrer en Provence par le comté de Nice, ou pénétrer en Dauphiné par la vallée de Barcelonnette.

A l'égard de Colmars, en particulier, cette ville est située sur le Verdon, au débouché de quatre communications, savoir : le col d'Alloz, celui des Champs, celui du Verdon supérieur et celui du vallon de Lens ou de Lance, par aucun desquels on ne peut conduire du canon de siège. Elle est au milieu de deux forts placés au-dessus et au-dessous de la rivière ; le premier est appelé de Saint-Martin ou de Savoye, l'autre de France ou du Calvaire. La partie la plus avancée du Fort de Savoye est presque sans défense ; il serait nécessaire d'y former un nid de pie ou un demi bastion à l'angle de la gauche ; il conviendrait de hausser les murs et de construire des traverses aux points qui sont les plus dominés par les montagnes et de voûter l'espace compris entre le mur et le rempart du côté du midi pour en former un souterrain capable de recevoir les munitions et même partie de la garnison. La tour construite sur le front opposé à la ville ne flanquant point les parties de l'enceinte qui lui sont contiguës, il

---

[1] Mémoire sur le Comté de Beuil, par M. Bourcet, suivi d'un sur le Comté de Nice. — (Documents annexes.)

serait à propos d'y suppléer par un double redan. Le Fort de France est une grande redoute carrée qui n'a aucun côté flanqué, et comme ce défaut faciliterait au mineur le moyen de s'y attacher ; il serait à propos de former au milieu du fossé de chaque face une caponnière couverte ou d'établir une galerie casematée dans le pourtour de la contrescarpe du fort. La ville même est encore plus dominée, et de plus près, par les montagnes voisines que ces deux forts : par conséquent, elle a encore plus besoin de traverses. Son enceinte irrégulière et à l'antique n'est défectueuse que dans la partie qui borde le Verdon, où j'ai jugé qu'il serait nécessaire de construire une pièce de fortification, tant pour remplir le vide causé par les irruptions de la rivière et en arrêter les progrès, que pour se donner un espace propre aux bâtiments militaires qu'on pourrait y faire dans la suite, comme casernes, hôpital, salle d'armes. Les murailles et les fossés ont besoin aussi de réparations.

La ville de Guillaume, située à deux lieues de Colmars et à quatre d'Entrevaux, dans l'angle que forment le torrent du Taby et le Var à leur confluent, garde les débouchés de la vallée d'Entraumes et de la vallée de la Tinée. Elle est fermée par une simple enceinte qui exigerait des flancs dans plusieurs de ses parties, surtout du côté du Var et du Taby. Entre le nord et le levant, elle est défendue par des escarpements et par un fort auquel on monte par des rampes pratiquées dans le rocher, avec le désavantage d'être dominé par des montagnes plus élevées ; il a des tours et des bastions capables d'une assez bonne défense, mais sa principale force est dans l'impossibilité, ou du moins l'extrême difficulté d'y conduire du gros canon. Il y faudrait aussi des voûtes ou souterrains contre l'effet des mortiers de six pouces, qui se portent partout à dos de mulet.

DE COLMARS A ENTREVAUX

(29 juillet. — De Colmars à Thorame, 2 l. ; au Pont-Clot, 1/2 l. ; à Saint-Michel, 1 l. 1/2 ; au Fugeret, 1 l. 1/2 ; à Anot, 1 l. ; au Pont du Castelet, 1 l. 3/4 ; à Entrevaux, 1 l. 1/4. Total : 9 lieues 1/2.)

De Colmars à Entrevaux, suivant pendant deux lieues la rive gauche du Verdon, nous le traversâmes au gué près du village de Thorame Haut, d'où, repassant la même rivière une demi-lieue plus bas, au Pont-Clot, et laissant le Verdon pour aller au village de Saint Michel, qui occupe le sommet d'une montagne du même nom, nous descendîmes la rive droite de la Vaire, que nous passâmes pour entrer au village du Fugeret, et reprendre la rive gauche qui mène à Anot, bourg qui sert de logement aux troupes et qui souffre des irruptions de la Vaire. D'Anot, suivant la gauche de cette rivière jusqu'à son embouchure, dans le Var, et passant ce fleuve de la droite à la gauche sur le pont de maçonnerie de Castelet, nous arrivâmes à Entrevaux.

Entrevaux[1] est situé dans un rentrant ou coude du Var, au pied d'un rocher escarpé sur lequel est bâti un fort beau château. Au couchant, cette place est fermée par un escarpement tombant à pic sur le Var, qui est d'ailleurs resserré dans cette partie par des rochers impraticables ; au nord, elle n'a qu'un simple mur de clôture, mais cette partie est adossée à la montagne dont le château occupe le sommet, et c'est sur les penchants de cette montagne qu'on a pratiqué une communication de la ville au château par des rampes très adoucies et très bien ménagées. Au levant, l'enceinte de la ville, resserrée d'un côté par le Var et de l'autre par le penchant méridional du rocher du château, présente un très petit front qui se trouve bien fortifié par un ouvrage à corne dont il serait cependant nécessaire d'agrandir le demi-bastion de la droite. Il conviendrait aussi de former un flanc à l'épaule de la face droite de ce demi-bastion, pour mieux défendre le mur d'enceinte voisin qui est celui de la paroisse même. Au midi, la ville d'Entrevaux est fermée, sur le bord du Var, par un mur qui défend réciproquement deux tours bastionnées, et comme celle des deux qui est la plus proche de l'ouvrage à corne du levant s'entr'ouvre à un trop grand intervalle dont le mineur pourrait profiter, il conviendrait de remédier à cet inconvénient par un ouvrage intermédiaire.

Le château d'Entrevaux est surmonté d'un donjon et leur situation, qui n'est point commandée, ainsi que leurs fortifications, les mettent à couvert de toute entreprise de la part du mineur. Quoiqu'il y ait quelques parties voûtées dans l'intérieur, il serait nécessaire d'y

---

[1] Mémoire sur Entrevaux, par M. Bourcet. — (Documents annexes.)

augmenter le souterrain et les bâtiments voûtés, soit pour les troupes, soit pour les subsistances. On pourrait très bien se servir de la chapelle pour un magasin à poudre en redoublant sa voûte, et, en général, la principale précaution de ce château doit être contre les grenades royales. A l'égard de l'intervalle du château à la ville, il est fermé par deux petits ouvrages détachés, l'un appelé Fort de Langrune, l'autre Fort de Pandol : il serait facile de joindre ces deux forts par une courtine qui servirait d'enceinte basse au château et serait très avantageuse pour la défense de la ville. Il serait d'autant plus nécessaire d'avoir dans Entrevaux un corps de caserne que cette ville est exempte de tout logement de gens de guerre par des privilèges qu'on ne peut guère respecter qu'au détriment des troupes, qui ont alors de trop grandes marches à faire pour arriver à un autre logement. Ce que je viens de dire sur Entrevaux peut suffire pour faire sentir l'importance de cette place par rapport au Haut-Var ; elle ne mérite pas moins d'attention par rapport à l'appui qu'elle prête à la frontière dont je vais parler.

Cette troisième partie des limites de la Haute Provence, s'étendant d'Entrevaux à l'embouchure du Var dans la mer, vis-à-vis le comté de Nice, est naturellement marquée par le cours de cette rivière, dont toute la rive droite est à la France, excepté une petite enclave du comté de Nice, mais dans laquelle il n'y a ni place, ni poste fortifiés ; ainsi, une armée ennemie ne peut entrer en Provence, entre les deux points dont je parle, sans passer le Var. Il a environ dix lieues de cours dans cette étendue : six d'entre eux au confluent de l'Esteron, près du village du Brock, et quatre du Brock à Saint-Laurent, près du bord de la mer.

La première partie du Var, depuis Entrevaux jusqu'à sa jonction avec l'Esteron, est d'une défense très facile, soit qu'on veuille garder sa rive droite de près, soit qu'on préfère se tenir derrière l'Esteron, qui coule depuis la hauteur d'Entrevaux parallèlement au Var. Le peu d'espace qu'il y a entre les deux rivières mérite peu de considération ; d'ailleurs, elles sont toutes les deux bordées d'une chaîne de montagnes presque inaccessibles et qui ne présentent à l'ennemi qu'un petit nombre de débouchés difficiles sur lesquels, avec quelque attention et peu de troupes, on s'opposerait à toute entreprise, d'autant plus que ces débouchés, en-deçà des montagnes de l'Esteron, aboutissent par des chemins encore plus difficiles à des gorges étroites qui sont défendues avantageusement par des positions dont je parlerai plus amplement dans la suite.

La seconde portion du Var, depuis Le Brock jusqu'à la mer, est bien plus difficile à garder que la première, quoique le fleuve y soit incomparablement plus large, puisqu'il a trois à quatre cent toises d'un bord à l'autre jusqu'à son embouchure ; mais son lit, semé d'une quantité prodigieuse de petites îles de sable qui le divisent en ruisseaux, se trouve guéable presque partout pendant neuf ou dix mois de l'année, c'est-à-dire tout l'hiver, une grande partie du printemps et de l'automne, temps auquel il n'est point gonflé par la fonte des neiges, mais dans tous les temps il est sujet à s'enfler très promptement par l'effet des orages. On compte sept gués principaux auxquels l'ennemi peut se porter avec quelques facilités sur la rive gauche du Var :

1° Celui de St Martin, vis-à-vis Le Brock ;
2° Celui des moulins d'Apremont ;
3° Celui qui est vis-à-vis le moulin de Carros ;
4° Celui de Roque Garbière, vis-à-vis le village de Carros ;
5° Celui de St Isidore, vis-à-vis Altepuget et la Baroune ;
6° Celui de Ste Marguerite, vis-à-vis de St-Laurent ;
7° Celui qui est encore plus près du côté de la mer.

Mais comme ces gués ne débouchent pas tous sur la rive droite du Var par des points également avantageux, on peut les réduire au nombre de trois par rapport à trois débouchés principaux, qui correspondent aux chemins que les ennemis peuvent prendre pour marcher en avant. Le premier débouché, sur Carros ou sur le Brock, les mènerait par la gauche à Besaudun, Coursegoules et subséquemment aux trois vallées de Graulières, de Mas et de Thorène ; le second débouché, sur St Eseve ou la Baroune, les conduirait par le centre au château de La Gaude et St Jeannet, et de là sur Vence ; la troisième, sur Saint Laurent, les mettrait dans le chemin d'Antibes en les rapprochant de le mer, ou les mènerait sur Grasse.

Avec des forces à peu près égales à celles des ennemis, on peut leur disputer la rive droite du Var dans cette partie inférieure, mais, comme les grands abaissements qui arrivent quelquefois tout-à-coup dans le volume de ses eaux peuvent rendre la rivière guéable entièrement et que toute la vigilance qu'on voudrait employer à la garder serait inutile, il faut prendre d'avance des précautions pour arrêter les ennemis après leur passage, les resserrer et leur fermer de près les débouchés intérieurs dont j'ai parlé. On compte qu'au moyen de la redoute du confluent de l'Esteron, mise en bon état, et du plateau voisin appelé des Frères, qu'on occuperait en forces, en accommodant le village du Brock, en escarpant dans quelques parties la montagne presque impraticable qui s'étend depuis Le Brock jusqu'au château de La Gaude, et en fermant par un fortin le seul vide qui la sépare de celle de Besaudun, on défendrait très bien le premier débouché ou la gauche du Var inférieur. Le débouché du centre se trouve couvert par le château de La Gaude, poste excellent sur un mamelon élevé, qui a, sur sa droite, un ravin absolument impraticable de cent toises de longueur, et, sur sa gauche, la montagne de St Jeannet, d'un très difficile accès, entre laquelle et le château est une butte isolée aussi d'une bonne défense que le château même. On suppose qu'il faut lier toutes ces parties par quelques retranchements et qu'on les protégerait par deux fortins. D'ailleurs, il y a derrière le château de La Gaude un terrain très propre à établir un camp, qui soutiendrait non seulement la ligne du centre, mais d'où l'on pourrait se porter très promptement à la défense de la gauche, c'est-à-dire du côté du Brock. Quant au troisième débouché, qui est celui de la droite, il paraît aisé à défendre sur le bord même du Var, parce que la rive droite, depuis les environs du château de La Gaude jusqu'au dessous de St Laurent, s'élevant de quinze jusqu'à vingt-quatre pieds au-dessus du niveau des eaux basses, forme une berge qui est déjà inabordable en partie par son élévation perpendiculaire, on pourrait aisément escarper les autres parties qui ont des talus, et l'on propose encore de précautionner un canal, qui, recevant les eaux du Var sous Altepuget, et ne les reversant que sous le village de St-Laurent, donnerait un second fossé à cette berge dans plus de la moitié de son étendue. De l'extrémité de cette berge, où le bord du Var s'aplatit, il n'y a plus que 300 toises jusqu'à l'embouchure du fleuve dans la mer, et cette partie est d'autant meilleure à défendre que le terrain naturellement marécageux peut se rendre impraticable avec quelques travaux, comme des abatis d'arbres, des puits à la turque, et il est déjà défendu par un petit fort de campagne appelé le *Fort de la Mer* qui est établi dans le milieu de cette longueur de 300 toises et qui en couvre très bien la droite et la gauche. On estime qu'avec vingt mille hommes d'infanterie, quinze escadrons de dragons et les précautions dont j'ai parlé on soutiendrait les débouchés du Var inférieur contre une armée supérieure du double.

Mais, supposé qu'on fût trop inférieur ou qu'on n'eût pas eu le temps de se rassembler assez promptement, soit pour disputer le passage du Var à l'ennemi, soit pour lui fermer les premiers débouchés en avant, il s'agirait d'arrêter ses progrès, et l'on ne convient pas absolument de la première position défensive à occuper, ceux qui voudraient qu'on se plaçât derrière le Loup, dans l'objet de couvrir Antibes et Grasse, prétendant que cette rivière est très bonne à défendre au moyen d'un camp avantageux sur le col de la Graille, qu'on rendrait inexpugnable avec quelques travaux ; et c'est effectivement sur la bonté reconnue de cette position qu'il a été proposé aussi d'y construire une place. Mais la place et le camp, comme trop rapprochés de la mer, n'empêcheraient pas l'ennemi de remonter le Var et de s'avancer par Le Brock et Besaudun, sur la vallée de Graulières, ensuite sur Grasse, ou, si l'Esteron n'était pas défendu, de se porter par la Rocque Aiglan et Mas jusqu'au Verdon et sur Castellane. A l'égard du projet de la place en particulier, on s'en désiste en considérant que par sa position avancée et par la nature du pays, les ennemis auraient la plus grande facilité de l'investir en s'emparant les premiers de certains débouchés, et, qu'après l'avoir assujetti, ce qui pourrait arriver quelque bien fortifié qu'elle fût, ils auraient pour se soutenir en Provence, un point d'appui d'autant meilleur qu'ils seraient plus près de leur propre pays, de sorte qu'il serait très difficile de leur faire repasser le Var. Ce raisonnement tient au principe fondamental de la défensive de la Provence qui est que cette défensive, après le passage du Var, ne doit pas se régler sur la conservation d'un peu plus ou moins de pays, mais sur les moyens de faire arriver les secours et sur la facilité de chasser l'ennemi ; par conséquent, que, dans la nécessité d'une retraite, il faut préférer d'abandonner le Var inférieur et le côté de la mer avec une certaine étendue de bon pays et conserver à quelque prix que ce soit le haut Var, et la chaîne qui le lie par Entrevaux, à la défense des deux parties de la frontière que j'ai traitées précédemment : 1° parce que le côté des hauteurs est plus aisé à garder comme on l'a vu ; 2° parce que c'est le côté par lequel nos secours doivent et peuvent parvenir librement ; 3° parce que nous arriverons toujours sur l'ennemi, avec la supériorité des débouchés ; 4° parce que ces avantages de notre part empêcheraient l'ennemi de s'avancer dans l'intérieur de la Provence, et, s'il s'engageait un peu trop avant, nous serions bien plus près du Var que lui, par conséquent à portée de lui couper la retraite.

Aussi, le sentiment le plus général est qu'après l'abandon libre ou forcée du Var, si on veut soutenir la Basse Provence, il faut se mettre d'abord derrière la Ciagne, qui est inabordable dans la plus grande partie de son cours, et, qu'au moyen de quelques fortins et d'autres travaux à faire, principalement à son embouchure dans la mer, près de La Napoule, pour couvrir le débouché de l'Esterel, et au pont de Tournon, qui est un autre débouché capital, cette rivière pourrait se défendre avec succès presque jusqu'à sa source. Mais, comme de la source de la Ciagne jusqu'à l'Esteron il y a un intervalle considérable rempli par l'extrémité des vallées de Thorène, de Graulières et de Mas, par lesquelles l'ennemi, supposé qu'on lui eût aussi abandonné le haut Var et l'Esteron, pourrait s'avancer sur le Verdon sans passer à portée du camp de la Ciagne, on juge qu'il serait indispensable d'occuper dans le milieu de cet intervalle des positions extrêmement avantageuses sur les montagnes des environs de Séranon. On pense aussi que, afin de s'en assurer la possession, il faudrait y construire des forts, dont je parlerai bientôt plus en détail, tant pour donner un appui solide au flanc gauche du camp de la Ciagne et fermer les débouchés des trois vallées qui se réunissent sous les montagnes, que pour protéger un camp retranché qui pourrait contenir jusqu'à trente bataillons, et qu'alors cette nouvelle ligne de défense, qui aurait la gauche appuyée aux hauteurs de Séranon, son centre au pont de Tournon et sa droite au débouché de l'Esterel, n'exigerait pas vingt mille hommes pour sa défense.

On peut encore considérer cette ligne de défense, quoique déjà fort étendue, comme prolongée jusqu'à l'Esteron et même jusqu'au haut du Var sur Entrevaux, parce que la distance médiocre qu'il y a des hauteurs de Séranon à l'Esteron est coupée de montagnes, de vallons, de gorges d'un si difficile accès que les milices du pays, aidées de quelques détachements, suffiraient pour la garder, et l'intervalle de l'Esteron à Entrevaux se trouve encore plus court et plus impénétrable.

Ainsi, les hauteurs de Séranon font la position la plus heureuse qu'on puisse désirer, soit qu'on les regarde par rapport à la défense de la Ciagne, soit qu'on les considère uniquement par rapport à celle du haut Var. Enfin, du côté du couchant, elles sont assez rapprochées de la montagne de Soleillas pour couvrir la communication établie par Peyroles, le village de Soleillas, Ubraye, etc., avec les villes de Castellane, Digne, Sisteron, Seine, la vallée de Barcelonnette et tout ce qui est au-delà du Verdon, entre cette rivière et la Durance, par conséquent pour assurer les secours qui viendraient nécessairement de ce côté-là; et, comme elles ne sont éloignées que d'une lieue et demie de Castellane et du Verdon, espace que la nature du pays rend facile à fermer, elles peuvent encore entrer dans la défense du Verdon, au moins dans le sens qu'elles empêcheraient l'ennemi de passer cette rivière au-dessus de Castellane ou de la longer par la rive gauche pour se mettre sur le chemin de nos secours.

Cette observation suppose qu'après avoir défendu la Ciagne, le temps que la prudence ou les moyens permettraient de le faire, le meilleur et seul parti à prendre serait de se retirer derrière le Verdon pour le défendre autant qu'il serait possible et se replier ensuite sur Colmars, qui est placé sur la même rivière, sur les montagnes les plus voisines et sur la vallée de Barcelonnette; car, de se porter de la Ciagne derrière la rivière d'Argens, ce serait s'exposer à se laisser renfermer sur Toulon, à voir les ennemis ravager sans crainte l'intérieur de la Provence et maîtres de s'avancer sur le Rhône et sur la Durance pour s'opposer à la jonction de nos secours; en un mot, il s'agit, suivant le principe qui a été établi, d'arrêter les progrès des ennemis plutôt par la crainte de se trop avancer que par des manœuvres qui pourraient nous compromettre, de diriger notre retraite vers le côté par lequel on doit revenir et, en s'appuyant toujours à la frontière supérieure de la Provence, de se conserver les moyens d'attendre et de recevoir les renforts. Ce n'est point ici le lieu d'examiner si la rivière d'Argens est soutenable par elle-même, et ce que j'ai touché de la défensive générale de la Provence n'a pour objet que de faire mieux entendre ce que j'ai à dire sur quelques positions particulières et spécialement sur les hauteurs de Séranon.

D'ENTREVAUX A CAILLE

(30 juillet. — D'Entrevaux au Castelet, 1 l.; à Briançonnet, 1 l. 1/2; à Saint Auban, 1 l.; au col de Saint Pierre, 1 l. 1/4; à Caille, 1 l. 1/4. Total : 6 lieues.)

Partant d'Entrevaux, nous passâmes le Var de la gauche à la droite, et, presque sous cette place, la petite rivière de la Charagne, qu'on suit par sa rive droite jusqu'à la hauteur du hameau du Castelet. De là, laissant à droite la Charagne et le vallon du Monblanc et le défilé d'Ubraye, nous arrivâmes à Briançonnet, position très bonne pour observer les mouvements d'un ennemi qui se présenterait dans la vallée de Chassan, entre le Var et l'Esteron. De Briançonnet, passant le ruisseau de Chebron, ou Gebron, et montant la Cluse de Saint Auban, qui est une gorge fort étroite, nous arrivâmes au village du même nom, au bas duquel, traversant l'Esteron et laissant à droite le vallon de Solleillas où l'Esteron prend sa source, nous nous rendîmes, par le cabaret de Brunet, sur le col Saint Pierre ; de là, après avoir traversé la vallée de Thorène et la chaîne de montagnes sur laquelle est Séranon, nous arrivâmes au village de Caille, dans la vallée de Graulières.

C'est du col de Saint Pierre que j'observai avec attention les montagnes que j'ai appelées indistinctement les hauteurs de Séranon, du nom de celle qui est la plus connue jusqu'ici. Il y a trois chaînes principales : la première, qui est celle de Saint Pierre, qui sépare la vallée de Mas de celle de Thorène ; la seconde, ou du centre, qui sépare la vallée de Thorène de celle de Graulières ; la troisième est à peu près parallèle à la seconde. Ces montagnes sont disposées de façon que les trois vallées viennent y aboutir en se rétrécissant. L'extrémité occidentale de la montagne de Saint Pierre offre, dans le plateau de Chandy [1], une position unique pour fermer en même temps le débouché de la vallé de Mas et celui de la vallée de Thorène. Il paraît que le projet de construire sur ce plateau un fort capable de contenir cinq ou six cents hommes de garnison est d'autant plus judicieux que ce

---

[1] Mémoire particulier sur la position du plateau de Chandys, situé aux environs de Seronon, par M. Bourcet. — Observations de M. de Langeron sur ce mémoire. — *(Documents annexes.)*

plateau n'est dominé ni vu par aucun autre et que son étendue est telle qu'un petit mamelon, un peu plus élevé que le reste du plateau, paraît tout disposé pour un fort de quatre petits bastions, et le reste du plateau, plus long et plus étroit, pour un ouvrage à cornes inférieur défendu par la fortification supérieure et défendant le pied et le talus du plateau. D'ailleurs, il se trouve au dessous un camp propre à placer trente bataillons et susceptible d'être escarpé sur son front ; et ce fort ne pouvant être assiégé, par sa situation qui ne permet pas l'approche de la grosse artillerie, serait comme imprenable. J'ai reconnu aussi qu'une bonne redoute, qu'on propose de bâtir sur la montagne du centre ou de Séranon pour défendre le débouché de la vallée de Graulières, aurait encore l'avantage de croiser ses feux avec le plateau de Chandy sur les débouchés des deux autres vallées. Pour ne point répéter ce que j'ai déjà dit plus haut au sujet de la défense de la Ciagne, j'ajouterai seulement que les groupes de montagnes dont je parle étant soutenus par les fortifications du plateau de Chandy et de Séranon équivaudraient à la meilleure forteresse que les ennemis seraient également embarrassés d'attaquer, à cause de l'extrême difficulté des approches, ou de laisser sur leurs derrières, à cause du danger qu'elle ferait courir à leurs convois, à leurs recrues et à leurs remontes, dès qu'ils dépasseraient Fréjus, qui est à la hauteur de Séranon. Les avantages que l'on retirerait de cette forteresse pour soutenir, dans tous les temps, les parties supérieures du Var, de l'Esteron et du Verdon, se font encore mieux sentir, si l'on suppose que les ennemis se sont emparés les premiers des montagnes mêmes, dans l'état où elles sont, sans fort ni camp retranché : car il ne nous serait plus possible d'avancer sur eux que par le débouché de Castellane, ou par ceux de Soleillas et de la Clue de Saint Auban, tous trois aisés à défendre, comme nous l'avons supposé, et très rapprochés des montagnes dont il est question ; de sorte que, pour les chasser de la Basse Provence, il faudrait se porter sur les débouchés de Tournon et de l'Estérel, qu'on ne pourrait entreprendre de forcer que dans le cas d'une grande supériorité.

DE CAILLE A VENCE

(31 juillet. — De Caille au Château de 4 Tours. 1 l. 1/2; à la Clue de Graulières, 1 l. 1/2; à St Barnabé, 2 l.; à Vence 1 l. 1/2. Total : 6 lieues 1/2.)

En partant de Caille nous laissâmes le chemin de la vallée des Graulières pour entrer dans celle de Thorène qui conduit plus commodément à la Clue et au village de Graulières, en passant par le Château de Quatre Tours et assez près du Castelard, vieille masure qui était autrefois un château des Templiers, assis sur un rocher fort haut. Graulières est situé à la rive gauche du Loup qui prend sa source plus haut, entre Caille et Endon. De Graulières, traversant le ruisseau d'Aiguenière près de son confluent dans le Loup, nous montâmes la montagne et le plateau de St Barnabé, point de vue très élevé, d'où, laissant à gauche les chemins de Coursegoule et Besaudun, et, à droite, le village de Tourette, nous arrivâmes à Vence, petite ville épiscopale, qui n'est guère qu'à une lieue de Caigne et de la mer.

DE VENCE A MONACO

(1ᵉʳ août. — De Vence à St Jeannet, 3/4 l.; au Pilon de la Gaude, 1 l.; à Saint Laurent, 1 l. 1/4; à St Laurent par mer à Monaco, 4 l. Total : 7 lieues. — De St Laurent à Monaco par terre, il y a 6 lieues).

De Vence passant la petite rivière de Caigne, nous nous portâmes par St Jeannet au château et au plateau de la Gaude, d'où j'observai le cours du Var, la position d'Apremont sur la rive gauche, celles de Carros et de Gatières, sur la rive droite, les débouchés du centre sur St Jeannet et sur le château de La Gaude, qu'il y a beaucoup de nécessité de fermer solidement par les retranchements et les fortifications dont j'ai fait le détail. Plus haut, il me parut encore plus important de prendre les plus grandes précautions au débouché de la gauche, qui est celui du Brock sur Besaudun, parce qu'en perçant par là l'ennemi se porterait sur le haut Var, qu'il nous faut conserver absolument, et qu'il est par conséquent essentiel de le réduire à entreprendre plutôt sur la partie la plus basse du Var. J'ai dit déjà en quoi doivent consister ces précautions.

Du plateau de la Gaude, nous descendîmes sur le Var, suivant jusqu'à St Laurent le dos d'âne ou la berge élevée qui borde la rivière et je reconnus que cette étendue étant toute enterrée ne peut point se passer du fossé, des redoutes, des batteries dont j'ai parlé. Je ne répéterai point les moyens que j'ai déjà dits qui seraient nécessaires pour garder le petit espace qu'il y a de St Laurent, ou de l'endroit où finit l'élévation de la berge, jusqu'à la mer. Je dois ajouter qu'il sera toujours difficile d'empêcher le passage du Var, vis-à-vis un ennemi supérieur, même après s'y être précautionné par tous les travaux proposés. Mais j'ai senti quel avantage c'était pour nous de n'avoir à garder sur toute la frontière de Provence que l'intervalle de l'Esteron à la mer, ou même depuis le confluent de cette rivière auprès du Brock, jusqu'à la mer, parce que l'Esteron et la partie du Var au-dessus du Brock, qui sont le côté de notre retraite, se trouvent naturellement inattaquables ou susceptibles, comme on l'a supposé précédemment, d'une défense très aisée.

Nous passâmes le Var à St Laurent pour aller joindre la galiotte et les deux felouques qui n'ayant pu, à cause du vent contraire, tenir au Crau de Caigne, attendaient à la plage de Calas, entre l'embouchure du fleuve et Nice, et, comme Callas est dans le comté de ce nom, M. le marquis de Paulmy envoya M. Ryhiner[1] faire des politesses au commandant de la place et l'informer des raisons de nécessité qui lui avaient fait faire ce petit pas sur les terres du roi de Sardaigne. Nous nous embarquâmes le même jour assez tard pour aller coucher à Monaco, où nous n'arrivâmes que très avant dans la nuit par un assez mauvais temps.

Cette place, appartenant au prince de ce nom et sous la protection de la France, est située sur une langue de rochers formant une presqu'île beaucoup plus longue que large à l'Est du cap d'Ay, et précisément au pied du penchant oriental de la montagne de la Turbie. Elle peut être regardée comme très importante, non seulement par rapport au commerce de la Méditerrannée, mais par rapport aux entreprises qu'on pourrait tenter contre Villefranche et Nice et mérite qu'on la mette dans un meilleur état de défense qu'elle n'est. On sait

---

[1] Le colonel Ryhiner est l'auteur des cartes jointes au Journal de la Tournée Militaire de M. le Marquis de Paulmy sur la frontière des Alpes.

de quelle ressource elle a été dans la dernière guerre pour le secours de Gênes et pour nos armées, lorsqu'elles ont eu à marcher le long de la côte. Elle peut même entrer pour quelque chose, dans la défense du Var, en ce que, si l'ennemi voulait en tenter le passage dans une saison trop avancée où les débouchés de Sospello et de Scarène sont fermés par les neiges, il serait réduit à déboucher par la côte et à passer fort près de Monaco, dont la garnison, en la supposant un peu considérable, pourrait l'inquiéter beaucoup. Le nouveau port que le roi de Sardaigne fait creuser actuellement à Nice serait une raison de plus de songer à la sûreté de Monaco, si la jalousie que lui donnera toujours cette place incommode n'était pas un motif suffisant.

On ferait de Monaco une place unique en coupant l'isthme qui l'attache à la terre. Mais ce grand projet, qui n'est point impraticable, serait difficile, d'une dépense excessive à cause de la hauteur du terrain qu'il faudrait couper, et il m'a paru qu'on pouvait rendre cette place très respectable par des moyens plus simples, qui seraient : 1° d'y construire beaucoup de souterrains, dont elle manque presque totalement, afin qu'en cas de bombardement la garnison ait les ressources nécessaires pour faire une défense ; 2° d'escarper tout le front derrière le Château qui fait face à la montagne de la Turbie, et de couronner l'escarpement par une traverse de terre d'une assez grande épaisseur pour que les boulets s'y enterrassent ; 3° d'escarper à pic tout le front qui fait face au port, d'en réparer l'enceinte et de faire d'une partie de cette enceinte un souterrain spacieux dont l'extrados de la voute peut servir de plateforme pour des batteries ; 4° de fermer d'une petite enceinte la partie du côté de la mer à laquelle l'ennemi pourrait attacher le mineur et d'ouvrir dans la même enceinte un petit canal qui permit l'entrée d'une petite barque afin de donner et de recevoir des nouvelles pendant le siège ; 5° de faire une batterie en casemate dans la partie de l'enceinte du côté du midi, pour prendre à revers surtout le penchant du cap d'Ay. Enfin, de multiplier les citernes et de bâtir des casernes pour le logement de trois bataillons qui sont le nombre de troupes que je crois nécessaires pour une bonne défense.

QUATRIÈME PARTIE

BASSE-PROVENCE

Depuis Monaco, ou plutôt depuis le Var inférieur, la Provence Maritime ou Basse s'étend jusqu'au Rhône, de l'est à l'ouest, sur une longueur de près de quatre-vingt lieues, si on côtoyait la mer, et d'environ cinquante, en suivant une ligne plus droite à quelque distance de la côte. Je parlerai ailleurs de l'étendue et de la défense des côtes. Ici, je ne considère que la profondeur et la largeur que la Provence présente à l'ennemi, qu'on supposerait venir du côté du Var après avoir passé ce fleuve. La Basse Provence, vue dans ce sens, est renfermée, ainsi que la Haute, du côté du nord entre les grandes montagnes des Alpes, dont j'ai fait détail, depuis l'embouchure de l'Ubaye dans la Durance, jusqu'au confluent à l'Esteron dans le Var et la chaîne des montagnes maritimes du côté du midi. Ainsi, c'est la proximité des montagnes des Alpes, ou celle de la mer, qui donnent au pays qu'elles renferment le nom de Haute et de Basse Provence. Ensuite, pour se faire idée plus juste de cette division, on peut, en se rappelant ce que j'ai dit de la défense de la Ciagne, prolongée jusqu'au plateau de Chandy à la hauteur de Castellane, remarquer sur la carte que le Verdon, coulant du nord au sud jusqu'auprès de Castellane, va ensuite de l'est à l'ouest jusqu'à son embouchure dans la Durance, et que, de ce point, la Durance, qui coulait aussi du nord au sud, prend la même direction du levant au couchant jusqu'à son embouchure dans le Rhône près de Barbantane, au dessous d'Avignon. De sorte que, depuis les environs de Castellane, le Verdon et la Durance, ajoutés l'un à l'autre, forment un canal assez droit qui sépare naturellement tout le reste de la province en deux moitiés : l'une septentrionale, qui est la Haute Provence, l'autre méridionale, qui est la Provence inférieure ; et ce canal semble aussi très naturellement la défense de la Haute Provence contre l'ennemi qui serait maître de la Basse, parce que le Verdon, depuis Castellane jusqu'à Moustiers, a ses bords totalement escarpés, que de là jusqu'à son confluent il est encaissé et que la Durance jusqu'au Rhône est encore meilleure à soutenir à cause de sa largeur.

A l'égard de la moitié septentrionale ou intérieure de la Provence qui est la moins exposée aux entreprises de l'ennemi, conséquemment la moins fortifiée, je dois dire qu'elle se trouve partagée par la première direction, du nord au midi que suit la Durance jusqu'au confluent du Verdon en deux parties, orientales et occidentales. La partie orientale, comprise entre la rive gauche de la haute Durance et la rive droite du haut Verdon, renferme les petites rivières de Bléone et d'Arse, qui coulent dans la Durance parallèlement au Verdon, et plusieurs villes ou bourgs, telles que Seine, dont j'ai parlé, Barême, Senez, Castellane, Moustiers et Rier. La partie occidentale, qui serait toute comprise entre la rive droite de la haute Durance et le Rhône, sans l'interposition du comtat d'Avignon, se trouve bornée au couchant par cette enclave étrangère, au nord par les baronies du Dauphiné, et renferme la ville de Sisteron, la seule fortifiée avec les villes ou bourgs de Forcalquier, Apt, Manosque et Pertuis.

La Provence étant ainsi coupée dans sa longueur et sa moitié supérieure étant bien considérée comme séparée de l'inférieure par les rivières de la Durance et du Verdon, par le plateau de Chandy et tout de suite après par l'Esteron et le Var, il ne s'agit plus que de la Basse Provence comprise depuis ces quatre rivières et la mer jusqu'au Rhône. Il est facile, à présent, de diviser cette moitié de la Provence suivant sa largeur en autant de parties qu'on voudra, relativement aux positions qu'on peut prendre pour arrêter l'ennemi qui est supposé venir du côté du Var ; je me borne à quatre divisions principales :

La première est toute marquée par la ligne de défense de la Ciagne, qui s'étend depuis La Napoule par Tournon jusqu'au plateau de Chandy, d'où elle va se lier, comme je l'ai expliqué, à la défense de l'Esteron, du haut Verdon et du haut Var. Entre cette ligne, l'Esteron et le Var, sont comprises les montagnes dont j'ai parlé suffisamment et les villes de Vence, d'Antibes et de Grasse.

La seconde division se fera en tirant une ligne droite du confluent du Verdon à la rade de Bruse, au couchant de Toulon, et cette ligne avec celle de la Ciagne renfermera la rivière d'Argens, qui n'est bonne à défendre que dans sa partie basse, les villes de Fréjus, Draguignan, Aulpt, Lorgue, Saint Maximin, Brignoles, Hyères et Toulon avec ses dépendances.

La troisième division se marquera en tirant une autre ligne de l'embouchure de la Fosse Craponne, dans la Durance, sur les îles de Ratoneau, au couchant de Marseille, et comprendra les villes d'Aix et de Marseille.

Enfin, la quatrième division renfermera, entre la ligne précédente et le Rhône, les villes de Salon, Tarascon, Arles et la plaine de la Crau, la Tour de Bouc, l'étang de Berre, etc.

J'ai cru nécessaire de faire cette exposition géographique de la Provence tant pour rendre ce Journal plus clair que pour sauver les répétitions qui sont inévitables lorsque les objets particuliers n'ont pas été vus en masse auparavant.

DE MONACO A ANTIBES

(3 août. — De Monaco à Antibes, par mer, 6 l.; par terre, 8 lieues.)

De Monaco, nous nous rendîmes à Antibes par mer. Nous découvrîmes, en passant à la hauteur de Nice, le nouveau port que le roi de Sardaigne fait creuser dans le vallon de la Limpia, entre le vieux château de Nice et le fort de Montalban. Une partie du môle supérieur est déjà construite et il est à remarquer qu'en même temps qu'on se procure les matériaux nécessaires pour les ouvrages du port, on escarpe une partie de l'ancien château et le bas du penchant du fort Matheus, dans la vue sans doute de rendre plus difficile qu'auparavant l'accès de la montagne sur laquelle le fort de Montalban est bâti.

Antibes, située à deux lieues de l'embouchure du Var, sur le bord de la mer qui l'environne en partie, est d'ailleurs dominée de près du côté de la terre. Ses fortifications sont en assez bon état, mais d'une défense médiocre. Les forts sont aussi irréguliers, les demi-lunes petites, les bastions embarrassés par des cavaliers qui sont cependant la principale défense de la place, les chemins couverts enfilés des hauteurs voisines qui prennent même des revers sur presque toutes les parties de la fortification. Ce ne serait qu'avec des dépenses très considérables qu'on pourrait mettre Antibes en état de soutenir un grand siège, mais, comme elle est trop éloignée du Var pour servir à la défense de ce fleuve et que les ennemis ne sont point obligés de l'assujettir pour s'avancer dans l'intérieur de la Provence, il peut suffire de la fortifier et de la munir de manière qu'en leur ôtant l'espérance de la réduire trop promptement elle les détourne du projet de l'assiéger à la partie qui est la plus défectueuse et qui demande d'être mise la première en sûreté, et au côté du port qui n'a pour enceinte qu'un simple mur de clôture sans élévation et sans épaisseur. Le fort carré, placé dans une presqu'île, à hauteur du port, mérite surtout beaucoup d'attention, parce qu'après la prise de ce fort, qui découvre tout l'intérieur de la ville, il ne serait plus possible de la défendre. Il conviendrait de le fortifier d'une bonne enceinte en maçonnerie sur le côté qui joint la terre, où M. le maréchal de Vauban avait déjà fait commencer deux faces de bastion. Il serait, de plus, indispensable d'occuper par quelques lunettes en terre un petit rideau qui est très voisin du fort carré. Le fort d'Antibes se trouve en assez mauvais état, tant par le dépérissement des quais que par le peu de profondeur d'eau, et il a de sa situation l'inconvénient d'être prolongé des hauteurs des environs. Cependant, ce port, capable de contenir quantité de bâtiments de charge, peut servir plus commodément que tout autre pour des embarquements de troupes dans le cas d'une expédition en Italie. La ville même d'Antibes est un entrepôt de guerre avantageux pour faire la guerre offensivement. Si, au contraire, on considère Antibes par rapport à la défensive, c'est une place totalement hors d'œuvre qui ne couvre aucun débouché, qui ne peut se défendre qu'elle-même et qu'il faut abandonner à ses propres forces, en supposant, comme je l'ai fait, qu'après avoir cédé aux ennemis la rive droite du Var, nous soyons obligés de nous retirer derrière la Ciagne.

Au reste, il y a dans Antibes une assez grande quantité de souterrains à l'épreuve de la bombe pour contenir les munitions nécessaires, toute la garnison et les habitants. Le long de la plage qui règne d'Antibes à l'embouchure du Var, on avait construit, autrefois, cinq redoutes en maçonnerie, sans compter le fort appelé d'Artagnan, bâti très près de l'embouchure. Ces ouvrages avaient pour objet d'empêcher les ennemis de débarquer des troupes au Crau de Cagne et sur les autres points de la plage pendant qu'ils tenteraient le passage du Var. En général, on doit supposer que le roi de Sardaigne n'entreprendra pas de passer le Var sans être secondé par les escadres de ses alliés, qu'il oserait encore moins s'avancer dans l'intérieur de la Provence et qu'il ne serait même pas en état de le faire si ses troupes, grossies par d'autres puissances, n'avaient pas encore une flotte pour les côtoyer pas à pas et pour fournir à tous leurs besoins, sauf les difficultés que je dirai plus bas, que ces flottes même trouveraient à ces troupes qui s'engageraient dans les terres de la Basse Provence.

[*Le 5 août, M. de Paulmy se rendit à Fréjus en visitant l'île de Sainte Marguerite ; le 6 à Hyères et le 7 à Toulon, où il demeura jusqu'au 11.*

De Toulon, il gagna Marseille, puis Aix et Arles.

Il visita ensuite le Languedoc et le Roussillon du 17 août au 19 septembre, en séjournant successivement à Pont Saint Esprit, Uzès, Alais, Saint Hippolyte, Lunel, Montpellier, Cette, Agde, Narbonne, Perpignan, Collioure, Bellegarde, Perpignan, Villefranche, Mont-Louis, Saint Michel, Perpignan, Carcassonne, Castelnaudary, Narbonne et Montpellier].[1]

---

[1] Note de l'éditeur, H. D.

CINQUIÈME PARTIE

BAS-DAUPHINÉ

De Montpellier (*le 19 septembre*), nous nous rendîmes à Nîmes, de là au Pont Saint Esprit, sur lequel nous passâmes le Rhône, et, continuant à marcher pendant la nuit, nous arrivâmes le 20, à onze heures du matin, à Montélimar, d'où nous fumes le même jour à Valence.

Pendant cette nuit du *19 au 20 de septembre*, entre Lunel et Nîmes, une troupe de six hommes à cheval se mit sur le grand chemin devant le carrosse de M. le marquis de Paulmy, et l'un d'eux, descendant de cheval, s'avança fort respectueusement à la portière et lui présenta un papier en le priant, d'un ton assez embarrassé, de le remettre au Roi à son retour. Comme, dans la matinée, M. le marquis de Paulmy avait trouvé à Montpellier, sur sa table, une grande requête des religionnaires qu'on y avait glissée furtivement, il jugea aisément qu'il s'agissait du même objet, et il dit à cet homme qu'apparemment le mémoire qu'il tenait était un double de celui qu'on lui avait fait remettre le matin à Montpellier, et il répondit que cela pouvait être. Alors, M. le marquis de Paulmy lui demanda qui il était; il répondit, en hésitant, qu'il s'appelait Paul. Ce nom rappelant sur le champ à M. le marquis de Paulmy celui d'un prédicant fameux dont il avait souvent entendu parler, il lui dit d'un ton assuré qu'il le connaissait et qu'il s'appelait Paul Rabaut, ce qui le surprit beaucoup, et, se voyant découvert, il voulut haranguer. Il commença par protester que les religionnaires étaient les sujets du roi les plus soumis, que leur requête ne contenait que les demandes les plus respectueuses. Sur quoi, M. le marquis de Paulmy l'interrompit en prenant son mémoire et en lui disant qu'il supposait bien que le mémoire n'était pas conçu autrement, qu'il ne le recevait que dans cette assurance et qu'il l'examinerait. Après cela, il répéta les mêmes révérences et remonta à cheval. Pendant cette conversation, qui fut courte, les autres cavaliers, enveloppés de leurs manteaux, se tinrent en silence des deux côtés du carrosse et nous aperçûmes dans la campagne, mais à quelque distance, du peuple à pied qui attendait sans doute le succès de leur orateur. A 50 pas de là, nous vîmes encore une troupe à cheval, plus nombreuse que la première et des mêmes gens, qui était sur le bord du chemin et qui nous salua très honnêtement du chapeau, sans approcher et sans rien dire, avertis apparemment que leur mémoire était donné.

Sur cette route, qui est de trente-une lieues, et qui côtoie toujours le Rhône depuis le Pont Saint Esprit, il n'y a point d'objets militaires à observer, excepté Montélimar, petite ville du Bas-Dauphiné, située sur le bord du Rhône, dans laquelle il y a des casernes pour loger un bataillon. On y a fait les fondements d'un autre corps de casernes qui contiendra le même nombre de troupes. Nous visitâmes la citadelle, qui est un carré assez long, fort irrégulier, assez bien flanqué ; mais le fossé qui l'entoure est très informe, sans aucun chemin couvert. Elle comprend dans son intérieur un donjon, un magasin à l'épreuve de la bombe en état de recevoir trente milliers de poudre, une salle d'armes qui est en bon état, une chapelle qui sert d'entrepôt aux effets de l'artillerie, un logement pour le gouverneur, des casernes pour loger les deux compagnies d'invalides qui composent la garnison et une tour qu'habite le cantinier, deux puits, l'un médiocre, l'autre grand et profond, dont l'eau, qui n'est pas fort bonne, donne beaucoup de peine à puiser. S'il y avait des raisons pour augmenter les fortifications de la citadelle de Montélimar, on pourrait profiter d'un plateau assez élevé qui se trouve sur le même rideau et serait avantageusement disposé pour la construction d'un ouvrage à corne.

La tour ou château de Crest, que nous laissâmes environ à deux lieues à droite, en passant entre Montélimar et Valence, est une masse de bâtiments à peu près carrée, qui occupe le sommet d'une mon tagne pyramidale, sur laquelle la petite ville du même nom est bâtie. La rivière de la Drôme passe au pied. Cette tour a des souterrains au rez-de-chaussée et deux étages comprenant plusieurs chambres fort obscures, qui ressemblent à des cachots et dont une partie renferme effectivement des prisonniers, à quoi elle est plus propre qu'à aucun usage militaire. Etant trop petite pour contenir une garnison raisonnable, ce sont des invalides qui la gardent. Elle est d'ailleurs fort bonne par l'épaisseur extraordinaire de sa maçonnerie, par son élévation et par l'escarpement des rochers sur lesquels elle est posée.

A l'égard de Valence, ville épiscopale située sur le Rhône et l'une des plus considérables du Bas-Dauphiné, elle est divisée en ville haute et ville basse, qui ont toutes des fortifications antiques, imparfaites par elles-mêmes, dégradées par le temps et hors d'état de faire la moindre résistance.

La citadelle, qui tient à l'enceinte de la ville, ne vaut guère mieux. Elle est couverte du côté de la campagne par un seul front de fortifications, sans ouvrages extérieurs, qui est environné d'un fossé peu profond et dont la contrescarpe n'est pas revêtue. Il y a des parties de son enceinte qui tombent en ruine, et, comme elle n'est pas d'ailleurs flanquée du côté de la ville, elle ne serait pas susceptible de défense; aussi ne fut-elle construite sous François Ier que dans l'objet d'en imposer à la ville même. Elle renferme intérieurement des souterrains qui pourraient servir d'entrepôt pour les vivres et pour les effets de l'artillerie, un magasin à poudre qui en contiendrait quarante milliers, de beaux et de grands logements, des écuries, des remises, des jardins pour le Gouverneur, le Lieutenant du Roi et le Major, qui occupent presque toute cette citadelle; mais il n'y a aucun logement pour la garnison, et les invalides qui la composent sont obligés de loger aux casernes de la ville qui peuvent contenir deux bataillons.

Le 21 septembre, partant de Valence et suivant toujours le Rhône, nous arrivâmes à Lyon quelque temps avant que Madame l'Infante en partît.

Le 22 septembre, nous fûmes coucher à Oullins, maison de campagne de M. le cardinal de Tencin, à une lieue de Lyon, et, le lendemain 23, nous nous rendîmes d'Oullins au village de Pierre Bénite, qui en est très près, et où nous nous embarquâmes sur le Rhône pour retourner sur nos pas jusqu'à deux lieues en-deçà de Valence, c'est-à-dire jusqu'à Tournon, ville du Vivarais sur le bord du Rhône. Je fus en mon particulier visiter le fort de Beauregard, situé en Languedoc, vis-à-vis de Valence, et dont nous étions fort près. Au reste, ce n'est pas une place de guerre et il n'y a pas trente ans que ce n'était qu'un château particulier qui fut acheté par la province et accommodé de manière à pouvoir y mettre une petite garnison dans l'objet de contenir les mal intentionnés du pays et y renfermer des prisonniers. Ce poste a été considérablement augmenté et fortifié pendant la dernière guerre et on compte qu'il faudrait du canon pour l'assujettir.

Il me fut impossible d'aller visiter le château de Ferrières en Languedoc, près de Castres. C'est fort peu de chose.

Nous repassâmes le Rhône trop précipitamment pour voir le fort Saint André de Villeneuve et la Tour du Pont d'Avignon ; ainsi, je n'en parlerai pas.

Le 24 septembre, nous revînmes à Lyon par terre.

Le 25, nous nous rendîmes de Lyon à Roanne en passant la Loire sur le pont de cette ville située à la rive droite. *(De Lyon à Roanne, par la Tour, la Croisette, Tarare et l'Hôpital, 20 lieues).*

Le 26, nous partîmes de Roanne et nous fûmes d'abord, par la grande route de Moulins, jusqu'au village des Echirolles, d'où, passant la rivière d'Allier et prenant le chemin de l'Auvergne, nous nous rendîmes à Riom. *(De Roanne à Riom, par la Pacaudière, la Palice, Saint Geran, Varennes, les Echirolles, Saint Pourcain, le Vernet, Ganat et Aigueperce, 30 lieues).*

Le 27, de Riom nous rejoignîmes la grande route auprès des Echirolles et nous fûmes coucher à Moulins, capitale du Bourbonnais. *(De Riom à Moulins, par le même chemin jusqu'aux Echirolles, d'où par Brassay et Sannes, 19 lieues).*

Le 28, nous nous rendîmes de Moulins à Cosnes. *(De Moulins à Cosnes, par Saint Pierre, Nevers, la Charité et Maltaverne, 31 lieues).*

Le 29, nous arrivâmes à Fontainebleau, où était la Cour, entre neuf et dix heures du soir. *(De Cosne à Fontainebleau, par Briare, Montargis et Nemours, 38 lieues).*

INDEX DU JOURNAL DU VOYAGE DE 1752

Dates	Endroits où l'on a couché	OBSERVATIONS[1]	Nombre des lieues
Juill.	De Paris	Parti en berline.	
3	Villeneuve-la-Guiarre		26
4	Viteaux		40
5	Dijon		10
6	Tournus	La citadelle de Châlons, *les Invalides* et Point-de-vue.	21
7	Lyon	Mâcon, le Mont-d'Or, etc.	22
8	Séjour	Fort Pierre-en-Cise et Prisonniers	
9	id.	Salles d'Armes, l'Arsenal et la Ville.	
10	Vaucerre	Vu à Bourgoin *les Volontaires du Dauphiné*. Le Pont-de-Beauvoisin et les Guiers.	19
11	Grenoble	*Le Régiment de Royal Infanterie*.	11
12	Séjour	*Le Bataillon de Bourgfeld, Artillerie*, etc.	
13	id.	*Invalides*, l'Arsenal et les Fortifications.	
14	Fort-Barraux	*Le 1er Bataillon de Traisnel. la Copie de Reynold Suisse*.	15
15	Séjour	L'attaque du Polygone.	
16	id.	La Prise du Polygone.	
17	Corps	Vu à Vizille l'Entrée de la Petite Route de Briançon et sa communication avec la Grande.	10

---

[1] Les *observations* en italique indiquent les corps de troupes inspectés par M. le marquis de Paulmy, au cours de son voyage.

18	Gap	Le nouveau pont sur le Drac, le Passage du col de St Guigou............	7
19	Embrun	Le 2.me Bataillon de *Traisnel* et le pont de Savines..................	7
20	Montdauphin	Le *Régiment de Nice*, les Fortifications et, en chemin. le Pont de St-Clément...	3
21	Briançon	La Val-Louise et le Pertuis du Rostan.	6
22	*Séjour*	Le *Régiment de Médoc*, la Ville, l'Hôpital et le Fort des Sallettes............	10
23	id.	Le Mont-Genèvre, les cols de Gondran et de Guimon, Point de vue, l'Infernet et les 5 Forts.	
24	id.	Le *Régiment de la Sarre*, et l'Intérieur de la Ville.	
25	Guillestre	Le Passage de la Guillestre et son pont..	7
26	L'Arche	Le col de Vars, le fameux Camp de Tournous et le col de l'Argentière........	8
27	Barcelonnette	Le Châtelard, le Fort de Jausiers et l'Hôpital de Faucon................	6
28	Colmars	Les Forts, *les Invalides*, les cols de Morjoan et de Malausene et Aloz........	7
29	Entrevaux	Le col de St-Michel, Anot, *les Invalides*, la ville et les Châteaux............	10
30	Caille	Briançonnet, la Clue de St-Auban et Point de Vue......................	6
31	Vence	La clue de Graulières...............	7
Août			
1	Monaco	Le village de St-Jeannet, le Pilon de la Gaude, les Environs du Var et de St Laurent et l'embarquement........	8
2	*Séjour*	Le 2.me *Bataillon de Languedoc*, la Ville, la salle d'Armes et l'Arsenal.	
3	Antibes	Par mer, Villefranche et Nice.........	5
4	*Séjour*	Le 1.er *Bataillon de Languedoc*, la Ville et le Fort Quarré.	
5	Fréjus	Par l'île Ste-Marguerite, où l'on a vu *les Invalides et la comp.ie de Brézé* avec les Forts.....................	11

6	Hyères	Pont sur la rivière d'Argens............	13
8	Toulon	Les Salines et la rade d'Hyères.........	7
7	*Séjour*	*Le Régiment de Bretagne* et la ville.	
9	id.	*Le 1er Bataillon de Brissac*, la Rade, le port, les Galères, les Vaisseaux du Roi, les Forts, etc.	
10	id.	Le Camp Retranché et les Forts autour de Toulon	5
11	Marseille	*Le Régiment de Soissonois*............	15
12	*Séjour*	Le Fort St-Jean, la Citadelle, *les Invalides*, N.-D. de la Garde et le Port.	
13	Aix	....	7
14	*Séjour*		
15	id.		
16	Arles	*Le 2me Bataillon de Brissac* et l'amphithéâtre.......................	10
17	Nismes	4 comp^{ies} *de Lyonnois* et la citadelle.....	5
18	*Séjour*	*Le Régiment de R. Italien*, l'amphithéâtre, le canal, les casernes.	
19	Pt-St-Esprit	*Le Régiment de l'Isle de France*, 4 comp^{ies} *de Lyonnois*, la citadelle et les casernes................................	14
20	Uzès	Le Régiment de Foix.................	6
21	Alais	*Le Régiment de Périgord*, 2 comp^{ies} *de Lyonnois*, la citadelle..............	6
22	St-Hyppolite	*Le Régiment de Boulonnois*, 7 comp^{ies} *de Lyonnois* et la citadelle.............	6
		Vu en passant par Sommières, le château, *les Invalides, le Régiment de Bigorre*.	
23	Lunel	*Le Régiment de la Ferronnaye, Dragons*, ensuite Aiguemorte, le Fort de Peccais, et la Tour de Constance............	6
24	Montpellier	Passé par les endroits ci-dessus.......	12
25	*Séjour*	*20 comp^{ies} de la Reine Infanterie*.	
26	id.	Les Cazernes et les hôpitaux.	
27	id.	6 comp^{ies} *de Lyonnois*, la citadelle et la fête donnée aux troupes.	

28	Cette	6 comp^{ies} de la Reine et 2 comp^{ies} de Lyonnois, les 3 Forts et le Port..........	5
29	Agde	Les Invalides et, au Fort Brescou, les Prisonniers.....................	9
30	Narbonne	Les régiments de Bresse et de Quercy, vu à Béziers le Régiment de Brie........	10
31	Perpignan	Vu à Salces 100 hommes de Royal Roussillon........................	13

Sept.

1	*Séjour*	Les Régiments de Guienne et de Nivernois.	
2	Collioure	Le Fort, la Hauteur de la Justice avec les communications................	5
3	*Séjour*	2e Bataillon de Mailly, au Port-Vendres les Invalides, les Fortifications et le Fort St Elme................	4
4	Bellegarde	Les Fusiliers de Montagne, les Invalides, les Fortifications, l'Arsenal et le Fortin.	6
5	Perpignan	....	8
6	*Séjour*	Le Régiment de R. Roussillon.	
7	Ville Franche	8 comp^{ies} de Mailly, 1 comp^{ie} des Fusiliers de Montagne, les Fortifications de la ville et, au château, 2 comp^{ies} de Mailly.	10
8	Mont Louis	16 comp^{ies} de Mailly et les Fortifications.	8
9	*Séjour*	Col de la Perche, N.-D. de Belloco au val de Carol, 1 comp^{ie} de Fusiliers.	
10	St Michel de Luxa	En repassant à Ville-Franche, les Casernes.....................	7
11	Perpignan	....	8
12	*Séjour*	L'Hôpital Royal.	
13	id.	La Ville, la Citadelle et les Casernes.	
14	*Séjour*		
15	Carcassonne	Le Château et les Casernes...........	24
16	Castelnaudary	Le Régiment d'Anjou cavalerie, et le 1er Bat^{on} du Régiment de Bourgogne.....	7
17	Narbonne	Vu, à Villepinte, le 2me Bataillon de Bourgogne......................	18
18	Montpellier	....	22
19	Nismes	....	10

20	Valence	Par Montélimar, les Casernes, la Citadelle et *les Invalides*..................	32
21	Lyon	Madame l'Infante..................	25
22	Oullins	Chez le Cardinal de Tencin, d'où l'on s'est rendu à Pierre Bénite, pour s'embarquer sur le Rhône..................	1
23	Tournon	*Le Régiment d'Aubigny Dragon*........	20
24	Lyon	A St Valiers, *le Régiment R. Compois*...	21
25	Roanne	Le Pont sur la Loire et le Passage de l'Allier..........................	20
26	Riom	*Le Régiment de Clermont Tonnerre cavalerie* et le passage de l'Allier........	30
27	Moulins	A St Pierre le Moutier, *1 comp^{ie} de Gendarmes*.........................	19
28	Cosne	A Nevers, *4 Compagnies de Gendarmes*..	31
29	Fontainebleau	Arrivé entre 9 et 10 heures du soir.....	38
89	...Total des jours	Total des lieues...	805

Nota. — M. Ryhiner évalue ainsi le chemin fait dans la tournée totale de cette année 1752 à 805 lieues, dont 633 faites en carrosse, 122 àcheval et 50 par eau. Sur laquelle somme de 805 il y aurait bien quelque chose à rabattre.

Récapitulation des Régiments inspectés

Infanterie....... 44 Bataillons.
Cavalerie....... 4 Escadrons.
Dragons........ 4
Gendarmes...... 2 1/2

DOCUMENTS ANNEXES

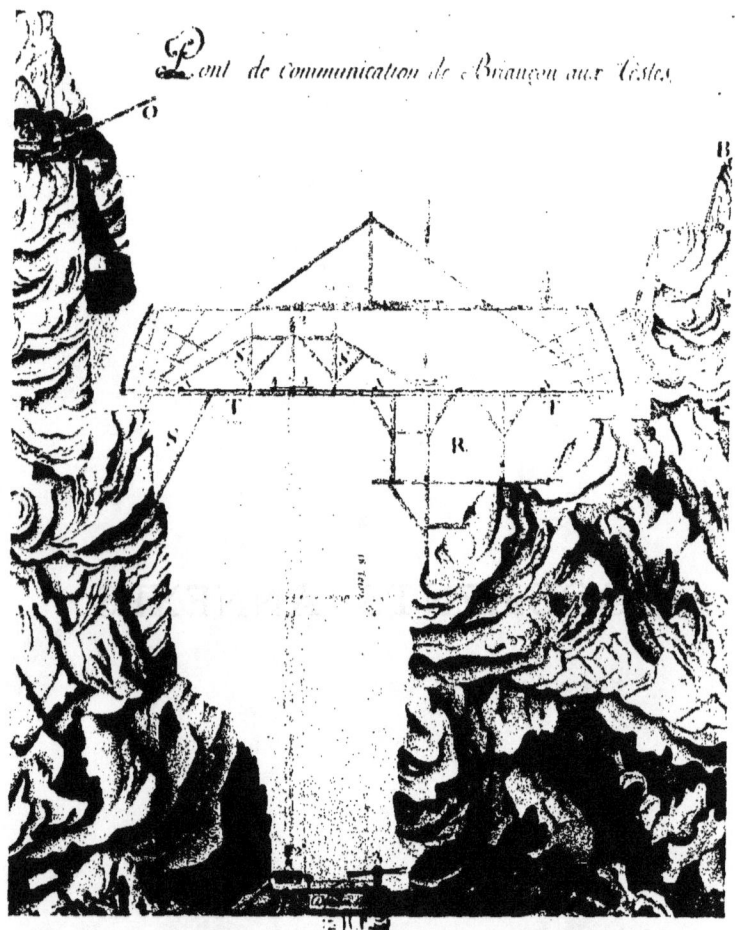

Elévation d'une partie de l'assemblage d'un Cintre pris sur la ligne E F du plan prolongé, où l'on voit la manière dont les Bois et toute la Pierre de taille ont été enlevés de la Rivière au plancher provisionnel et, de là, à destination.

EXPLICATIONS DES LETTRES

A. Chemin de communication de la Ville au Pont.
B. Côté des Testes.
R. Assemblage de charpente qui a favorisé la construction du Pont provisionnel en diminuant la portée des poutres.
S. Autre assemblage pour fortifier les poutres des extrémités du Plancher provisionnel.
T. Plancher provisionnel.
V. Poutres en travers portant sur celles des extrémités du Plancher provisionnel et liées par des étriers de fer avec les poutres de l'entredeux pour en empêcher l'ébranlement.

2. Moufles et 3 leurs Cabestans pour faciliter la montée des fardeaux.
 Les poutres, auxquelles les moufles étaient attachées, étaient fixées dans une situation perpendiculaire par trois cordes tendues sur des directions différentes.
N. Coffre dans lequel on descendait les pierres et le mortier pour la maçonnerie de la culée du côté de la Ville. C'est le même où les mineurs s'étaient mis à couvert des écarts des mines.
4. Petit Plancher en saillie pour recevoir les fardeaux et leur faire éviter la rencontre de ce qui pourrait les embarrasser dans leur montée.

DOCUMENTS ANNEXES

I. MÉMOIRE CONCERNANT LA CONSTRUCTION DU PONT DE COMMUNICATION DE BRIANÇON AUX TESTES
(Attribué à P. de Bourcet).

La construction du Pont de communication de Briançon aux Testes, sur la rivière de Durance, a d'abord paru un problème difficile à résoudre, eu égard à sa situation dans des précipices, sans avenues et d'une élévation qu'on ne pouvait regarder d'un œil tranquille.

M. le maréchal de Vauban, dans son projet de 1692 pour la fortification des hauteurs des Testes sur Briançon, reconnut la nécessité indispensable d'un pont en cet endroit, mais il n'osa le proposer d'une seule arche. Il en fit deux projets. Dans le premier, il élevait du fond de la rivière une pile de pierres de taille qui partageait la distance entre les rochers les plus voisins de ses bords à la hauteur de l'emplacement du pont; il faisait ensuite deux arcs en maçonnerie qui appuyaient sur cette pile. Dans le second, il mettait à leur place deux travées de charpente. Dans l'un et l'autre de ces projets, la dépense de la pile seule poussée à 168 pieds de hauteur, compris les échafaudages, faisait un objet guère moins considérable que ce qui en a coûté pour la construction du Pont d'une seule arche tel qu'il a été exécuté.

La grandeur de ce pont, sa situation et les difficultés qu'il a fallu surmonter pour le conduire à sa perfection, prouvent la hardiesse de son entreprise. Mais, pour mieux faire sentir ces difficultés et pouvoir en porter un juste jugement, il est essentiel d'exposer comme étaient les bords escarpés de la Durance entre Briançon et les Testes, inaccessibles de toutes parts au point que, pour examiner de près cet emplacement, des ingénieurs y coururent risque de la vie, et M. de la Rauvère ne fut sauvé qu'au moyen des cordes qu'on lui tendit pour s'attacher ; ce qui détermina à faire travailler préalablement au chemin de communication depuis les casernes de la ville jusqu'à l'endroit où devait être le pont. Il est pratiqué dans les rocs et soutenu, en certaines parties, par des murs de maçonnerie, avec des contreforts de la hauteur de 46 pieds sans les parapets qui règnent dans presque toute sa longueur.

Ce chemin a facilité la construction du pont et les opérations pour en déterminer le projet. L'ouverture de l'arc fut fixée en premier lieu à 16 toises. Il y avait un plateau du côté des Testes qui paraissait favorable pour recevoir une culée de maçonnerie de 20 à 25 pieds de hauteur, mais, le roc de ce plateau s'étant trouvé feuilleté et pourri jusqu'à une certaine profondeur qui élevait considérablement la maçonnerie de cette culée, il fut décidé définitivement que la corde de l'arc du pont aurait 19 toises 3 pieds d'ouverture et que les assises de pierres de taille qui devaient précéder les premières retombées porteraient sur le roc vif et solide, de chaque côté, dans l'alignement qui avait été marqué. Sur ce pied, les cintres furent tracés et exécutés conformément au modèle en bois qui avait été fait sur les dessins approuvés par M. le maréchal. On mit en même temps des ouvriers aux carrières au-dessus du village de Presle, à deux lieues de Briançon, dans la montagne, pour en tirer toute la pierre des voussoirs, tablette et autres dépendantes du pont. La proportion des voussoirs dans les parements des deux faces d'amont et d'aval est alternativement de 4 pieds 1/2 et 5 pieds de longueur et de l'épaisseur de 15, 16, 18 et 20 pouces. Leurs lits sont d'une longueur suffisante. Les voussoirs de l'intrados sont plus ou moins grands que ceux des têtes d'amont et d'aval, mais ils ont tous été travaillés avec une égale attention dans les coupes de leurs joints, sans écornures, de sorte que, mis en place, un lait de chaux qu'on faisait couler entre les joints en remplissait tous les vides.

La voûte n'a pas été extradossée et l'inégalité du dessus des voussoirs a été remplie d'une bonne maçonnerie jusqu'à la hauteur du pavé. Le posage des cintres fut renvoyé à la campagne suivante 1729. Il faut observer qu'on profita de tous les beaux jours de l'hiver de 1728 pour augmenter l'approvisionnement des matériaux et préparer l'emplacement dans les rocs des deux entrées, dont le travail de l'une, qui est du côté de la ville, est remarquable. Il était question de faire cet emplacement 60 pieds au-dessous du niveau du chemin de communication, où devait être l'entrée du pont dans les solides d'un rocher presque aplomb et qui se levait de 100 pieds depuis la rivière jusqu'à l'emplacement ; il n'était guère possible de suspendre des hommes et d'y établir des échafaudages pour y faire, avec le secours de la poudre, une excavation de 18 pieds de long, 12 de large et d'une hauteur suffisante pour y placer solidement, et sans péril pour les ouvriers, tous les voussoirs qui pouvaient s'y rencontrer, suivant la circonférence de l'arc. Aussi, cette excavation fut commencée dans le sol même du chemin de communication et continuée avec la mine jusqu'à l'endroit prescrit. Il est vrai qu'à mesure que l'on se baissait le péril augmentait pour les ouvriers qui y travaillaient, surtout lorsqu'il fallait mettre le feu aux mines, ne pouvant, dans un si petit espace, sur les bords d'un précipice, se mettre à couvert de leurs effets. Ils n'avaient pas le temps aussi de remonter assez promptement par les longues échelles par lesquelles ils descendaient à leurs ateliers. On imagina, pour les en garantir, un coffre que l'on suspendait en l'air et dans lequel ils entraient. On détournait ce coffre à droite ou à gauche en attendant l'événement ; ensuite, ils en sortaient pour continuer leur travail. Manœuvre dangereuse à laquelle, néanmoins, ils s'étaient accoutumés.

Au commencement d'avril 1729, le pont provisionnel ou plancher représenté dans les profils des cintres étant fait et une partie des cintres mis en place, on fit la cérémonie de la bénédiction de la première pierre, qui fut posée dans la culée du côté des Testes, et, dès ce jour-là, on travailla avec un nouveau zèle à élever la maçonnerie. Tandis qu'on achevait d'assembler et de fermer peu à peu la charpente des cintres, qui ne pouvait souffrir de la pesanteur de la maçonnerie qu'au-delà du tiers du demi arc, on avait grande attention de mener cette maçonnerie d'une hauteur égale des deux côtés, afin que la résistance de l'assemblage de la charpente fût aussi également partagée ; ce qui étant exactement pratiqué jusqu'à la fermeture de la voûte, on a eu la satisfaction de voir ces cintres, à la fin de l'ouvrage, au nombre de sept, dans le même état qu'ils avaient été posés, sans aucun dérangement dans la moindre de leurs parties, ni dans celle de la maçonnerie. Le détail de la grosseur des bois ne saurait être compris dans ce petit mémoire.

On remarquera : 1° que les crampons de fer proposés pour lier ensemble les voussoirs de la voûte n'ont pas été employés. On convint qu'ils empêcheraient l'approche des joints en décintrant le pont, et que, par cette raison, ils seraient nuisibles à sa solidité ; 2° que tous les voussoirs, du poids de 20, 30 et 40 quintaux chacun, après avoir été transportés et taillés à pied d'œuvre, ont été hissés, pour être mis en place à la hauteur, depuis 100 jusqu'à 168 pieds, au moyen de moufles, poulies de retour et cabestans établis sur les bords de la rivière, à niveau de l'eau, et sur des rochers à côté plus haut que le pont ; ceux-ci pour tenir en équilibre les poutres posées debout auxquelles les moufles étaient attachés, et les autres pour communiquer la force nécessaire à les élever. Il fallait un peu plus d'un quart d'heure pour rendre les moins pesants à la hauteur du plancher provisionnel ; 3° que c'est avec la même industrie que toutes les pièces qui composaient les cintres ont été mises en place et sans embarras.

La vue de ces machines en mouvement, quoique des plus simples, et les différentes manœuvres qui se faisaient toutes à la fois dans les bas de la rivière, dans les cintres et de tous les côtés, fixaient l'attention des connaisseurs, attiraient les étrangers et faisaient pour la garnison un spectacle des plus intéressants. L'espace était serré, et le tout agissant dans chacune de ses parties accélérait l'avancement de chaque ouvrage en particulier.

Ils furent poussés si vivement que le 24 du mois d'août, c'est-à-dire environ quatre mois et demi après la cérémonie du posage de la première pierre, la voûte fut entièrement fermée.

4° Comme le massif de la maçonnerie des culées paraissait trop pesant pour l'équilibre qu'il devait faire avec les sept pieds d'épaisseur de la maçonnerie à la clef de la voûte, on a laissé dans chacune des culées des vides voûtés dans une proportion mesurée pour prévenir les accidents qui arrivent quand cet équilibre manque.

5° A l'égard du pont provisionnel ou plancher dont il a déjà été parlé, il faut faire attention que n'ayant pu trouver dans les forêts du Briançonnais des pièces de bois assez longues ni assez grosses pour joindre les culées à la distance de 19 toises 3 pieds et rendre inébranlable ce plancher, on en diminua la portée par des sous-poutres du côté des Testes, favorisé en cela d'un petit plateau, et du côté de la ville par des esseliers encastrés dans le roc, indépendamment desquels les poinçons des cintres prolongés les soutenaient avec des étriers de fer par leur milieu, de sorte que ce plancher, bien assuré, donna la facilité de les communiquer d'une culée à l'autre, d'entreposer les fardeaux et de faire, sans danger, les manœuvres convenables.

6º Les parapets et autres ouvrages dépendants du pont ne furent achevés que l'année suivante.

Ce pont est en éventail ; sa largeur dans le milieu, entre les parapets, est de 15 pieds et de 18 à l'entrée et à la sortie. Il y a un passage voûté dans le massif de la maçonnerie de la culée du côté des Testes pour communiquer à la rivière et au grand chemin du Mont Genèvre. Sous la redoute des Salettes, ce passage est fermé du côté de la rivière par un fossé et un pont-levis.

L'on peut concevoir par ce mémoire, quoique imparfait, que ce n'est pas sans raison que l'on regarde avec une espèce d'admiration le Pont de communication de Briançon aux Testes. Sa grandeur, son élévation et sa construction sur des cintres en l'air, soutenus par leurs propres assemblages, dans un emplacement des plus difficiles, sont des objets qui l'exigent.

Après que la voûte en eut été fermée, ensuite de la cérémonie d'une seconde bénédiction, la joie fut générale et on célébra des fêtes qui furent terminées par un feu d'artifices à la gloire de Minerve.

II. MÉMOIRE DE M. BOURCET
RELATIF A SA CARTE MANUSCRITE DES PASSAGES DES ALPES

1º POUR SERVIR A LA CONNAISSANCE DE TOUTES LES FRONTIÈRES PAR UN DÉVELOPPEMENT GÉNÉRAL DES COLS OU PASSAGES ET DES VALLÉES QUI COMMUNIQUENT EN PIEDMONT TANT PAR LA SAVOYE QUE PAR LE DAUPHINÉ ET LA PROVENCE.

La plaine de Piedmont est séparée de la Savoye, du Dauphiné et de la Provence par des montagnes fort élevées qui n'en permettent l'entrée que par des chemins très difficiles, au travers de ces mêmes montagnes. Ces chemins s'appellent du nom général de cols ; les uns sont praticables pour des voitures et peuvent servir au transport de l'artillerie ; les autres ne le sont que pour des bêtes de charge et les plus difficiles ne sont praticables que pour les gens de pied. Mais tous sont fermés pendant près de huit mois de l'année par les neiges, en sorte que l'on ne saurait entreprendre un passage au travers les Alpes que pendant les quatre mois de juin, juillet, août et septembre ; à la vérité dans ce temps là, on communique facilement partout.

Les limites de France et de Piedmont ont été plantées sur le sommet des montagnes qui séparent ces Etats, suivant les eaux pendantes qui fournissent aux rivières dont les vallées sont arrosées.

On compte douze rivières, et par conséquent douze vallées, sur le penchant oriental des Alpes, ces rivières coulent en Piedmont, presque parallèlement les unes aux autres. Savoir : la Doria Baltea dans la vallée d'Aost, l'Orco dans la vallée de Pont, la Stura dans celle de Cantoira, la Doira dans celle de Suze, le Cluson dans celle de Pragelas, le Pralis dans la vallée de St Martin, la Pelice dans celle de Luzerne, le Pô dans la vallée de Pô ou de Crussol, la Vraita dans celle de Château-Dauphin ; la Mayre, la Grana et la Sture, dans les trois vallées de même nom, sont contiguës.

Il ne se trouve que cinq principales rivières ou torrents qui coulent dans la partie occidentale des mêmes Alpes, tant du côté de la Savoye que dans la partie de France. Savoir : l'Isère dans la vallée de Tarantaize, l'Arc dans celle de Morienne, la Durance dans la vallée des Prés sur Briançon, le Guil dant la vallée de Queïras, et l'Ubaye dans la vallée de Barcelonnette.

Des douze vallées de Piedmont, qui sont sur le penchant oriental des Alpes, les seules vallées d'Aost, de Pont, de Cantoira et de Suze, (qui comprend aussi celles d'Oulx, de Bardonèche et de Sézanne) peuvent communiquer en Savoye, et les huit autres communiquent en Dauphiné et en Provence. On va parcourir dans ce mémoire les vallées dont les débouchés sont en Savoye, en commençant par le Val d'Aost, et en finissant par celle de Suze, et on donnera par le mémoire suivant le détail des autres vallées, jusques et compris celle de Sture.

De la Val d'Aost. — Cette vallée est fermée à son extrémité du côté de Piedmont, par le château de Bard, et par Ivrée qui sont deux places fortifiées appartenant au roi de Sardaigne, et qui demandent des précautions considérables pour être assujetties. On n'y communique de la Savoye que par les cols du Grand et Petit St Bernard et par les cols Major et de Grisanche.

Le Grand St Bernard est un col assez ouvert, on peut y passer avec des bêtes de charge. Du Chablais et du Faucigny, on entre dans le pays de Vallais, et on débouche ensuite près de la cité d'Aost; mais ce passage ne doit être d'aucune considération, parce qu'en ménageant les Suisses, ils n'en permettent pas la communication.

Le Petit St Bernard est au-dessus du village de St Maurice dans la Haute Tarentaize, il est très praticable pour les chevaux et les bêtes de charge; il débouche à Morges, Sala et la Cité d'Aost; c'est celui sur lequel on doit être le plus attentif.

Le col Major est long et difficile, on ne peut se promettre de communiquer de Salanche et Chamunis (en Faucigny), à Morges, dans la vallée d'Aost, en moins de deux grande journées de marche et par des défilés considérables où l'on ne trouve aucune habitation.

Le col de Grisanche communique de la plaine de Sexte, par Ste Foy, à Derbe et à la Cité d'Aost; mais ce col n'est praticable que pour les gens de pied.

Des vallées de Pont et de Cantoira. — Ces deux vallées ne comuniquent que dans la haute Morienne; la première, de Cerizole à Bonneval, par le col de Galest, et la seconde de Cantoira à Beyrolle et Lannebourg, par le col de Gros-Caval. Ces deux cols sont très difficiles et ne permettent point l'entrée aux bêtes de charge; en sorte qu'on ne peut tirer aucun secours de ces deux vallées dans la partie de Savoye, et que parconséquent elles deviennent inutiles à la communication de Piedmont.

De la vallée de Suze, qui comprend aussi celle **d'Oulx, de Bardonèche et de Sézanne.**

La vallée de Suze est fermée par la Brunette, à huit lieues de Briançon, et par la fortification d'Exilles qui n'en est qu'à six lieues. La première de ces places n'est pas susceptible d'attaque. La seconde peut être assiégée et ne saurait faire une longue résistance, se trouvant dominée par la hauteur de St Colombans; il faut se l'assujettir avant de pouvoir rien entreprendre sur la Brunette.

Les vallées de Suze, d'Oulx et de Bardonèche communiquent en Savoye, par les cols du Grand et Petit Montcenis, par ceux de Séguret, de Tiache, de Valfreide, de Rochemole, de la Roue et de Saume.

Le Grand Montcenis est un plateau d'une assez grande étendue. On y trouve les villages de la Ramasse, de Tavernele, l'Hopital ou Chapelle des Transis, et la Croix où il y a cinq à six maisons. Sa descente du côté de la Ferrière et de la Novalèse est escarpée ; il serait impossible d'y passer avec des voitures sans les démonter pour les faire porter à dos de mulet.

Ce col fait la séparation de la dépendance de Suze avec la Morienne. Il faut six heures de marche pour arriver de Suze à Lannebourg et on y compte trois postes.

Le Petit Montcenis fait la séparation des dépendances d'Exilles et Chaumont d'avec la Morienne ; il est au-dessus de St Colomban. On y va de Chaumont en passant par la Toüille, il est praticable à pied et à cheval ; on l'appelle le chemin des Faussonniers ; il communique à Bramant en Morienne, et au Grand Montcenis. Il faut sept heures d'Exilles ou de Chaumont pour arriver à Bramant.

Les cols de Séguret, de Valfreyde et de Thiache ne sont praticables que pour les gens de pied. Ils font les séparations des communautés d'Oulx et Salbertrand d'avec la Morienne. Le premier autrement appelé Combe Dambin, est au-dessus de Savouls, et va tomber à Bramant ; le second communique de Savouls, entre Bramant et Modane ; et le troisième est au-dessus de Salbertrand et communique à Bramant. Il faut de Savouls ou de Salbertrand, par chacun de ces cols, sept heures pour arriver à Bramant.

Le col de Rochemole est au-dessus du village de même nom qui est une communauté de la vallée de Bardonèche ; il n'est praticable que pour les gens à pied ; il faut quatre heures de Rochemole à Modane.

Le col de la Roue est très praticable pour les chevaux et bêtes de charge ; on communique facilement de Bardonèche à Modane en cinq heures.

Le col de Saume est au-dessus de Notre Dame de Mont Tabor ; il se trouve un peu au-dessus du col de la Roue, du côté de Savoye ; il communique aux granges de Val Etroite, dépendante du Melezet, et dans la vallée de Bardonèche, et se longe jusqu'au Vallon de Val Meynier, à côté du col de la Muande ; il faut 5 heures depuis son commencement au-dessous du col de la Roue jusqu'à Val Etroite.

Les vallées de Cézane, d'Oulx et de Bardonèche communiquent aussi dans le Briançonnais ; la première, par les cols de Chabaud, du

Bourget, de la Coche, du Montgenèvre, des Désertes et de Chaberton ; la deuxième, par le col de l'Ours, et la troisième par les cols de la Muande, du Vallon d'Eture, de l'Echelle, la Chau, la Mulotière.

Les cols de Chabaud et du Bourget séparent la vallée de Servière, sur Briançon, de la vallée de Cézane ; le premier communique de Servière aux Tures en 4 heures, et le second de Servière à Bousson dans le même temps ; l'un et l'autre sont praticables pour toutes sortes d'équipages sans roues.

Les cols de la Coche, du Montgenèvre et de Chaberton séparent la communauté du Montgenèvre de la vallée de Cézane ; les deux premiers sont praticables pour les gens à cheval. On arrive en deux heures de Cézane au Montgenèvre, passant par ces deux cols ; et le troisième, appelé encore du nom de Vallon Charnier, parce qu'il s'y est fait un carnage entre les habitants du pays et les Piedmontois, communique en quatre heures de Fenils au Montgenèvre. Il n'est praticable que pour les gens de pied. Le col des Frères Mineurs communique du Montgenèvre à Bardonèche.

Le col des Désertes sépare la vallée de Neuvache de celle de Cézane ; il est praticable à pied et à cheval. On communique en quatre heures de Plainpinet aux Désertes.

Le col de l'Ours sépare la vallée de Neuvache de celle d'Oulx ; c'est un passage fort étroit où il ne peut passer que des gens à pied. Il faut cinq heures de Plainpinet à Oulx.

Les cols de la Muande, du Vallon et d'Eture séparent la vallée de Neuvache de Val Etroite dépendante de Bardonèche. Le premier n'est praticable que pour les gens à pied ; il faut six heures, en partant de Neuvache, pour arriver par le col aux granges de Val Etroite. Le second communique de Neuvache aux dites granges en quatre heures et est praticable pour des chevaux ; et le troisième communique de Rubion, hameau de la communauté de Neuvache, à Val Etroite en deux heures et est aussi très praticable pour les chevaux.

Les cols de l'Echelle et de la Chau séparent la vallée de Neuvache de celle de Bardonèche ; il faut, de Plainpinet à Bardonèche, passant par le Plan du Col, le Melezet et les Arnaus, par le premier trois heures, et par le deuxième trois heures 1/2.

Le col de la Mulotière sépare aussi la vallée de Neuvache de celle de Bardonèche ; il n'est praticable que pour les gens de pied, surtout

8

du côté de Bardonèche ; il communique par sa gauche à Bardonèche et par son centre à Beaular. Il faut quatre heures de Plainpinet à Bardonèche, lorsqu'on est obligé de passer par ce col.

2° Pour servir a la connaissance des frontières de Piedmont et de Dauphiné

Vallée de Pragelas. — Cette vallée est fermée, presque vis-à-vis de Suze, par la fortification de Fenestrelles, dont la situation et la disposition sur des rochers très escarpés rend son attaque très difficile. Elle n'a de communication en Dauphiné que par la vallée de Cézane, où elle débouche par le seul col de Sestrières, très praticable pour toutes sortes de voitures. Elle communique aussi aux vallées d'Oulx et de Suze par les cols de Côte-Plaine, du Blézier, du Lozon, d'Argüil, de Valoncros, du Vallon des Morts, des Valetes, de la Vieille, de Falières, de la Fenêtre où il y a deux redoutes, de l'Ourcière qui aboutit aux nouvelles fortifications de Fenestrelles, et par celui du Sablon.

De la vallée de Saint-Martin. — Cette vallée a deux branches arrosées chacune par des ruisseaux qui se joignent au village du Périer et dont le confluent dans la rivière qui arrose la vallée de Pragelas est à la Pérouze, poste susceptible d'être fortifié et qui ferme la vallée.

La branche de la droite de cette vallée communique à la vallée d'Angrogne par le col du Cavail et à la vallée de Luzerne par le col Julien.

La branche de la gauche a, à son extrémité en remontant, un poste admirable qu'on appelle la redoute des Quatre Dents, où il est aisé de se défendre avec un peu de monde. Cette branche communique à la vallée de Pragelas par les cols de Cerizier, de la Bufe, du Clapier, de la Tanne, de Cristovoul, de l'Alberjean, de Mand, du Pis, des Vergers et du Rodouret. Elle communique aussi à la vallée de Cézane par les cols de Cottelonge et du Redouret, et ces deux branches communiquent à la vallée de Queyras par le col de Saint Martin ou d'Abriès.

De la vallée de Luzerne. — La vallée de Luzerne est traversée dans sa partie la plus étroite par la redoute de Mirabouc, qui se trouve couverte par un rocher et qu'on ne peut apercevoir qu'à la portée du mousquet.

Elle communique dans la vallée du Queyras par les cols de Bouchier, d'Hurine, de Nivoul et par le col la Croix. Les trois premiers ne sont praticables que pour des gens de pied. On passe d'Abriès à Val Prévaire et on descend à Villeneuve dans la vallée de Luzerne ; il faut six heures de temps par chacun de ces cols pour arriver d'Abriès, paroisse de la vallée de Queyras, à Villeneuve.

Le col de la Croix est praticable pour des bêtes de charge, mais il serait difficile d'y passer avec de l'artillerie ; il communique de Ristolas, paroisse de la vallée de Queyras, à Mirabouc en trois heures.

De la vallée de Pô, autrement appelée **Crussol, et de celle de Chateau Dauphin**, autrement appelée **Saint Pierre**. — La vallée de Crussol n'a d'autre communication que par le col de Crussol, qui n'est praticable que pour les gens à pied dans le fort de l'été.

La vallée de Château Dauphin communique en Dauphiné par le col Vieux, par celui de l'Agnel et celui de Saint Véran, et elle communique dans la vallée de Barcelonnette par le col du Longet et par celui du Chazal.

Cette vallée n'est traversée par aucune fortification. Le village de Château Dauphin est à trois lieues au-dessous des Limites. Une vieille masure portant le nom de Château Dauphin est située au confluent de deux ruisseaux qui forment la rivière de Vraita ; mais elle n'est pas susceptible de bonne fortification contre les troupes qui voudraient déboucher en Piedmont et elle serait mieux disposée pour défendre l'entrée de France.

Le col Vieux communique, en 4 heures, de Ristolas à la Chenal et n'est praticable que pour les gens de pied.

Le col l'Agnel communique du Château de Queyras, en passant par Ville Vieille et le Serre de Molines, à la Chenal, en quatre heures. Il peut se rendre praticable pour toutes sortes d'équipages ; il n'y a que deux endroits dans la descente du côté de la Chenal qui soient un peu difficiles.

Le col de St Vérant, qu'il ne faut pas confondre avec le précédent, est plus difficile ; il communique aussi de Ville Vieille à la Chenal, en 7 heures. On passe par la paroisse de St Véran.

Le col du Longet, sépare la vallée de Château-Dauphin de celle de Barcelonnette ; il est praticable pour les chevaux. On communique de Morin à la Chenal en 5 heures 1/2.

Le col du Chazal communique de Morin à Château Dauphin par

Chazal, vallée de Bellins, en 7 heures, mais il est difficile et ne peut servir que pour les gens à pied ; on l'appelle aussi col de l'Autaret.

Des vallées de Mayre et de Grana. — La vallée de Mayre qui communique à celle de Barcelonnette par les cols Marie, de la Portillole, et par ceux des Monges et de Sautron, n'est traversée par aucune place fortifiée ; mais elle est remplie de défilés très difficiles et que peu de troupes peuvent défendre.

Le col Marie est praticable pour les chevaux et bêtes de charge. On communique en 4 heures de Maurin à la Clapière, qui est son village le plus haut, en passant par les Granges de Ruisson.

Le col de la Portillole ou Portète, fait la séparation comme le précédent, de la vallée de Barcelonnette d'avec celle de Mayre ; il n'est praticable que pour les gens à pied. Il faut, de Fouillouse, hameau de Barcelonnette, 4 heures 1/2 pour arriver à la Clapière.

Les cols de Monges et de Sautron sont praticables à pied et à cheval. Il faut de L'Arche, dernier village de France, pour arriver à la Clapière, par l'un de ces cols, 4 heures 1/2.

La vallée de Grana ne doit être d'aucune considération, parce qu'il faudrait, premièrement, entrer dans la vallée de Mayre ou dans celle d'Esture pour y communiquer, et que la communication qu'elle peut avoir avec ces deux vallées est très difficile.

De la vallée d'Esture. — La vallée d'Esture est traversée, à deux lieues et demie des limites de France, par le rocher des Barricades, fort escarpé dans son pourtour et qui resserre si extraordinairement la vallée, qu'il ne reste que le lit de la rivière d'environ quinze toises de largeur pour servir à la communication.

Elle est traversée aussi, à cinq lieues plus bas, par la fortification de Démont, située sur une butte isolée dont on a fait sauter une partie de l'enceinte en *1744*, et qui demanderait des préparatifs proportionnés aux réparations que le Roy de Sardaigne y a fait faire, si on voulait l'assujettir.

Cette vallée communique dans celle de Barcelonnette par le col de L'Argentière, très praticable pour toutes sortes de voitures. C'est le débouché de toute la frontière où les communications sont les meilleures.

Le col de L'Argentière est une continuité de prairies où l'on peut marcher sur un front considérable ; il communique de L'Arche, dernier village de France, à L'Argentière, premier village de Piedmont, en 3 heures.

Observations Générales

De toutes les vallées dont il est parlé dans ce mémoire, celles d'Aost, de Suze, de Pragelas, de Luzerne et d'Esture sont les seules qui soient traversées par quelques fortifications et il n'y a que la vallée d'Aost et celle d'Esture qui aient des places à leur débouché dans la plaine. Savoir : Ivrée, au bas de la Val d'Aost, et Cony, au bas de celle d'Esture.

La plus grande facilité de ces communications, par rapport à l'ouverture des vallées, à obligé le Roy de Sardaigne de prendre de plus ou moins grandes précautions pour les défendre. Dans la Val d'Aost, outre la fortification du château de Bard, il a celle d'Ivrée ; dans celle de Suze, il a Exilles et la Brunette ; dans celle de Pragelas, Fenestrelle, qui est une fortification du premier ordre, par rapport à sa situation et aux difficultés d'en approcher ; et dans celle d'Esture, les Barricades, Démont et Cony. D'où il est aisé de conclure que ce sont les parties où il craint davantage et sur lesquelles ses ennemis doivent former leurs projets. Il en est à peu près de même dans les fortifications particulières d'une place ; le côté qui est le plus couvert d'ouvrages avancés dénote souvent le faible de la partie ; mais comme il peut arriver qu'avec les ouvrages avancés qu'on ajoute à la partie faible on la rend autant et même plus forte que les autres parties, de même le Roy de Sardaigne peut se flatter d'avoir mis des obstacles tout au moins équivalents dans les vallées dont l'accès est le plus facile, si on en excepte la vallée de Château Dauphin où cette puissance paraît ne pas avoir pris assez de précautions, fondée sans doute sur la difficulté des établissements à faire dans les vallées de France qui y débouchent ; difficultés néanmoins qui ne sont pas insurmontables, et les ressources qu'on trouverait sur les derrières de la vallée de Queyras remédieraient à tout. Cette vallée est un centre de plusieurs débouchés, dont on est également à portée, lorsqu'on veut tenter le passage des Alpes pour pénétrer dans la plaine de Piedmont.

3° Sur les Parties de la Plaine de Piedmont, relatives aux différents débouchés par où on peut y pénétrer

Des douze principales vallées qui communiquent dans la plaine de

Val de Suze

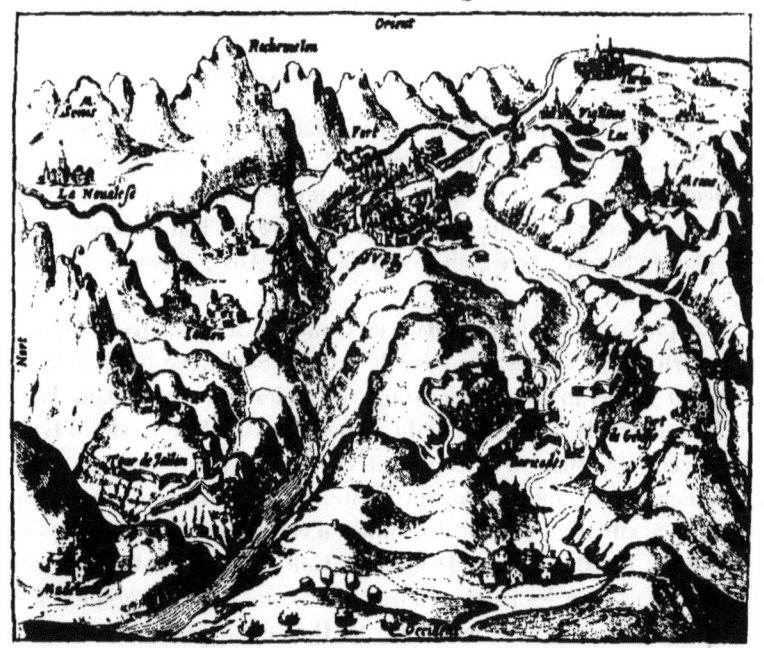

Val de Vraitte

Val de Pragellase

Val de Stune

Piedmont, soit par les frontières de la Savoye, soit par celles du Dauphiné et de Provence, il n'y en a que quatre sur lesquelles on puisse former un projet de passage avec quelque espérance de succès. Savoir :

La vallée D'Aost, celles de Suze, de Château Dauphin et d'Esture ; les autres étant trop serrées et ayant des communications trop difficiles par des cols qui donnent à peine aux gens de pied, la facilité d'y marcher.

On a vu par les mémoires précédents les obstacles qui se rencontrent dans chacunes des quatre vallées ci-dessus par rapport aux places qui les traversent, et les avantages qu'elles ont les unes sur les autres, pour se déterminer dans le choix que l'on peut faire de l'une d'elles par préférence aux autres. On trouvera dans la suite de celui-ci, la situation où se trouverait l'armée, après avoir traversé les Alpes, en supposant qu'elle entreprenne par l'une desdites quatre vallées.

On ne peut avoir que trois objets ;

1° Celui de s'étendre dans la plaine de Piedmont et de s'y soutenir en y établissant ses communications avec la Savoye, le Dauphiné et la Provence.

2° Celui de traverser ladite plaine et de s'y porter dans les Etats de Gênes pour pouvoir secourir les Génois.

3° Celui d'entrer dans le Milanais par le Piedmont et y étendre ses conquêtes.

Le premier de ces projets peut s'exécuter par chacune desdites vallées.

Le second se réduit aux vallées de Château Dauphin et d'Esture, et le troisième à la seule Val d'Aost, ainsi qu'on en pourra juger par le détail ci-après.

Dans le premier objet. — Ou l'armée voudra se conserver la Savoye, ou l'abandonner.

Si l'on suppose que l'armée veuille entrer en Piedmont et se soutenir dans la plaine pour y agir offensivement en se conservant la Savoye, elle ne peut pas s'écarter des vallées d'Aost et de Suze.

Par la première, elle sera obligée de s'assujettir le Château de Bard et Ivrée. Par la seconde, il faudra assiéger Exilles et bloquer la Brunette. Le Val d'Aost la fait arriver dans un bassin fermé au nord par la rivière de Sésia, au levant par le Pô, au midi par la Doria

Baltea, et au couchant par les montagnes qu'elle vient de traverser. Ce bassin est rempli de petits coteaux et de bruyères, et fournirait peu de subsistances ; d'ailleurs, il n'y a point de ressources pour y faire construire des ponts, et, à moins que l'armée n'en eût à sa suite, il lui serait très difficile de sortir de cette presqu'île par rapport aux rivières qu'elle aurait à passer et que les ennemis pourraient facilement défendre.

La vallée de Suze conduirait l'armée à Rivoly, poste à l'entrée de la plaine où le Roy de Sardaigne a une maison de plaisance et qui est susceptible de bonne défense, pour peu qu'on veuille le retrancher.

De ce poste, l'armée pourra également se jeter ou sur la droite, entre Pignerol et Rivoly, ou sur sa gauche, du côté de la Venerie, où le Roy de Sardaigne a encore un palais, et donner de la jalousie à Turin, dont elle ne serait éloignée au poste de Rivoly que de six milles, qui font trois lieues ordinaires.

Elle ne trouvera pas de difficultés aussi grandes dans cette position que dans la précédente et elle pourra tirer des contributions considérables, soit en subsistances, soit en argent ; mais elle ne peut pas s'éloigner de cette position, à moins qu'elle ne soit beaucoup supérieure à l'armée que le Roy de Sardaigne pourra avoir dans la plaine.

Au moyen du corps de troupes qui bloquera la Brunette, on pourra tirer aussi des subsistances de ses derrières ; mais il faut absolument faire occuper le col de la Fenêtre et longer quelques postes sur les plateaux d'Argueüil et de Côté Plane qui sont au sommet de la chaine des montagnes qui séparent les vallées de Suze et d'Oulx de celle de Pragelas ; sans quoi les troupes qui seraient dans cette dernière vallée pourraient inquiéter les convois.

Si, au contraire, l'armée ne voulait pas s'assujettir à garder la Savoye, elle peut entrer par la vallée de Château Dauphin ou par celle d'Esture. La première présente moins de difficultés, parce qu'elle n'est traversée d'aucune place fortifiée ni dans sa longueur ni dans son débouché dans la plaine, mais il serait difficile d'y assurer ses communications, à moins d'y établir plusieurs corps de troupes dans des postes qu'on serait obligé de retrancher pour en imposer aux habitants des vallées de Mayre et de Pô.

Celle d'Esture obligerait à l'expédition des Barricades et aux sièges de Démont et de Cony, qui exigent un gros équipage d'artillerie et des munitions à proportion. Le col de L'Argentière est une très bonne communication ; on y peut passer avec toutes sortes d'équipages.

Par l'une et l'autre de ces deux vallées, on entre dans le meilleur canton de la plaine, il abonde en fourrages et en grains, est rempli de quantité de gros bourgs et villages très riches. Cette partie de la plaine de Piedmont est la plus coupée de ruisseaux, et de Naville on peut s'étendre sur la gauche dans tout le marquisat de Saluces, dans la vallée de Luzerne, la province de Pignerol et arriver jusqu'aux portes de Turin sans rencontrer aucune place fortifiée, et on pourrait prendre la redoute de Mirabeau, la fortification de Fenestrelles et celle de la Brunette par leur derrière.

Par la droite, on est sur le comté de Tende et il ne serait pas difficile d'y établir des communications pour tirer des secours de la Provence en assujettissant Saorgio; par le centre, on peut marcher entre le Tanaro et la rivière d'Esture pour aller faire l'expédition de Charases, qui est au confluent de ces deux rivières, d'où l'on peut également arriver dans le Milanais en descendant le Tanaro, ou entrer dans les états de Gênes en marchant sur la droite.

Cette dernière marche a absolument rapport au second objet, qui serait d'aller joindre les Génois.

On pourrait même, dans ce dernier cas, en évitant la fortification de Cherasco, se porter sur Ceva et s'établir une communication aux états de Gênes avec facilité, en marchant par Millesimo, Carcaré et Altaré. A l'égard du troisième objet, qui serait d'entrer dans le Milanais par le Piedmont, il sera aisé de s'apercevoir qu'il n'y a que le débouché de la Val d'Aost qui puisse en fournir le moyen, si on considère que, par ceux des autres vallées, il faudrait traverser la plus grande partie de la plaine et passer sur le corps de Turin et de Chivas pour arriver sur les frontières proposées, indépendamment de la difficulté et de l'embarras qu'on aurait presque à chaque pas pour le passage des rivières qui se rencontrent dans l'intervalle, et que ce débouché exige la conquête du château de Bard, d'Ivrée et de Chivas.

On conclut donc : 1° Que pour l'opération qui concerne le premier projet, il faut nécessairement se restreindre à la vallée de Suze, en faisant le siège d'Exilles et bloquant la Brunette pour se conserver des communications sur les derrières, ou, à la vallée d'Esture, en faisant les sièges de Démont et de Cony, et que ce dernier débouché a un avantage sur le premier par la facilité des approches et la plus grande abondance des subsistances.

2° Que pour l'opération relative au deuxième projet il n'y a que la vallée du Château Dauphin qui puisse l'accélérer, parce qu'elle est dégagée de toute place fortifiée (ne regardant point le Château Dauphin comme un poste qui puisse disputer le passage) et que, d'ailleurs, on peut arriver dans les Etats de Gênes sans faire aucune expédition et n'ayant que de très petites rivières à passer.

Enfin, 3° que le projet d'entrer dans le Milanais par le Piedmont ne peut s'exécuter que par le débouché de la Val d'Aost, à moins qu'on ne veuille entreprendre ensemble le premier et le troisième objet.

Si on entreprend par les vallées d'Esture et de Château Dauphin, on tirera les subsistances des vallées de Queyras, de Barcelonnette, de l'Embrunois et du Gapençois.

Si c'est par celle de Suze, on peut les tirer de la Savoye, de tout le Briançonnois, Embrunois et Gapençois.

Et si l'on est forcé d'entreprendre par la Val d'Aost, on peut le tirer des vallées de Morienne et de Tarentaise, du Faucigny, du Chablais et du Vallais; mais il faudra, dans tous les cas, avoir encore des entrepôts de grains considérables sur les derrières, comme à Grenoble, qu'on sera toujours en état de verser dans celle des trois positions qu'on aura choisie.

III. — MÉMOIRE SUR LES COMMUNICATIONS DE LA GRANDE ET DE LA PETITE ROUTE DEPUIS LA MURE ET CORPS, AVEC LE BOURG D'OISANS.

(Attribué à P. de Bourcet.)

On communique de Grenoble à Briançon par deux routes différentes. Il faut observer que ces deux routes se trouvent réunies jusqu'à Vizille, bourg situé à une demi-lieue au-dessus du confluent de la Romanche dans le Drac, à la distance d'environ deux lieues de Grenoble. Il y a à Vizille un pont sur la Romanche, et c'est à ce pont que les deux routes se séparent. En suivant la première, que l'on nomme la Grande Route, on passe la Romanche, que l'on laisse à sa gauche, et l'on s'en éloigne pour suivre le cours du Drac, passant par La Mure, Corps, et continuant de suivre le Drac jusques à Saint-Bonet et Brutinet, où l'on passe cette rivière, laissant à sa gauche la montagne des Ourcières, pour aller à Gap. D'où ensuite on continue de laisser à sa gauche la même montagne pour aller par Chorges et Sauvines, à Embrun et Moutdauphin, où l'on trouve la Durance que l'on remonte jusqu'à Briançon.

En prenant la seconde route, que l'on nomme la Petite Route, on suit exactement le lit de la rivière de Romanche, dans une vallée profonde et qui n'a presque point de largeur jusques à environ trois quarts de lieue du Bourg d'Oisans, situé sur la même rivière. A ce point, les montagnes qui forment la vallée de Romanche s'éloignent réciproquement et décrivent un cercle dont la Romanche est le diamètre ; les deux portions de ce cercle sont marécageuses. Le Bourg d'Oisans est situé au pied des montagnes qui bordent la rive gauche de la Romanche. Le marais dont je parle est séparé en deux parties à peu près égales par une ligne supposée tirée du Bourg d'Oisans, au pied des montagnes qui se trouvent vis-à-vis et qui partagent le diamètre décrit par la rivière, par la juste moitié. De sorte que la Petite Route traverse le marais d'Oisans jusques au pied du mont de Lans, où se trouve le confluent du Vénéon dans la Romanche. Là, on passe ladite rivière, et, laissant à droite le Vénéon, on gravit le Mont de Lans, ayant toujours à la gauche la Romanche que l'on continue de suivre jusques à l'Hôpital de Loche et à la Grave, d'où l'on traverse le col du Lautaret, après avoir laissé à sa droite Vilars d'Arène, pour ensuite descendre le torrent de la Guisane pendant l'espace d'environ trois lieues jusques à Briançon. En général on peut dire que les deux Routes de Grenoble à Briançon décrivent un triangle dont Vizille est la sommité : on pourrait regarder comme la base de ce triangle une chaîne de montagnes qui sont continues depuis Gap jusques au Lautaret ; les côtés de ce triangle sont inégaux. La Grande-Route décrit le plus long de ces côtés et environ les deux tiers de la base. La Petite Route décrit le plus petit côté et environ un tiers de la base. Supposons à présent une ligne qui partagera ce triangle en aboutissant à Corps et au Bourg d'Oisans, et faisons abstraction de toute cette partie de pays située entre cette ligne et la véritable base du triangle pour ne considérer que le nouveau triangle dont notre ligne supposée est devenue la base, je dis que l'intérieur de ce triangle est rempli par deux groupes de montagnes séparés entre eux par les torrents de la Marsanne et de la Bonne, depuis le col d'Ornon jusques au Pont Haut, où est l'embouchure de la Bonne dans le Drac. Je ne connais pas le groupe qui est entre la Romanche et la Marsane et ensuite la Bonne, je le crois impraticable dans presque toute son étendue, à la réserve de quelques parties qui regardent le Val Bonnais, où j'ai vu plusieurs sentiers par lesquels les habitants du pays conduisent des bestiaux à des pâturages qui se trouvent vers les sommités plus élevées.

À l'égard du groupe qui est entre la Grande Route et la Bonne, il est praticable presque partout depuis le Pont Haut, au-dessus de la Mure, jusques à une ligne supposée à peu près la plus droite que l'on puisse tirer d'Entraigues, qui est le confluent de la Bonne et de la Marsanne, jusques à Corps. L'épaisseur de ce groupe, depuis Pont Haut jusques à la ligne supposée, est d'environ trois lieues dans la plus grande largeur, c'est-à-dire dans la ligne supposée dont je parle. Cette largeur diminue à mesure qu'on approche de la Mure.

Un corps de troupes étant supposé établi sur la Grande Route de Grenoble à Briançon, depuis le Pont Haut jusques à Corps, avec la volonté de traverser ce groupe de montagnes dont nous parlons, pour exécuter ce projet avec facilité et sur plusieurs colonnes, par exemple, il pourra être séparé en trois divisions : celle de la droite suivra le chemin de Saint Luce où elle aboutira, passant par le ruisseau de Corps, sur le chemin de la Mure qu'elle suivra, passera encore le ruisseau qui descend de Vialat et ensuite remontera celui de Saint Luce, le laissant à la gauche jusques au lieu même de Saint Luce. Ensuite, laissant à sa gauche le chemin qui va de Saint Luce à Saint Michel, et les deux villages de Saint Michel, elle tiendra le chemin par lequel les habitants de Saint Luce vont se pourvoir de bois de chauffage sur le revers de la montagne qui regarde la Bonne, dans ce qu'on appelle le val Geofré ; elle trouvera des sentiers dans ce bois qui sont à l'usage de la communauté d'Entraigues, par lesquels elle descendra à la rivière de Bonne et ainsi se trouvera dans la vallée qu'on nomme le Vaubonnais. Cette division ne doit être suivie d'aucun équipage et doit avoir soin de se faire précéder par ses travailleurs. Elle aura environ six heures de marche, plus ou moins, selon le nombre de troupes dont elle sera composée et la saison et le temps par lequel elle marchera ; elle parcourra une distance d'environ 4 lieues.

La division du centre partant de Guert, suivant d'abord le ruisseau de Baumont, passera ensuite celui qui vient de Saint Michel, et, laissant le village de Saint Luce, aboutira à celui des villages de Saint Michel où est la paroisse ; ensuite, laissant l'autre village de Saint Michel à sa droite, ira aboutir au col de Chenelète où elle trouvera, sur les revers de la montagne qui regarde la Bonne, la descente de la Chenelète qui la conduira au village des Angelas où elle se trouvera dans le Vaubonnais. Cette division peut être suivie par des mulets, elle a moins de précautions à prendre pour accommoder les chemins que celle de la droite. La descente de la Chenelète est fort longue et fort rapide, mais, quoiqu'elle ait beaucoup de pierres et de rocs, elle peut être accommodée. Cette division parcourra à peu près le même espace que la division de la droite et y pourra employer un peu moins de temps.

La division de la gauche, partant des hauteurs qui sont sur le Pont Haut, descendra à ce pont ; ensuite, tournant la montagne, entrera dans la gorge et suivra le cours de la Bonne jusques à Vaubonnais. Cette division pourra aussi être suivie par des mulets ; elle aura à peu près la même distance à parcourir que celle de la droite et environ le même temps à y employer.

Selon cette supposition, le corps de troupes que nous avons considéré établi sur la Grande Route de Grenoble à Briançon, depuis Pont Haut jusques à Corps, aura traversé le mandement de Baumont et passé la rivière de Bonne en une journée ; il trouvera dans le Vaubonnais des établissements commodes pour camper, pour établir les quartiers généraux, ses vivres, hôpitaux, etc. Il trouvera abondamment de l'eau, du bois, et le pays lui pourra fournir de la paille.

Supposons à présent que le dessein de ce corps de troupes soit d'aller joindre le chemin connu sous le nom de Petite Route de Grenoble à Briançon, il ne pourra y arriver sur aucun autre point que le Bourg d'Oisans. Il en sera séparé par une distance d'environ trois lieues ; il ne pourra marcher que sur une colonne qui suivra, en le remontant, le cours du torrent de la Marzane au col d'Ornon, ayant à sa droite et à sa gauche des montagnes d'une grande élévation avec des escarpements affreux. Celles de la droite occupent l'intervalle entre le torrent de Marzane et la source de la Bonne ; celles de la gauche occupent celui qui se trouve entre la Marzane et la Romanche. Ces montagnes étant impraticables, le corps de troupes dont nous parlons n'aura aucune précaution à prendre pour la sûreté de ses flancs ; mais, la sûreté de la marche en exigera pour sa tête, par les considérations que je vais expliquer.

Le chemin que ce corps devra faire remonte, pendant environ une lieue et demie, le torrent de la Marzane, depuis son embouchure dans la Bonne, au village d'Entraigues, passant par celui du Perrier, jusques à sa source sur le col d'Ornon, au village Chante Louve. A mesure que l'on approche du col d'Ornon, la vallée s'élargit, et le col d'Ornon est en amphithéâtre d'une médiocre largeur, en sorte qu'il peut être occupé par un petit nombre de troupes qui dominent et découvrent toute la vallée à plus d'une demi lieue en descendant la Marzane. La position d'un corps de troupes ennemi sur le col d'Ornon ne pouvant être tournée, ni par la droite, ni par la gauche, ayant d'ailleurs le moyen de rendre son front presque inaccessible, arrêterait infailliblement le corps qui viendrait du Vaubonnais et ferait échouer son projet de se porter à Bourg d'Oisans. Il me semble donc que pour peu qu'il y ait d'ennemis en campagne sur la frontière de Savoye, la marche du corps supposé venant du Vaubonnais doit être fort circonspecte et se séparera encore en trois divisions : la première, passant à Entraigues, marchera en droiture au col d'Ornon où elle se formera faisant face au défilé de Chante Louve, qui est le chemin de Bourg d'Oisans.

Il est à remarquer que, du col d'Ornon, il part un torrent qui forme une petite vallée où est le chemin du Bourg d'Oisans et va se jeter dans la Romanche à un quart de lieue de ce bourg. Cette vallée est plus étroite que celle de la Marzane ; le chemin en est beaucoup plus rapide et plus difficile. La position du col d'Ornon fait le même effet sur cette vallée que sur celle de Marzane. Je dis donc que notre première division s'arrêtera et se formera sur le col d'Ornon pendant que son avant-garde marchera légèrement jusques à Bourg d'Oisans, où elle s'établira et se fortifiera. Et alors, le reste de la division, resté sur le col d'Ornon pour recevoir cette avant-garde en cas qu'elle eût tourné l'ennemi et eût été repoussée, le reste, dis-je, de la division descendra à son tour du col d'Ornon et s'engagera dans le défilé pour arriver dans le bassin de Bourg d'Oisans ; elle sera suivie par la seconde et la troisième.

Le corps rassemblé dans le bassin du Bourg d'Oisans y trouvera des emplacements pour camper, de l'eau, du bois, de la paille, un établissement commode pour son quartier général dans le Bourg d'Oisans, et différents autres secours qu'il pourra tirer des communautés qui forment le mandement d'Oisans, où il y a beaucoup d'hommes et de mulets. Le corps communiquera avec Grenoble et Briançon par la Petite Route, et avec le reste du Dauphiné par le chemin qu'il aura tenu. Les principales attentions pour sa sûreté doivent se tourner vers le Mont de Lans, qu'il doit occuper par un détachement et en faire un bon poste, tant pour protéger sa communication avec Briançon que parce que le pont du Frênay, qui se trouve précisément soumis au village du Mont de Lans, est le seul point où l'ennemi venant de Savoye puisse se proposer de passer la Romanche. Ses attentions doivent encore s'étendre sur toute la partie du pays situé à la rive droite de la Romanche, depuis le village de Frênay jusques à l'entrée du Pas de la Coche ; parce que les montagnes qui séparent la vallée de Morienne de la Romanche sont praticables dans toute cette étendue. Il faut observer que les sommités de la plupart de ces montagnes deviennent des pâturages à l'absence de la neige, et que, tant les communautés françaises que les autres Savoyardes, non seulement y mènent paître leurs bestiaux, mais encore y vont faucher le foin qu'elles rapportent dans leur village sur des mulets. Lorsque je recommande ces attentions au corps supposé établi dans le Bourg d'Oisans, ce n'est pas dans la crainte que l'ennemi puisse se porter sur lui en force pour le combattre ; ce projet serait comme impossible à exécuter, parce qu'une fois le bassin du Bourg d'Oisans occupé l'ennemi, quand il serait arrivé à l'entrée du bassin, ne saurait y déboucher et s'étendre, moins encore passer la Romanche, devant le corps supposé campé à la rive gauche de cette rivière. Mais il peut incommoder ce corps en troublant ses communications par la Petite Route, dans la partie supérieure sur le chemin de Briançon, et, dans la partie inférieure, sur celui de Grenoble. Il peut aussi lui fermer le Pas de la Coche, communication importante à conserver avec la vallée d'Isère où il peut être appelé par les circonstances de la guerre. Enfin, il pourrait venir établir des postes trop près de lui, qui le gêneraient pour des opérations en avant, et surtout lorsqu'il voudrait marcher sur les frontières de Savoye. Cette dernière supposition ayant lieu et ce corps voulant en effet marcher en avant et se porter dans la vallée de Morienne, voici la manière dont il peut exécuter cette opération.

Communications du Bourg d'Oisans avec la vallée de Moriene, passant par Besse et Saint Sorlin d'Arve ou Saint Jean d'Arve.

Le corps de troupes supposé dans le bassin du Bourg d'Oisans avec la volonté de passer les limites de Dauphiné et de Savoye pour entrer dans la vallée de Moriene ne saurait prendre d'autre chemin que la Petite Route de Grenoble à Briançon. En la suivant, il passera la Romanche au Pont de Bourg d'Oisans. en supposant qu'il était campé à la rive gauche de cette rivière ; de là il marchera à la rive gauche l'espace d'une demi lieue jusques au confluent du torrent de Vénéon qui se jette dans la Romanche à sa rive gauche. Il suivra cette rivière qu'il passera sur le pont de Saint Guillerme ; là il sortira du bassin d'Oisans et gravira le Mont de Lans, pour arriver au village du Mont de Lans situé à la distance de deux lieues du Bourg d'Oisans. Du village du Mont de Lans, il descendra à celui du Frènay, où il retrouvera la Romanche, dont il se sera éloigné, la laissant à sa gauche, pour gravir le Mont de Lans. Il aura quitté au Mont de Lans la Petite Route de Briançon qu'il laissera à sa droite ; la descente du village de Mont de Lans au Frènay est d'environ une demi lieue. Là, il passera la Romanche sur le pont du Frènay ; ensuite, laissant à environ un quart de lieue sur sa droite l'embouchure du torrent de Ferrant, qui vient du village de Besse, dans la Romanche, il montera la montagne du Frènay en la tournant par la droite et passant au Fonteil, où est une petite chapelle distante d'une demi lieue du village du Frènay ; de cette chapelle, il suivra le chemin de Clavans, petit village à une demi lieue de Besse, laissant toujours à sa droite le torrent de Ferrant. A une portée de carabine du village de Clavans, il en quittera le chemin pour venir passer le torrent de Ferrant sur le pont de Clavans, qui est à environ une demi lieue de la chapelle dont nous venons de parler. A cent pas de ce premier pont, il trouvera le pont de Besse sur lequel il passera le ruisseau de Carlet qui vient du village de Besse, et, laissant le torrent de Ferrant à sa gauche et celui de Carlet à sa droite il gravira la montagne et arrivera à Besse qui est à la distance d'une demi lieue des deux ponts. Ce corps, arrivé au village de Besse, aura parcouru une distance de quatre lieues ; il ne trouvera aucun emplacement commode pour camper et sera obligé de le faire en colonne sur les rampes de la

9

montagne de Besse, au-dessous et au-dessus du village. Il trouvera quelques bois auprès du village de Clavans et aura de l'eau abondamment par les torrents de Ferrant et de Carlet, mais il ne saurait trouver d'autres secours pour son établissement.

La marche que je viens de décrire sera celle de la principale colonne du corps supposé ; car, s'il convenait à la sûreté et à la célérité de son mouvement qu'il fut séparé, il pourrait l'être en trois divisions. Nous venons d'avoir la marche de celle du centre, je vais maintenant décrire celle de la division de la droite et celle de la gauche [1].

Les troupes que nous avons supposées établies sur le Mont de Lans, et postées au village du Mont de Lans, que je suppose les plus légères du corps dont il s'agit, descendront du Mont de Lans en suivant la Petite Route jusques au village du Chambon, à environ une demi lieue du village du Mont de Lans. Du Chambon, elles suivront la même route environ un quart de lieue, jusques à l'hôpital de Loche, dans ce qu'on appelle la Combe de Maleval. De l'Hôpital de Loche, ensuite, continuant de suivre la Petite Route, pour aller au village de la Grave, elles passeront la Romanche au pont des Balmes, réparé depuis l'irruption de *133.*, à un quart de lieue de l'Hôpital de Loche ; elles marcheront encore un quart de lieue dans la Petite Route jusques au pont nommé le Pont Long, où elles repasseront la Romanche. Elles continueront ensuite de marcher dans la Petite Route jusques au village des Fréaux, à une demi lieue du Pont Long. A ce village des Fréaux, elles quitteront la Petite Route et la Romanche, et, remontant le torrent du Chaselet, qu'elles laisseront à leur gauche, l'ayant passé peu avant le village de Fréaux, passeront à Notre Dame de Bon Repos pour se rendre au Chaselet, à une demi lieue du village des Fréaux. Du Chaselet, elles iront au village de Hiéres, passant par celui de Terrasse et celui de Vent au

---

[1] Je crois convenable, dans la supposition que l'ennemi serait en quelque disposition de défense sur la frontière lors du mouvement du corps supposé pour entrer dans la Morienne, qu'en même temps que ce corps passera les limites toutes les troupes qui pourront sortir de Briançon et les paysans armés des vallées voisines viennent occuper sur le Lautaret et le Galibier la tête des vallons de Monestier et de Nevache en poussant et chassant devant elle les parties que l'ennemi pourrait y avoir et qui pourraient venir incommoder la marche du corps supposé. *(Note de Charles-Claude Andrault, dit le Comte de Langeron, titré Marquis de Langeron, Maréchal de Camp (Lieutenant Général en 1762), Gouverneur de Briançon.)*

Long, en remontant trois quarts de lieue vers la montagne de Paris qui communique par la gauche à celle de Besse. Cette division se trouvera pour lors à hauteur de celle du centre, à la droite de laquelle elle se trouvera à la distance d'environ trois quarts de lieue ; elle aura parcouru une distance d'environ trois lieues ; aura un peu en arrière de sa droite le Galibier et les communications de cette montagne avec la Morienne par la Valoire ; elle ne trouvera d'autres ressources pour son établissement que de l'eau et du bois.

La partie des troupes qui formera la division de la gauche [1] et qui ne peut être suivie d'aucun équipage partant du Bourg d'Oisans, se rendra au village de la Garde passant par les moulins de Sarêne et aura fait trois quarts de lieue pour arriver au village de la Garde. Elle ira au village d'Hües, à un quart de lieue de la Garde en continuant de remonter le torrent de Sarêne qui y prend sa source. Ensuite, elle suivra le chemin par lequel les habitants d'Hües mènent leurs bestiaux paître sur la montagne de Brangues, jusques à un lac qui a environ un quart de lieue de circonférence, sur le bord duquel on voit encore les ruines d'un ancien château des Dauphins ; ce lac est à une demi lieue du village d'Hües. Elle pourra encore s'avancer jusques à la montagne d'Ole appartenant à la communauté d'Alemon, sur laquelle la communauté Savoyarde de Saint Sorlin d'Arve afferme de madame de Gorges, le droit de dépaissance pour les bestiaux et la faculté de couper du bois pour son usage. Cette division aura parcouru une distance d'un peu moins de trois lieues ; elle ne trouvera d'autre ressource pour son établissement que de l'eau et du bois ; elle se trouvera à hauteur de celle du centre, qu'elle aura à une demi lieue environ sur sa droite ; elle aura en arrière de sa gauche, ou pour mieux dire derrière elle, le Pas de la Coche.

Le second mouvement du corps supposé pourra se faire encore dans le même ordre. La principale colonne, qui sera celle du centre, partant de Besse, montera au village de Bonnefin, à un quart de lieue de Besse ; du village de Bonnefin elle ira passer le Colet, à un quart de lieue plus haut. Ensuite elle descendra insensiblement

---

[1] Cette division ira de Bourg d'Oisans, passant la Romanche et marchant à sa rive droite, droit à la paroisse d'Ole qui est vis-à-vis d'Alemon. (*Note du Comte de Langeron*).

environ une demi lieue dans la montagne de Laval, qui est une dépaissance de bestiaux, appartenant à la communauté de Besse. Au bas de cette descente, elle passera le torrent de Ferrant, qu'elle aura laissé jusque là à sa gauche ; ensuite elle montera pendant environ une lieue pour arriver au col des Perties, par un chemin tortueux et fort difficile, mais susceptible d'être accommodé. Le col des Perties est la limite des deux Etats ; à ce col des Perties, elle trouvera les eaux pendantes sur la Savoye, elle laissera à sa gauche un torrent qui va à St Choslin d'Arve, et un peu sur sa droite les cabanes des Trente Combes ; et, descendant la montagne des Prés Nouveaux [1], à mi côte arrivera au village des Prés Plans, à près de trois quarts de lieue de distance du col des Perties.

Un peu avant d'arriver au village des Prés Plans, elle aura passé les différents égouts des montagnes limitrophes, qui, se réunissant sous le village des Prés Plans, commencent à prendre le nom d'Arvan des Prés Plans. Laissant le torrent d'Arvan à sa droite, elle ira au village de Saint Choslin d'Arve. Depuis le village des Prés Plans, jusques à Saint Jean d'Arve par St Choslin d'Arve, le torrent coule dans un vallon bien cultivé où cette division pourra trouver des établissements commodes pour camper et la plupart des secours ordinaires ; elle aura parcouru une distance d'environ quatre lieues.

La division de la droite, partant du village des Hières, ira passer le Linfernet, montagne de dépaissance de la communauté de la Grave et de quelques communautés Savoyardes, et aura parcouru environ une lieue de distance d'Hières. Ensuite elle descendra au Gauléon, qui est une gorge fort étroite, et aura fait une lieue depuis Linfernet. Du Gauléon, elle ira à Entraigues, premier village de Savoye dépendant de la communauté de Saint Jean d'Arve et distant du Gauléon d'environ une lieue. Cette division aura parcouru une distance de trois lieues. Elle trouvera à Entraigues de l'eau, du bois et de la paille ; elle se trouvera à environ une lieue de la division du centre sur le bord du torrent d'Arvan, lequel, tournant la montagne de St Jean d'Arve, passant à Entraigues et à Montrond de Morienne, va se jeter dans l'Arc à un quart de lieue de St Jean de Morienne.

---

[1] La montagne des Prés Nouveaux, fort grasse et fort fertile, par conséquent humide et souvent marécageuse. *(Note de M. de Langeron.)*

La division de la gauche, partant de la montagne d'Ole, laissera à sa droite les chemins pratiqués par les habitants de la communauté de St Choslin, lorsqu'ils viennent conduire leurs bestiaux sur cette montagne et suivra ceux qui sont à l'usage de la communauté de Vilars-sur-Quine première communauté de Savoye. Si l'on veut que cette division se tienne toujours à hauteur de celles du centre et de la droite, elle s'arrêtera sur la hauteur de Vilars-sur-Quine et n'aura qu'une lieue à faire. Là elle aura à sa droite la division du centre à une distance de trois quarts de lieue ; elle tirera des secours pour son établissement de plusieurs villages situés sur le revers de la montagne de Vilars-sur-Quine qui regardent la vallée de Morienne.

La troisième marche, continuant de se faire dans le même ordre, la principale colonne qui sera celle du centre, partant du vallon de St Choslin d'Arve, laissera à sa droite le torrent d'Arvan et le village de St Jean d'Arve, montera au col d'Arve en passant par le village de la Chalp, où est la réunion des chemins qui vont de St Jean d'Arve et de St Choslin à St Jean de Morienne ; elle aura fait une demi lieue pour arriver au col d'Arve. A ce col, elle descendra dans la Morienne par les revers de la montagne d'Arve qui regardent cette vallée ; descendra au hameau du Rosey et au village de Fontcouverte, distant environ une lieue et demie du col d'Arve ; de Fontcouverte ira à St Jean de Morienne, à une lieue de distance de Fontcouverte, elle laissera à sa droite le ruisseau d'Arvan et à sa gauche celui de Beaurieu, qu'elle passera ensuite à une portée de fusil de St Jean de Morienne et se trouvera pour lors dans le bassin de St Jean de Morienne.

La division de la droite, partant du village d'Entraigues, ira passer au village d'Albi le Vieux, distant de celui d'Entraigues environ une lieue, par un chemin qui laisse le ruisseau d'Arvan à la gauche d'Albi le Vieux, ira à Albi le Jeune, à la distance d'une demi lieue d'Albi le Vieux ; elle ira à Vilars Gondran, distant d'Albi le Jeune une demi lieue ; de Vilars Gondran elle descendra dans le bassin de la Morienne sur le bord de la rivière d'Arc vis-à-vis du village de St Julien. Cette division aura parcouru une distance de deux lieues et demie.

La division de la gauche, partant de la hauteur de Vilars sur Quine, laissant sur sa droite le col d'Arve, ira à Vilars sur Quine en descendant environ une demi lieue ; de Vilars sur Quine, laissant la source du Baurion à sa droite, ira passer au village de Jariers, distant une lieue de Vilars sur Quine, se tenant éloignée d'environ une demi lieue du village de Fontcouverte : ensuite, du village de Jariers descendra à St Jean de Morienne par la rive droite du Baurion, en parcourant une distance d'environ une lieue. Cette division aura fait environ deux lieues et demie de chemin.

Le détail que je viens de faire de la marche d'un corps supposé partant de la Grande Route de Grenoble à Briançon, où il serait établi entre la Mure et Corps, pour se rendre dans la vallée de Morienne, peut servir à faire entendre comment, dans une supposition contraire, l'ennemi venant de la vallée de Morienne, peut procéder pour arriver sur le Bourg d'Oisans, et même sur la Grande Route de Grenoble à Briançon, selon différentes hypothèses que les circonstances de la guerre pourront réaliser. Considérons celle par laquelle l'ennemi se trouverait en état d'entreprendre le siège de Briançon. On comprend aisément qu'un corps de troupes établi au Bourg d'Oisans intercepte la communication de Grenoble à Briançon par la Petite Route. Si ce corps est assez considérable pour pousser une tête par le col d'Ornon et le Vaubonnais, sur les hauteurs de Baumont qui dominent la Grande Route, voilà nécessairement Briançon privé de tous les secours qu'il peut recevoir du Dauphiné par les deux communications. Le corps établi à Bourg d'Oisans ne saurait y être forcé. Celui qui sera sur les hauteurs de Baumont, qui dominent la Grande Route, s'il venait à être attaqué, peut être secouru par le corps du Bourg d'Oisans ; on ne peut arriver à lui de Grenoble, sur la droite, qu'en passant la Bonne à Pont Haut, et, par son front, qu'en passant le Drac, après avoir passé un pays bien difficile qui est l'évêché de Die. Mais comment exécuter l'un ou l'autre de ces mouvements devant ce corps établi sur les hauteurs de Baumont, s'il était soutenu par celui de Bourg d'Oisans ? Mais le corps de troupes établi sur le Bourg d'Oisans peut remplir d'autres objets que celui d'intercepter la communication de Grenoble à Briançon par la Grande Route ; il peut pousser des parties en avant de lui pour établir des contributions dans une grande partie du Dauphiné. Il pourrait, dans la supposition, pousser à des soulèvements de sujets du Roi mal intentionnés dans cette province et dans les montagnes du Vivarès et de Cévènes, comme on l'a vu dans la guerre de 1701, entretenir ce soulèvement et faire passer des secours aux rebelles.

La plus grande partie des troupes de l'ennemi étant employée à la position du Bourg d'Oisans et des hauteurs de Baumont, il suffirait que la moins considérable, le fût au siège de Briançon, parce que s'il est possible d'établir des batteries pour en couvrir les forts, il ne s'agit dans un siège de cette espèce que d'avoir du monde pour garder ses batteries, encore sont-elles fort peu exposées à des sorties qui ne sont guère praticables dans une semblable place. Briançon ne pouvant plus dans cette supposition recevoir de secours que par la province, la route qui y conduit sera sans doute fermée par un corps plus ou moins nombreux selon ce qu'il aura à craindre.

Note de M. le Comte de Langeron, Gouverneur de Briançon

Les objections de M. Bourcet sont raisonnables pour faire sentir le danger du corps ennemi établi à Bourg d'Oisans et en avant du Vaubonnais. Il dit que ce corps remplirait le même objet avec sûreté en se contentant d'occuper par des postes la tête de nos vallées sur le Galibier et le Lautaret, et laissant ses troupes dans la Morienne à portée de faire face à ce qui viendrait de Grenoble par Barraux et Montmeillan. Cela veut dire que le roi de Sardaigne, en exécutant le projet de se porter sur la vallée de Morienne jusques à la Grande Route de Grenoble à Briançon, aurait des précautions à prendre dans la basse Morienne, à cause des mouvements que pourraient faire sur lui des troupes supposées à portée de marcher sur ses derrières par la vallée de Graisivaudan.

Communications de la vallée de Morienne, avec la Petite Route, de Grenoble à Briançon et avec les vallées du Briançonnais.

On a vu dans le détail que j'ai fait d'une marche d'armée depuis le *Bourg d'Oisans* jusques dans la vallée de Morienne aux environs de St Jean, les communications de cette vallée avec la partie de la Petite Route qui se trouve depuis le *Pas de la Coche* jusqu'au village des Fréaux, où j'ai dit, que la division ou colonne de la droite du corps d'armée partant de Bourg d'Oisans quitterait la Petite Route, pour aller par Chaselet, sur les montagnes où sont les limites des deux Etats. Je ne répéterai point ce que j'ai dit sur les trois chemins parallèles que ce corps d'armée aura pu suivre pour se rendre dans la Morienne ; on conçoit aisément que ces chemins sont aussi bien à l'usage du roi de Sardaigne pour s'introduire dans notre pays qu'ils sont aux nôtres pour arriver dans le sien. Je vais maintenant parler des communications de cette même vallée de Morienne avec le Briançonnais.

Je n'en connais que deux depuis le point sur lequel j'ai fait arriver la division de la droite du corps parti de Bourg-d'Oisans. Ce point est St Julien, village à une lieue au-dessus de St Jean de Morienne, sur la route de Lannebourg, qui est au pied du Mont Cenis. Je dis donc que les troupes du roi de Sardaigne, établies dans la vallée de Morienne avec la volonté de se porter dans le Briançonnais, seront rassemblées en deux points, le premier, pour celles de la droite, à St Michel, village à une lieue de St Julien, au-dessus et à deux lieues de St Jean de Morienne. Ces troupes partant de St Michel, où elles passeront la rivière d'Arc, remonteront le torrent de Valmeinier pour aller à Valoire et à Valmeinier, laissant Bonnenuit sur leur droite. De Valmeinier, elles monteront sur la montagne du Galibier, où, passant le col du Galibier et se détournant un peu par leur gauche, elles arriveront au Lautaret qui en est à une petite distance. Là, passant encore la montagne et le col du Lautaret, elles arriveront au village de la Magdelaine, par la Petite Route qu'elles auront joint sur le Lautaret et qui les conduira à Briançon, par la vallée du Monestier. Les troupes auront à marcher de St Michel à Valmeinier, trois lieues (quatre ou cinq heures de temps); de Valmeinier où elles pénétreront à la Magdelaine en traversant le Galibier et le Lautaret, deux lieues et demi (quatre heures).

Cette route est praticable à des mulets.

Les troupes de la gauche se rassembleront à Modane, village éloigné de trois lieues de St Michel, au-dessus, sur la route de Lannebourg. Ces troupes, partant de Modane, remonteront le torrent qui descend de Notre Dame du Charmé, pour arriver à Notre Dame du Charmé, dévotion fort fréquentée dans le pays de Notre Dame. Du Charmé, elles remonteront la source du torrent environ une demi-lieue. Là elles pourront se diviser : une partie suivra une branche de la source du torrent de Notre Dame du Mont Charmé, qui, en la remontant, la conduira au col de la Somme. Du col de la Somme où elles trouveront les eaux pendantes dans la vallée dite Val Étroite, elles descendront le torrent formé par ces eaux jusqu'au village ou cabanes de Val Étroite, ou pour mieux dire, se dispensant de descendre jusqu'audit village, elles suivront un che-chemin à mi-côte de la montagne qui est à la rive droite du torrent qui passe audit village. Ce chemin les conduira à ce que l'on appelle le col de Ture, où elles trouveront un petit lac et une qualité de pays assez uni et assez commode à marcher sur des pelouses, où elles trouveront les cabanes pour les bestiaux que la communauté de Neuvache mène paître sur les prés qui sont au-dessous dudit col de Ture. A ces cabanes elles trouveront un autre chemin, qui les conduira à ce que l'on appelle la descente de Neuvache ou de Planpinet, qui est une rampe assez commode qui a environ une demi-lieue de longueur pour arriver à Neuvache, passant par la source de la Durance entre Neuvache et Planpinet. Ce chemin, depuis le col de la Somme jusques au col de Ture est extraordinairement pierreux et rempli de rocailles jusqu'à hauteur du village de Val Étroite; il est encore fort mauvais depuis ce point jusques au col de Ture, mais il peut être accommodé, passant presque toujours dans un bois et ayant de la terre et de la pelouse.

Une autre division des troupes parties de Modane, une fois arrivée au point de séparation, suivra la seconde branche de la source du torrent qui passe à Notre Dame du Charmé, et, laissant à sa droite la route dont nous venons de parler, montera au col de la Roue. Le col de la Roue est plus long à parcourir que le col de la Somme, parce que ce col, au lieu de traverser une arête de montagne dans sa largeur qui est ordinairement étroite à la séparation des eaux pendantes, comme font la plupart des cols celui-ci au contraire traverse dans sa longueur l'arête qui sépare les vallées de Val Étroite et de Bardonèche. Du col de la Roue, elle descendra dans la vallée de Bardonèche, où elle trouvera quelque part, entre le village de Mélèse et de Bardonèche, un chemin qui la conduira au col de l'Echelle dont elle descendra dans la vallée de Neuvache, à peu près sur le village des Rousiers.

Ces deux colonnes auront marché réunies et par le même chemin depuis Modane jusqu'à une demi-lieue au-dessus de Notre Dame de Charmé, où elles pourront pernocter dans les pays qui forment la dépaissance des bestiaux de la communauté de Modane. Elles n'auront encore fait que deux lieues ou deux lieues et demie et marché environ quatre heures. Depuis ce point, la colonne de la droite marchera, pour traverser le col de la Somme et la Val Étroite jusques au col de Ture, deux lieues (quatre heures); du col de Ture pour arriver à Neuvache, trois quarts de lieue (une heure et demie).

La colonne de la gauche marchera pour traverser le col de la Roue et la vallée de Bardonèche jusques au col de l'Echelle, deux lieues et demie (cinq heures), et, du col de l'Echelle à Rousiers, une lieue environ (deux heures).

Après avoir détaillé la marche que pourrait faire le roi de Sardaigne pour arriver de la vallée de Morienne dans les environs de Briançon, par le Galibier et le Lautaret, dans la vallée du Monestier sur une seule colonne, et, par les cols de la Somme et de la Roue, dans celle de Neuvache, sur deux, je dois faire observer que, si ce prince ne se proposait que le blocus ou l'investissement de Briançon, il lui suffirait de faire avancer par ces différentes routes des détachements en laissant la plus grande partie de la troupe dans la vallée de Morienne disposée par échelons sur ses différentes routes pour soutenir les têtes qu'il aurait poussées sur les deux vallées du Monestier et de Neuvache.

La Petite Route de Grenoble à Briançon étant nécessairement fermée par son établissement sur le Lautaret, l'investissement de Briançon est suffisamment exécuté par cette disposition. Les montagnes qui continuent depuis le Lautaret ou la Petite Route jusqu'à la Val Louise se trouvant impraticables. De cette manière, le corps d'armée du roi de Sardaigne, restant dans vallée de la Morienne, évite les incommodités, fatigues et dépenses prodigieuses de son établissement dans les environs plus prochains de Briançon et se trouve plus à portée des autres points de la frontière où il peut être appelé par des circonstances. Les détachements que le roi de Sardaigne enverrait par là, par Modane et les cols de la Somme et de la Roue, ne peuvent remplir d'autre objet que de priver Briançon de quelques petits secours qu'il pourrait tirer des vallées de Neuvache et du Monestier, et de fermer la communication du corps du Lautaret avec le Mont Genèvre et des autres corps qui formeraient celle de Briançon avec la province et le Dauphiné par la Grande Route.

IV. — MÉMOIRE DE M. BOURCET
SUR LES COMMUNICATIONS A OUVRIR DANS L'INTERVALLE DE LA GRANDE A LA PETITE ROUTE DE GRENOBLE AUX PLACES DE LA FRONTIÈRE.

Le roi de Sardaigne est un voisin contre lequel il semble qu'on devrait avoir peu de précautions à prendre, s'il était abandonné à ses propres forces. Mais, comme on a vu plusieurs fois qu'il a fait des alliances avec la maison d'Autriche et les puissances maritimes pour se mettre en état d'agir offensivement et d'entreprendre sur la frontière de la France, on est autorisé à penser qu'il peut encore prendre le même parti, et c'est sur cette opinion qu'on propose : 1° d'augmenter le secours à porter sur la frontière de Piémont par des nouvelles communications ; 2° d'empêcher le blocus des places de Briançon et Montdauphin par l'occupation de quelques postes principaux en arrière des dites places, qui, fournissant des débouchés pour marcher à leur secours, en assureront la défense et ôteront tout moyen à l'ennemi de les dépasser ; 3° d'en imposer à un ennemi qui voudrait tenter des incursions avant d'avoir assujetti les places, ou s'avancer dans l'intérieur de la province après les avoir assujetties.

Premièrement : il est constant qu'en multipliant les chemins qui débouchent sur la frontière on se procure un moyen d'y faire arriver plus de troupes et des subsistances dans le même temps, et il n'est pas moins vrai que la sûreté d'une frontière dépend, le plus souvent, des prompts secours qu'on y porte.

Jusques à présent on n'a communiqué de l'intérieur de la province aux places d'Embrun, Montdauphin et Briançon que par la Grande et Petite Route (la dernière est fort négligée pour ne pas dire presque impraticable), et on n'avait pas imaginé d'ouvrir de nouveaux chemins dans l'intervalle des huit grandes lieues que ces deux routes laissent entre elles.

Les raisons qui ont fait négliger ces nouvelles communications se trouveront sans doute dans l'inspection de la chaîne de montagnes qui ferme cet intervalle, laquelle présentant des escarpements affreux et ne se découvrant de neiges que pendant les mois de juillet, août et septembre, semblait n'offrir aucun débouché. Mais, quelque escarpées qu'en soient les plus grandes parties, les habitants des vallées qui les avoisinent ont cherché à se communiquer pour constater les limites de quelques paquerages que les sommités leur donnent ; et, comme les bergers de Provence y viennent toutes les années faire paître des nombreux troupeaux de moutons au moyen de quelques rétributions qu'ils donnent aux seigneurs ou aux communautés à qui appartiennent ces montagnes, il a fallu en déterminer la possession pour en avoir le produit. Et c'est ce qui a donné lieu à reconnaître les débouchés et à penser qu'il ne serait pas impossible d'y établir des chemins. A la vérité, les neiges qui couvrent ces montagnes pendant neuf mois rendront ces communications inutiles pendant ledit temps ; mais on en profiterait pendant trois mois, et, en combinant celui pendant lequel le roi de Sardaigne pourrait entreprendre sur la frontière de Dauphiné, on verra qu'étant borné aux mois de juin, juillet, août et septembre, les trois derniers sont ceux pendant lesquels on peut faire usage des nouvelles communications ; ce qui en démontre naturellement l'utilité.

Secondement : on a toujours regardé Briançon et ses forts comme inattaquables, tant par la multitude des ouvrages, les grands préparatifs qu'exigerait un siège de cette importance dans un pays de montagnes, que par la difficulté d'en faire les approches par rapport au peu de temps qu'on y peut employer dans une campagne eu égard à la fonte des vieilles neiges, ou à la chute des nouvelles. Mais, en même temps, la plus grande partie des officiers généraux qui ont servi sur cette frontière ont toujours été d'accord que cette place pouvait être bloquée ainsi que Montdauphin. Pour en mieux convaincre ceux qui, ayant quelques connaissances du pays, n'ont pas assez réfléchi sur cet objet, on suppose que l'ennemi débouche d'une part par les cols de l'Echelle et du Mont Genèvre, d'où, par la vallée des Prés et de Neuvache, il entrera sans obstacle dans celle du Monestier, et d'où, longeant le penchant qui borde la rive droite de la Durance, il se portera sur Vallouise et l'Argentière. On suppose qu'il débouche, d'autre part, du côté de Barcelonnette, d'où, par le col de Vars et Risoul, il arrivera sur le pont de St Clément, et, longeant les penchants de Rotier et de Fraissinière, se donnera la main avec les troupes de Vallouise, observant d'occuper le village de Rotier et de rompre le pont de St Clément pour en établir un vis-à-vis de St Crépin ou de la Roche pour sa communication. Et on demande quels moyens on trouvera de le déposter de cette position et quelle ressource on aurait pour donner du secours à ces places ; car on ne peut y arriver aujourd'hui que par le Villar d'Arenne du côté de la Petite Route ou par Embrun du côté de la Grande Route.

Il est de la connaissance de tout le monde que très peu de troupes défendant le passage des Ardoisières empêcheraient le débouché par la Petite Route et que, le Pont de St Clément rompu, il n'y aurait pas moyen de longer la rive droite de la Durance, sous le rocher de Rotier qu'on suppose occupé, pour gagner le pont qu'on aurait établi à St Crépin ou la Roche du côté de la Grande Route. Et il n'est pas moins évident qu'on ne peut gager cette rivière, dans cet intervalle, pendant les mois de juin, juillet, août et septembre. Donc, les places se trouveraient bloquées, si l'ennemi avait poste à St Clément et Rotier, d'une part, et aux Ardoisières du Villar d'Arenne d'autre part.

On répondra peut-être sur le débouché du Villar d'Arenne, ou Petite Route, qu'en supposant les Ardoisières occupées on entrerait en Morienne et que, par le Galibier ou autres cols qui débouchent dans le Briançonnais, on déposterait l'ennemi. Mais si on suppose, comme cela parait raisonnable, l'ennemi attentif, on doit croire qu'il aura pris la précaution de garder les sommités des montagnes qui couvrent ces débouchés, qu'il sera aussi difficile de les forcer d'un côté que de l'autre, et, qu'ainsi, il n'y a aucun moyen de les déposter dans cette partie.

Quant au pont de Saint Clément, si on objecte qu'il resterait la ressource d'entrer dans la vallée de Barcelonnette ou de gagner les sommets des montagnes qui bordent la rive gauche de la Durance, on répondra qu'il faut peu connaître le défilé du Lauzet, à l'entrée de Barcelonnette, pour imaginer ce débouché possible, et on dira la même chose des montagnes qui se touvent sur la rive gauche de la Durance, si l'ennemi en occupe le premier les sommités. Peut-être ajoutera-t-on, pour dernière objection, que, quoique les hauteurs qui se trouvent entre le Villar d'Arenne et le pont de Saint Clément, sur la rive droite de la Durance, paraissent impraticables, on se servirait des débouchés des habitants de Champoléon et d'Oursières, sur l'Argentière et Fraissinière, pour tomber sur les quartiers des ennemis. Cette objection serait valable si l'on avait eu attention d'y pratiquer quelques chemins et d'empêcher que l'ennemi n'occupât le premier ces débouchés. Mais, d'imaginer qu'on puisse diriger des troupes par les communications actuelles de ces habitants, à peine marquées par les plus petits sentiers au travers des rochers, c'est vouloir avoir une armée de chasseurs accoutumés à grimper les montagnes sans aucune direction de chemin. Il est donc très essentiel de préparer d'avance une ressource aussi avantageuse en établissant ces chemins et on trouvera à la fin de ce mémoire les moyens de les former et de s'en conserver le débouché principal.

Troisièmement : lorsque l'ennemi tentera de faire des incursions en Dauphiné avant d'avoir assujetti les places, ou qu'il voudra s'avancer dans l'intérieur de la province après les avoir assujetties, pourra-t-il assurer ses convois de subsistances ou de munitions de guerre, qui ne prennent débouché que par le col du Galibier, par ceux de l'Echelle, du Mont Genèvre et de Vars, ou par tel autre qu'on voudra dans l'intervalle compris entre la Morienne et Embrun, lorsqu'on aura trois ou quatre débouchés sur les routes que ces convois seraient obligés de parcourir pour rejoindre leur armée, qu'on suppose campée entre Embrun et Gap ? Et les habitants seuls des vallées qui avoisinent ces débouchés ne suffiraient-ils pas pour obliger les ennemis à faire suivre lesdits convois par de très grosses escortes ? Cet avantage et ceux dont on a parlé ci-devant paraissent plus que suffisants pour prouver la nécessité des nouvelles communications. Il reste à en déterminer le nombre, la direction et les moyens de les conserver dans tous les temps.

Le nombre se réduit à quatre principales et à deux de traverse.

Les quatre principales sont :

1° Celle d'Ourcières à Châteauroux ;
2° Dudit Ourcières à Dormillouse ;
3° Du Champoléon à l'Argentière ;
4° Du Valgodemar à l'Argentière et Vallouise.

Les deux de traverse sont :

1° De Corps au Vaubonnais et de Vaubonnais au Bourg d'Oisans ;
2° De la vallée de Saint Christophle au Villard d'Arenne ou au Casset.

Direction des dites Communications et Extrait des Dépenses qu'elles occasionneront.

La direction de la communication d'Ourcières à Châteauroux remonte le Drac d'Ourcières, par sa rive droite, jusques au col des

Tourrettes, passant par le hameau de Prapic, et, du col des Tourrettes, par la rive droite et gauche du ruisseau de Rabious, descend à Châteauroux. On peut, de Saint Bonnet en Champsaur, arriver par cette communication en huit heures à Châteauroux ; au lieu que, par le grand chemin, il en faut de dix à onze. Elle peut être établie, pour le passage de l'infanterie et des bêtes de charge, avec un atelier de quatre mineurs et deux cents travailleurs, employés pendant trois mois, en mettant les ponts de Prapic sur le ruisseau de la Pisse et ceux de l'Etrèche sur celui de Rabious en bon état.

La communication d'Ourcières à Dormillouse se dirigera d'Ourcières en remontant par le col dit de Fraissinière, passant par les hameaux de Montcheny, Estaris, Casse Labaume et dudit col, en descendant sur Dormillouse, d'où Fraissinière. Deux ateliers de quatre mineurs chacun, employés pendant quatre mois au rocher de la Pisse, et cent cinquante travailleurs employés au col de Fraissinière, pendant un mois, la perfectionneront.

On peut, de Saint Bonnet, par cette route, communiquer à Fraissinière, village situé sur la rive droite de la Durance entre Briançon et Montdauphin, en huit heures ; au lieu que par la Grande Route il en faudrait treize.

La communication de Champoléon à l'Argentière est la plus essentielle ; elle se dirige par les rives du Drac, de Champoléon jusques à la cabane des bergers, d'où, traversant le vallon de Rougnous, on monte au col du Haut Martin, et, dudit col, par la rive gauche du ruisseau de l'Argentière, on descend à ce village. Par cette communication, on peut arriver de Saint Bonnet à l'Argentière, village situé sur la rive droite de la Durance, à deux heures et demie de Briançon, en dix heures, au lieu que, par le grand chemin d'Embrun, on n'y pourrait arriver qu'en seize ou dix-sept heures, et, comme elle débouche au centre de l'intervalle compris entre les places de Briançon et de Montdauphin, elle exigerait une plus grande attention.

Elle peut être établie convenablement au passage de l'infanterie et des bêtes de charge au moyen de quatre ateliers de quatre mineurs chacun, employés, partie du côté de Champoléon et partie du côté de l'Argentière, pendant quatre mois dans les parties basses ou hautes, et de quatre cents travailleurs dispersés en plusieurs ateliers et employés pendant le même temps. Il y aura trois petits ponts de bois à faire sur le Drac de Champoléon et un sur le ruisseau de l'Argentière.

La communication de Valgodemar à l'Argentière doit être dirigée de la Chapelle au Clos de Jousseline, d'où au Vallon Peire et ensuite par les deux Goirans au col du Haut Martin, où elle fourchera avec celle de Champoléon. Deux ateliers de mineurs, employés pendant deux mois, et trois cents travailleurs, employés pendant quatre mois, formeront cette route dans laquelle il y aura cinq petits ponts à faire sur la Severaisse.

La première route de traverse, de Corps à Vaubonnais et du Vaubonnais au Bourg d'Oisans, se dirigera de Corps sur Sainte Luce et Saint Michel, d'où par la Chenetete sur Vaubonnais, et de Vaubonnais par le Perier, Chantelouve, les Riviers d'Ornon et le Périment sur le Bourg d'Oisans. Celle-ci sert déjà pour la communication des habitants, mais aura besoin d'être mise en meilleur état ; et, pour cet effet, il sera nécessaire d'y employer trois ateliers de mineurs pendant quatre mois et trois cents travailleurs pendant le même temps. Elle exigera la formation de deux ponts en bois sur la Marsanne et autant sur le ruisseau de Lignare.

A l'égard de la route de traverse qui doit communiquer de Saint Christophle au Villar d'Arenne, on doit en déterminer la direction par la Bérarde et Bonne Pierre, sur le vallon de l'Alp, d'où, par la droite, au Casset et par la gauche au Villar d'Arenne ; un atelier de mineurs employés pendant deux mois et quatre cents paysans pendant le même temps peuvent la former.

Comme tous les chemins qu'on propose d'établir pour ouvrir de nouvelles communications sur la frontière sont purement militaires et ne seront pas d'un grand avantage pour le commerce, il semble que le travail devrait en être conduit par les ordres du ministre de la guerre et que la direction devrait en être confiée à des officiers intelligents et non aux ponts et chaussées, qui les établiraient peut-être contre l'objet qu'on se propose et leur donneraient plus de largeur qu'ils n'en exigent. Car ces chemins, ne devant servir qu'au passage de l'infanterie et de quelques bêtes de charge, ne demandent que quatre à cinq pieds de largeur dans les endroits les plus difficiles et de six à sept dans les plus faciles. On a évalué les journées de travailleurs à quinze sols, à cause de la difficulté d'y trouver des subsistances et pour soulager le paysan dans un travail aussi pénible.

L'exécution de ces nouvelles routes rencontrerait peut-être beaucoup des difficultés, si on se décidait à faire travailler à toutes à la fois, tant par le manque de mineurs que par le peu de paysans journaliers que pourraient fournir les habitants des lieux circonvoisins. Ainsi, on croit qu'il serait à propos de n'en former qu'une par campagne, et, comme on ne se décidera peut-être au travail que relativement à la dépense qu'il pourra occasionner, on a jugé à propos d'ajouter ici un petit extrait estimatif de la dépense relative à chacune des communications. Savoir :

Pour la communication d'Ourcières à Châteauroux :

300 journées de mineurs à 1^l 10^s, ci..............	450^l »
18.000 journées d'ouvriers à 15^s, ci..............	13.500 »
Etablissement de trois ponts à 1.000^l chacun, ci.....	3.000 »
	16.950^l »

Pour celle d'Ourcières à d'Ormillouse :

960 journées de mineurs à 1^l 10^s, ci..............	1.440^l »
4.500 travailleurs, ci......................	3.375 »
	4.815^l »

Pour la communication de Champoléon à l'Argentière :

1.920 journées de mineurs à 1^l 10^s, ci............	2.880^l »
48.000 journées d'ouvriers à 15^s, ci..............	36.000 »
Les quatre ponts à 800^l chacun, ci.	3.200 »
	42.080^l »

Pour la communication du Valgodemar :

420 journées de mineurs à 1^l 10^s, ci..............	720^l »
36.000 journées d'ouvriers à 15^s, ci..............	27.000 »
Pour les cinq petits ponts à 1.000^l chacun, ci........	5.000 »
	32.720^l »

Pour la première route de traverse de Corps sur Vaubonnais et le Bourg d'Oisans :

1.920 journées de mineurs à 1ˡ 10ˢ, ci.............	2.880ˡ	»
36.000 journées de travailleurs à 15ˢ, ci.............	27.000	»
Pour les quatre ponts à 800ˡ chacun, ci.............	3.200	»
	33.080ˡ	»

Pour la traverse de Saint Christophle au Villar d'Arenne :

480 journées de mineurs à 1ˡ 10ˢ, ci...............	720ˡ	»
24.000 journées de travailleurs à 15ˢ, ci............	18.000	»
	18.720ˡ	»

Les avantages et la nécessité de ces nouvelles communications étant suffisamment établis au commencement de ce mémoire, il ne s'agira que d'en assurer la défense contre un ennemi qui voudrait tenter de s'y poster dans une marche forcée, et, pour cet effet, on propose d'en faire garder les débouchés par les habitants des vallées auxquelles ils communiquent. Cette garde peut être établie par des signaux dont l'ordre d'exécution émanera toujours des commandants de Briançon et de Montdauphin ou par l'établissement de quelques corps de garde, où il suffirait de faire monter quatre hommes par jour dans un temps de paix et pendant trois mois chaque année.

Les seuls points esssentiels à se conserver sont le col des Tournettes, celui de Fraissinière, le col du Haut Martin et celui de Bonne Pierre. Par les trois premiers, quelque position que l'ennemi puisse prendre du côté de St Clément, on se trouvera en état de l'en déposter ayant toujours la supériorité sur lui ; et, par le quatrième, l'ennemi ne saurait se porter sur le défilé des Ardoisières, entre la Grave et le Villar d'Arenne, puisqu'on pourrait arriver sur ses derrières par le vallon de l'Alp et Arsine. On évite donc, par ces nouveaux chemins, l'inconvénient de voir Briançon et Montdauphin bloqués, et on s'assure une ressource pour porter plus de troupes et de subsistances pendant les trois mois les plus critiques sur la frontière ; ressource dont M. le maréchal de Catinat aurait bien profité en 1692, lorsqu'il occupait le camp de Palon, entre Briançon et Montdauphin, dans lequel il ne pouvait subsister que difficilement, étant obligé de diriger par la Petite Route sur le Villar d'Arenne et Briançon tous ses convois, parce que le roi de Sardaigne avait marché sur Embrun. Enfin, si on a senti l'irrégularité de la position d'une place de guerre en delà de la Ciagne et à portée du Var, sur la frontière de

Provence, par rapport aux passages déterminés qui se trouvaient en arrière de la dite place pour en faciliter le blocus, à plus forte raison doit-on se prémunir contre les deux passages qui se trouvent en arrière de Briançon et Montdauphin dans la frontière de Dauphiné, et on ajoutera ici que sans l'objet d'offensive que la France doit toujours avoir contre le roi de Sardaigne, ces places se trouveraient mieux situées en arrière de la chaîne de montagnes que doivent traverser les nouvelles communications qu'en avant de ladite chaîne.

BOURCET.

Observations de M. le Comte de Langeron, Gouverneur de Briançon, sur ce Mémoire.

Ce mémoire est digne de son auteur et peu de gens sont capables d'en faire de cette bonté.

Il établit clairement son projet. Il démontre parfaitement la nécessité d'ouvrir des communications pour porter des forces ou des secours aux places de Briançon et de Montdauphin. Il lève toutes les objections, et l'estimation de la dépense achève de prouver que rien ne doit empêcher de commencer au plus tôt à ouvrir des communications si utiles, si indispensables.

Comme citoyen, on souhaite que l'exécution en soit confiée à l'auteur du projet.

V. — ITINÉRAIRE DE LA PETITE ROUTE DE GRENOBLE A BRIANÇON, OU IL EST FAIT MENTION DE TOUS LES DIFFÉRENTS DÉBOUCHÉS QUI DÉVERSENT DE CETTE ROUTE DANS LA PARTIE SUPÉRIEURE DE LA MORIENNE, AINSI QUE DANS LES VALLÉES D'OULX ET DE CÉZANE,

par M. BOURCET DE LA SAIGNE.

De Grenoble à la paroisse d'Heybeins, en passant par les portes de Bonne et de Trois Cloîtres au moyen des deux embranchements qu'on a fait pour communiquer à la chaussée nouvellement construite qui se trouve sur un même alignement, il faut une heure. On passe sur sa longueur trois ponceaux pour l'écoulement des eaux provenant du vallon d'Herbey et de celle du marais qui se trouve sur une partie de sa longueur.

On laisse à droite, en sortant par la porte de Bonne, à une portée de pistolet de l'enceinte de la ville, près de la paroisse de Saint-Joseph, l'ancien chemin de la Grande Route qui communique à Briançon, qui passe sur la gauche de la paroisse d'Echirolle auprès de celle du Bas Jarry, ainsi que le pont du Péage-de-Champ sur la Romanche appartenant aux dames de Montfleury qui sont obligées en conséquence de l'entretenir. On passe encore dans le village de Champ, d'où l'on monte au hameau de Saint Sauveur par une rampe assez douce qui se trouve sous le penchant de la montagne de Connaisse où l'on rencontre à une portée de fusil le Nouveau Chemin, auquel on travaille actuellement, qu'on propose de faire passer par Vizille.

On laisse pareillement, en sortant par la porte de Trois Cloîtres, au commencement du faubourg, l'ancien chemin de la Petite Route qui va rencontrer celui qu'on fait actuellement au hameau de Tavernoles en passant par le village de Saint-Martin-d'Hère.

Le village d'Herbey dont la paroisse est à la gauche du Grand Chemin et dont les maisons sont toutes dispersées, se trouve au bas du coteau de Montavit, à une portée de fusil sur la gauche en delà du ruisseau qui vient d'Herbey. Il y a un château flanqué de quatre tours qui se trouve sur une butte. On peut communiquer dudit village par la droite à Echirolle et à la paroisse du Haut Jarry, et par la gauche au village de Saint-Martin-d'Hère.

D'Herbey à Tavernole, qui est un hameau de la paroisse d'Herbey, demi heure ; savoir : un quart d'heure de montée assez douce sur le penchant du coteau de Montavit, ayant le vallon d'Herbey sur la gauche, le surplus du chemin se trouve en plaine ou en traverse.

Cette partie du chemin ainsi que celle d'Eybeins à Grenoble, si on parvient à la finir, sera très belle, mais il faut encore un travail considérable avant de pouvoir la rendre dans sa perfection. On peut communiquer de ce hameau, par la droite, à la paroisse du Haut Jarry, et, par la gauche, à celle d'Herbey, en passant le petit vallon dont j'ai parlé ci-dessus.

De Tavernole à la paroisse de Briès demi-heure, en suivant le nouveau chemin qu'on a tracé qui demande aussi un travail considérable pour le rendre praticable par cette route ; on va presque toujours en plaine, sauf quelques petites montées fort douces qui se trouvent dans l'intervalle.

Le village de Briès est situé sur un plateau au bas de la montagne de Malandru, tout au bord du penchant qui forme la vallée de Vaunavey. On communique de ce village, par la droite, au Haut Jarry, et, par la gauche, à la paroisse d'Herbey ainsi qu'à celle de Vaunavey.

De Briès on va au bourg de Vizille en demi-heure, dont un quart d'heure en traverse sur le penchant de la montagne du Cray de Montchabout et un quart d'heure en descente en laissant le vallon de Vaunavey sur la gauche. Par le tracé que j'ai vu de la largeur qu'on propose de donner au chemin et la quantité de roc qu'il y a à déblayer sur une grande partie de sa longueur, il est à présumer qu'il en coûtera beaucoup pour le mettre dans sa perfection, et que cela écrasera les communautés qui en seront chargées.

Le bourg de Vizille est situé à l'extrémité de la vallée de Vaunavey, environ 150 toises de la rive droite de la Romanche qui fait beaucoup de dégâts dans la partie plaine qui se trouve entre le bourg et la rivière.

Il y a, un peu à gauche sur une éminence, un château assez considérable, flanqué de quatre tours, qui appartenait anciennement à M. le Connestable de Lesdiguières qui en faisait son lieu de plaisance, et aujourd'hui il appartient à M. de Villeroy. Il y a dans ce château une salle d'armes dans laquelle se trouve quantité de vieux fusils, mousquets, lances, boucliers, cuirasses et pots en têtes.

On peut aller dudit bourg, par la droite, en suivant la rive droite de la Romanche, à la paroisse du Haut Jarry, et, par la gauche, au village de Vaunavey et au hameau de Moncet.

De Vizille au Péage-de-Vizille, un quart d'heure tout en plaine en suivant l'ancien mail et l'enceinte du parc dudit château, en laissant la rivière sur la droite.

On laisse aussi à main droite, à moitié chemin, une papeterie appartenant à M. de Villeroy. Au Péage de Vizille on trouve sur la droite un pont de bois, sur la Romanche, en mauvais état pour communiquer de Vizille au hameau de Saint-Sauveur pour joindre la Grande Route.

Le mauvais état de ce pont a occasionné MM. les inspecteurs des ponts et chaussées de former le projet d'en faire un autre en pierre entre le hameau du pont de Mésage et une butte de rocher attenante au penchant de la montagne de la Frey, en proposant d'ouvrir un nouveau lit et de former des digues assez fortes au-dessus pour entonner et forcer les eaux d'y passer, ce qui coûterait des sommes considérables et ce qui tendrait infailliblement à la suite des temps à la ruine du territoire et du bourg de Vizille si ce projet avait lieu, ce qui ne serait pas dificile de démontrer si le cas l'exigeait.

Du Péage de Vizille à Chichilienne, une heure, en remontant la rive droite de la Romanche; l'on trouve sur la gauche, à un quart d'heure, un chemin qui monte au hameau du Riverain et duquel on se sert pour aller à Chichilienne. Dans l'état présent il est praticable pour toutes sortes de voitures, ayant été réparé depuis peu, mais les réparations qu'on y a faites ne le sauraient garantir du débordement de la rivière, surtout dans tout le travers du Rivoiran; ce qui arrive toutes les fois qu'il pleut quelque temps dans les montagnes. Pour obvier à cet inconvénient, il serait nécessaire de former une chaussée attenant au penchant de la montagne du Rivoiran assez élevée pour que les plus grandes eaux n'y puissent faire aucun dommage.

La paroisse de Chichilienne se trouve sur un petit plateau attenant au penchant de la montagne du Moncet, au bas de laquelle se trouve un château appartenant à Mʳ du Moutet qui est Seigneur de cette paroisse et de celle de Saint Barthélemy. On peut communiquer, par la gauche, en trois heures, dans la vallée de Vaunavey, dont une heure de montée, une heure de plaine et une heure de descente, en passant par Moncet et la Chartreuse de Prémol. Sur la droite, on communique en passant la Romanche sur un mauvais pont de bois à Saint Barthélemy, du quel endroit on communique à la Mure passant par le Sapet, par Cholonge, le Villard Saint Christophle, la Traverse et les Masouers.

De Saint Barthélemy on communique aussi dans la vallée en deux heures et demie, dont une heure et demie de montée et une heure de descente, en passant par la Morte et Moulin-Vieux.

De Chichilienne à Gavet, qui est un hameau de cette paroisse, trois quarts d'heure, en remontant la rive droite de la Romanche, pendant demi-heure, que l'on passe ensuite sur un pont de bois pour aller à Gavet, qui se trouve sur la rive gauche sur un plateau extrêmement étroit. On trouve à l'entrée dudit hameau un torrent sur lequel il y a un pont de bois.

De Gavet on communique par la droite à la Morte en trois heures, dont deux heures de montée et une heure de descente, passant par le col des granges de Poursolet. Cette communication n'est bonne que pour des piétons.

De Gavet aux Clavaux, un quart d'heure. Les Clavaux se trouvent sur le même plateau que Gavet ; le chemin est tout en plaine et en bon état. A moitié chemin on trouve deux rochers dans le milieu desquels on passe ; il se trouve sur celui de gauche des empreintes de pieds d'animaux.

Des Clavaux à Livet, une heure. On trouve à gauche, à une portée de fusil, un chemin et un mauvais pont pour communiquer au hameau des Salinières, dépendant de la paroisse de Livet, qui se trouve sur la rive droite de la Romanche, d'où l'on peut communiquer à Vaunavey en cinq heures, dont deux et demie de montée et le restant en descente, en passant par le Col de L'Arselle et la Chartreuse de Prémol qu'on laisse à droite.

A moitié chemin des Clavaux à Livet, on trouve le torrent qui descend de la montagne de L'Aimay de Taillefer que l'on passe sur un pont de bois. Le dit torrent est extrêmement mauvais lors de la fonte des neiges et des grandes pluies. La partie du chemin comprise entre les Clavaux et ce torrent est en bon état tant qu'à présent, mais les pluies et les coulées de neige qui surviennent dans le courant de l'hiver, le rendent toujours impraticable. C'est pourquoi il est nécessaire d'y faire travailler tous les printemps, après la fonte des neiges, par la raison que le dit chemin se trouve pratiqué sur le bas du penchant de la montagne qui est un terrain mouvant sur la plus grande partie de sa longueur.

On trouve au dessus du pont du dit torrent, sur la gauche, un chemin et un mauvais pont qui communiquent aux Salinières. On trouve pareillement sur la droite, un peu au-dessus, un autre chemin qui monte sur un plateau sur lequel se trouve le hameau du Clos, d'où l'on communique à la paroisse d'Ornon, en passant par le Col des Granges de la Barrière, en quatre heures, dont deux de montée et deux de descente. Ce chemin ne pouvant servir que pour des gens de pied à moitié chemin du pont. Du torrent à Livet on trouve à gauche un chemin et un pont pour communiquer au hameau du Ponam, qui se trouve sur un petit plateau sur la rive droite de la Romanche. De cet endroit on communique par la gauche au Col de L'Arselle, et, par la droite au village de Livet, en remontant la rive droite de la rivière. On trouve encore sur la droite, à une portée de fusil avant que d'arriver à Livet, le Clot Robert qui se trouve à la droite du chemin ; après quoi on passe la Romanche sur un pont de bois couvert pour communiquer à Livet qui se trouve sur la rive droite dans une petite plaine fort étroite au bas de la montagne qui est extrêmement escarpée dans cette partie.

Les habitants de tous les hameaux dont je viens de parler sont obligés de cultiver par leur industrie quantité de petits plateaux qui se trouvent dans l'escarpement des montagnes de droite et de gauche dont les accès sont fort mauvais, la vallée étant fort resserrée depuis Chichilienne jusques à Livet, n'y ayant que quelques petites parties de fond dans la vallée qu'on puisse cultiver, la rivière occupant tout le reste.

De Livet au pont de l'Avena, un quart d'heure ; on passe dans cet intervalle, tout auprès du pont, le torrent de Vaudayne qui, joint avec celui qui lui est opposé, avait comblé le lit de la Romanche dans leur confluent, de façon que cela avait occasionné un lac anciennement dans toute la plaine du Bourg d'Oisans, dont le poids considérable des eaux joint à une pluie des plus fortes, emporta tout le dépôt qui s'était formé dans cette partie, et emporta aussi toute la campagne de la vallée du Livet, qu'on appelait, avant ce temps-là, vallée dorée.

On trouve, entre Livet et les torrents de Vaudaine, un chemin qui communique au village de Revel passant par le col de l'Echaillon, en cinq heures de temps, qui n'est praticable que pour les hommes à pied, étant extrêmement mauvais. Auprès du pont de l'Avena, en suivant la rive droite de la Romanche, on trouve un chemin qui va au village d'Allemont.

Du pont de l'Avena au Bourg d'Oisans, deux heures, dont le chemin est bon pour toutes sortes de voitures. On trouve la plaine de Bourg d'Oisans à un quart d'heure au-dessus du pont, laquelle continue jusques au Pont de Saint Guillaume sur la largeur de huit à neuf cents toises, en observant que les trois quarts de cette plaine ne sont que marais ou pâturages, dans laquelle on met quantité de bonnes juments que l'on fait couvrir par des étalons et par des baudets qui sont entretenus par l'inspecteur général des harras du Royaume pour procurer des chevaux et mulets en abondance dans le Haut Dauphiné ; ce qui est d'une grande ressource pour cette vallée, par les beaux et bons mulets que cet établissement produit annuellement, duquel M. le Marquis de Voyer a paru être content dans le temps qu'il a fait son inspection. On pourrait encore augmenter cette production en desséchant une grande partie de ces marais qui sont impraticables ; ce qu'on pourrait faire en alignant le cours de la rivière qui forme beaucoup de sinuosités pour lui donner plus de vitesse qu'elle en a ; ce que l'on a fait remarquer à M. le Marquis de Voyer lors de son passage dans la Petite Route.

A moitié chemin du pont de l'Avena au Bourg, on laisse à main droite le hameau de Furfaye qui est directement au bas de l'escarpement de la montagne où l'on passait anciennement. A une portée de fusil de l'endroit où le grand chemin rencontre la rivière, on prend à droite pour passer au village de Boirond et de là à celui de La Porte d'où l'on va au pont de la Lignière où l'on rencontre celui qui cautoie la rive gauche de la rivière, dans lequel on ne saurait passer lors des grandes eaux, étant submergé toutes les fois qu'il pleut quelques temps et lors de la fonte des neiges.

De Boisrond on peut communiquer à la paroisse d'Ornon en passant par les hameaux de Malaine et du Coin, par la paroisse d'Oulle, en trois heures de temps ; savoir : deux de montée et une de descente.

Un peu en avant du pont de la Lignière, à main droite, on trouve un chemin qui communique dans le Vaubonnais passant par le Col d'Ornon, et qui se subdivise en deux branches à un quart d'heure au-dessus du pont près du hameau de la Poya, dont celle de la droite, après avoir passé la rivière d'Ornon sur un pont de bois, monte à la paroisse d'Oulle par un chemin fort mauvais en tourniquet, et, par celle de la gauche, en suivant le fond de la vallée qui va à Ornon ; on passe trois fois le ruisseau sur des mauvais ponts de bois, par la raison que la vallée est fort resserrée, n'ayant que le lit de la rivière et le chemin.

Du pont de la Lignière au Bourg, on laisse à main gauche la maison de la Marilière et à main droite le hameau des Alberts ; en suite on passe auprès de la chapelle de Saint Antoine, qui se trouve à gauche, où l'on passe une ravine qui se forme sur le penchant de la montagne de Pragentil, qui est fort mauvaise et qui menace une partie du Bourg, si l'on négligeait de se couvrir par des bonnes digues.

Le Bourg d'Oisans est situé sur la rive gauche de la Romanche, à une portée de fusil, dont une partie se trouve sur le penchant de la montagne de Pragentil et l'autre au bas du coteau au commencement de la plaine, laquelle est presque toujours inondée lors des grandes pluies.

On communique du Bourg d'Oisans par la droite au village de Villard Raymond en une heure et demie, dont une heure de montée et demi-heure de descente.

On communique encore par la droite du Bourg d'Oisans dans la vallée de Saint Christophle, en remontant la rive gauche de la Romanche et ensuite celle du Venos jusques à un demi quart d'heure de Venos, où l'on trouve un pont qui passe ladite rivière pour communiquer au village qui se trouve à la rive droite.

On peut communiquer de Venos, par la droite, en repassant la rivière et passant par le Col de la Muselle et Valsinestre, à la chapelle de Valjoufrey en six heures, dont trois de montée et trois de descente ; cette communication ne peut servir que pour des gens à pied, étant extrêmement mauvaise.

De Venos on communique au Mont de Lans en deux heures et demie, en passant par le col de l'Alp dont moitié en montée et le restant en descente ; cette communication est praticable pour les bestiaux du pays.

De Venos à Saint Christophle, une heure dont le chemin est extrêmement mauvais se trouvant sur le penchant d'une montagne fort haute sur laquelle sont des glaciers et un escarpement sur la droite qui tombe à pic en certaine partie sur la rivière.

De Saint Christophle on va à Etage, qui se trouve à cheval sur la rivière de Venos, duquel endroit on peut communiquer par la droite à la paroisse de la Chapelle de Valgodemar en passant par le Col de la Méande en six heures, dont trois heures de montée et trois de descente, en observant que ce passage n'est pratiqué que par quelques chasseurs et encore y passe-t-on rarement.

Du hameau d'Etage en remontant la rive droite de Venos on va au hameau de la Bérarde ; après quoi il ne se trouve plus aucun débouché pour aller en avant occasionné par les glaciers impénétrables qui sont sur les sommités de toutes les montagnes qui environnent cette vallée.

Du Bourg d'Oisans on peut aller à Grenoble en passant premièrement par le pont Méan, le hameau de l'Aubreney, celui de Châtillon, celui de la Voûte passant la rivière de l'Odolle sur un pont de bois, de là à la paroisse d'Allemont au hameau d'Articol, à celui du Rivier, le Col de la Coche, Laval, Villard-Bonot, Lancey, le Versou, Domaine, Gières et Grenoble ; par laquelle route il faut au moins dix heures, dont trois de montée, trois de descente et le reste en plaine, et qui ne peut être pratiquée que cinq mois de l'année à cause de la grande quantité de neige qui tombe sur le Col de la Coche.

Du Rivier, en suivant le valon de l'Odolle, on peut communiquer en Savoye par deux débouchés : par celui du Col du Villard ou de Glandon, on va au Villard Sarquin en quatre heures ; et, par le second, à la paroisse de Saint Sorlin, passant par le col du même nom, en six heures.

Du hameau de la Voûte, on va à la paroisse d'Os, en passant un torrent sur un pont de bois. D'Os à Vaujany, passant le ruisseau du Plumet, sur un pont de bois, de Vaujany on va joindre la route qui communique du Rivier à Saint Sorlin en passant par le col de Sargarin ; ce qu'on peut faire en quatre heures de temps, dont deux de montée, une en traverse et une en descente.

Du Bourg d'Oisans on peut aller au village de Chambon en Savoye, passant par la Garde, Huest, Clavans et le Clot de la Battua, en six heures, dont quatre heures au moins de montée et le reste en descendant.

Du Bourg d'Oisans au Mont de Lans, deux heures ; savoir : une, en plaine, jusques au pont de bois de Sainte Guillerme qui a été fait tout nouvellement, lequel a coûté trente deux à trente-trois mille livres, pour laquelle somme on aurait pu en faire un en pierre, qui aurait résisté à l'injure des temps pendant des siècles, au moyen d'un petit entretien annuel ; au lieu que ceux de bois, malgré toutes les précautions que l'on peut y prendre, ne sauraient durer plus de trente années dans des pays aussi mauvais que celui-là, ce que l'expérience fait voir pour peu qu'on y fasse attention.

Du pont de Sainte-Guillerme, à l'Oratoire du Pas de la Cavalle, pour arriver sur le plateau du Mont de Lans, il y a trois quarts d'heure de montée assez rude ayant sur la droite de la montagne de Pied Moutet, et, sur la gauche, un escarpement coupé à pic qui tombe sur la Romanche. On laisse à gauche en montant les hameaux de la Rivoiran, de Garcin et du Châtelard, et on passe un petit torrent auprès de la Rivoire sur un pont de pierre qui descend de la montagne de Pied Moutet. Cette partie de chemin, quoique raide, est en bon état, sauf à cinq à six toises auprès de l'Oratoire du Pas de la Cavalle, dont le mur qui soutient le chemin s'est éboulé, ce qui peut s'accommoder dans une douzaine de jours.

De l'Oratoire du Pas de la Cavalle au Mont de Lans, le chemin est tout en plaine ou en traverse qui se trouve sur le penchant de la Montagne de l'Homme ; on laisse à main gauche, le hameau de Bons, et l'on passe le Torrent qui vient de l'Alpet sur un pont de pierre, de là on passe dans du Chérard.

Le Mont de Lans est situé sur un plateau, entre deux vallons d'où l'on peut communiquer par la gauche, en Savoye, au village de Chambons, en six heures, passant par le Frenet, Clavans, et le Col de la Battua.

De Clavans, on peut encore communiquer au village de Saint Sorlin en Savoye, en cinq heures, passant par la paroisse de Besse et le col des Berches, dont la moitié en montée et l'autre en descente.

Du Mont de Lans au Dauphin, trois quarts d'heure, dont demi-heure en descente et l'autre en traverse sur le bas du penchant de la Roche de Cuculet qui est un terrain aquatique où il sort des sources chaque fois qu'il pleut, ce qui rend cette partie de chemin fort mauvaise pendant l'espace d'environ quatre cents toises ; tant qu'à présent il est praticable, l'ayant fait réparer en dernier lieu. Au pied de la descente du Mont de Lans on passe un torrent sur un pont de pierre et on laisse à main gauche, un peu au-dessous, le hameau du Chambon.

Du Dauphin, en passant la Romanche sur un pont de bois, on

communique à Clavans, par Misoin, on communique aussi au hameau de Auris.

Du Dauphin à la Grave, en suivant la Combe de Malaval, deux heures, laquelle est extrêmement resserrée par les montagnes, n'y ayant que la rivière qui est extrêmement encaissée et fort rapide, laquelle se précipite dans des rochers qui sont tombés dans son lit. A une heure de chemin en avant du Dauphin, on trouve à main gauche l'Hôpital de Loche qui a été établi par les Dauphins et maintenu par les rois de France pour la sûreté des passants et qui aurait besoin des bontés du Roi pour le rétablir, tombant totalement en ruine.

De l'Hôpital de Loche à la Grave, on passe trois fois la Romanche sur des ponts de bois, et on laisse, après avoir passé le dernier pont, un peu à gauche, les Fréaux. Ensuite on passe un pont de pierre sur un torrent auprès de la Grave. La partie du chemin du Dauphin à la Grave est en bon état, mais il est absolument nécessaire, pour l'entretenir, d'y faire travailler tous les commencements de campagne, par la raison que les coulées de neiges ne sauraient éviter de le dégrader et de le combler, se trouvant pratiqué sur le penchant de la montagne dans un terrain mouvant sur une grande portée de sa longueur. On ne trouve, depuis le Dauphin jusqu'au hameau des Fréaux, aucune partie de terrain qui soit cultivé, à la réserve d'un petit plateau auprès de l'Hôpital de Loche.

De la Grave on peut communiquer aux Chambons, en Savoye, en cinq heures, passant par les Traverses, le Chaselet et le Col de Trente Combes ; savoir ; trois heures de montée et deux heures de descente.

De la Grave on communique encore à Bonnenuit, en Savoye, en six heures, dont trois et demie de montée et deux et demie de descente, passant par Ventalon, les Zières, Valfrayde et le Col de Goléon.

De la Grave au Villard d'Arenne, en remontant toujours la rive droite de la Romanche, trois quarts d'heure, dont un tiers en descente et le restant en montée ou en plaine. On passe à moitié chemin le torrent de Valfraide sur un pont de bois, on passe encore un petit pont sur un ruisseau provenant du lac qui est au-dessus du Villard d'Arenne.

La partie du chemin de la Grave jusques au second point passant par le travers des Ardoisières est en bon état ; celle du pont du Villard d'Arenne l'est aussi actuellement. Mais, s'il survenait des pluies, cette partie du chemin serait bientôt dégradée, par la raison que le terrain n'est autre chose que des fondrières où il y aurait du risque pour les passants si on se détournait du chemin ou par la droite ou par la gauche dans les temps de pluie.

Cette communauté aurait besoin des bontés du Roi. En leur envoyant quelques personnes intelligentes pour voir les précautions qu'il y aurait à prendre pour sauver leur village et les parties du terrain contiguës qui subsistent encore, sans quoi, par succession de temps, il est dangereux que cette communauté ne soit entièrement détruite.

Du Villard d'Arenne au pied de Lautaret, un quart d'heure, en remontant toujours la rive droite de la rivière et laissant à gauche sur le penchant de la montagne les deux hameaux des Cours ainsi que la Chapelle de Saint Antoine.

Du Pied du Lautaret on peut communiquer en trois heures au Casset, dans la vallée du Monestier, passant par Arsine et le Col d'Oursine, savoir : trois quarts d'heure de montée, autant de descente, et le restant en plaine.

Du hameau du Pied de Lautaret à la Magdelaine, une heure et demie, dont demi-heure de montée, demi-heure de descente et le restant en plaine. On laisse sur la sommité du col, à la gauche du chemin, un Hôpital qui a été fondé dans le même temps que celui de la Loche, dans la combe de Malaval, et qui aurait besoin aussi d'être rétabli par le Roi, de la même manière qu'il a eu la bonté de le faire pour celui de la Magdelaine en 1740.

Au bas de la descente du Lautaret, on trouve un chemin sur la gauche qui va au village de Bonnenuit en Savoye en quatre heures, dont deux heures de montée et le restant en descente, passant par le Col du Galibier par où les Espagnols ont passé en partie en 1742 et 1743.

De la Magdelaine au Lauzet, trois quarts d'heure ; en descendant la rive gauche de la Guisanne, on laisse à gauche les hameaux de Leytrecha et Foncibert, ainsi que la Chapelle de N.-D. et l'on passe un pont de bois sur le ruisseau qui vient de la Ponsonnière, attenant au village du Lauzet. On communique en cinq heures à Bonnenuit, dont deux heures et demie de montée et autant de descente, passant par les granges de l'Alp et le Col de la Ponsonnière, où l'infant et une partie des Espagnols ont aussi passé, cette dernière guerre. On communique encore à la Chalp, dans la vallée de Neuvache, passant par l'Alp et le Col du Chardonnet, en trois heures, dont la moitié de montée et le restant de descente.

Du Lauzet au Casset, trois quarts d'heure en descendant sur la rive gauche de la Guisanne. On laisse sur la droite, de l'autre côté de la rivière, les hameaux des Boussardet et Fontenil, et, sur la gauche du chemin, celui de Maison Blanche. Du Casset au Monestier un quart d'heure.

Du Monestier on peut communiquer par la droite à la parroisse de Vallouise en quatre heures, dont deux de montée et deux de descente, passant la Guisanne sur un pont de bois, ainsi que le Col de Léchauda.

On communique encore du Monestier au hameau de la Chalp, dans la vallée de Neuvache, en quatre heures, dont deux de montée et deux de descente, passsant par Puy Chevalier, et le Col du Vallon Clausis.

On communique encore au hameau du Varnet, de la vallée de Neuvache, en quatre heures, dont une et demie de montée et deux et demie de descente, passant par le Puy Fraissinet, le col de Buffert, les granges de Buffert et un pont de bois sur la rivière de la Clarée, lequel chemin est praticable pour des bêtes de charge une partie de l'année.

Du Monestier à Villeneuve, trois quarts d'heure en descendant toujours la rive gauche de la Guisanne. On laisse à main gauche les villages de Fraissinet et Serre Berbain, et, à main droite de la rivière, de Villeneuve on peut communiquer au Col de l'Echauda en une heure et demie, passant par le village de Besse et les granges de Fréjus. Ou communique aussi de Villeneuve au village de Neuvache en quatre heures, dont deux de montée et deux de descente, passant par le village de la Salle, par le Puy de la Salle, le Puy Chirouzan, le Clot de Goutru, le Col de Cristau, et un pont de bois sur la Clarée, dans la vallée de Névache.

De Villeneuve à Chantemerle, deux heures. On laisse sur la gauche les hameaux de la Chirouze et de Pananche, et, sur la droite, celui du pont du Seig^r.

De Chantemerle on peut communiquer par la gauche à Neuvache en quatre heures et demie, dont deux de montée, deux de descente et demi-heure de plaine ou de traverse, passant par le Villard de la Magdelaine, les Tronchées, le Col de Grenouil, celui du Longet et un pont sur la Clarée.

De Chantemerle à Saint-Chaffray, un quart d'heure, d'où l'on communique par la gauche aux granges de Grenouil, en deux heures et demie, dont deux de montée et une et demie de descente, passant par le col de Barteaux.

Des Granges de Grenouil on communique en une heure à la Draye, hameau de la vallée des Prés, toujours en descendant en suivant la rive droite dudit vallon de Grenouil.

De Grenouil on communique aussi à Plampinet, en une heure et demie, dont demi-heure de montée et une heure de descente.

De Saint-Chaffray à Briançon, 3/4 d'heure, on laisse à droite, auprès d'un oratoire, un chemin qui va à Ste Catherine, au-dessous de Briançon, passant par Forville. On trouve aussi à la gauche, un chemin qui peut communiquer en quatre heures au Rosiers hameau de Vallée des Prés, dont deux heures de descente, passant par le hameau du Pon et par le col de Lesca et l'Enrouy.

On observera que le chemin, depuis le Lautaret jusqu'à la Magdelaine est très praticable et qu'on peut le rendre encore meilleur en peu de temps.

On observera aussi que la chaîne de montagnes, qui sépare la vallée du Monestier d'avec celle de Neuvache, a été retranchée en 1747, après l'affaire de l'Assiette, afin d'être en état de soutenir cette position pour la sûreté de la communication de la Petite Route de Grenoble à Briançon, si le Roi de Sardaigne et ses alliés avaient voulu tenter d'y prendre poste pour nous inquiéter.

BOURCET DE LA SAIGNE.

VI. — OBSERVATIONS IMPORTANTES
DE M. LE COMTE DE MARCIEU [1] SUR LES FRONTIÈRES
DE DAUPHINÉ

Le Dauphiné est limitrophe à la Savoye et à la partie du Piémont qui comprend les vallées cédées trop légèrement au Roi de Sardaigne en échange de celle de Barcelonnette.

La frontière de Savoye ne peut donner de l'inquiétude que dans l'étendue du cours du Guiers et dans celle qui compose la largeur de la vallée de Graisivodan, à la tête de laquelle Montmeillant restauré se trouve situé et peut servir de point d'appui aux troupes du Roi de Sardaigne.

Le passage du Guiers peut se défendre dans l'intervalle compris entre le bassin des Echelles sur France et le château de Vaulserre et cette rivière ayant ses rives presque plates, tant dans la partie supérieure à cet intervalle que dans l'inférieure, jusques à son confluent dans le Rhône, il ne serait pas possible d'en soutenir la défense contre une armée supérieure, ce qui a fait prendre le parti, dans toutes les guerres qu'on a eu à soutenir contre le Roi de Sardaigne, de placer la cavalerie et les dragons à portée de cette rivière, comme les troupes les plus propres à la sûreté de cette partie de la frontière et à empêcher les courses de l'ennemi dans les plaines de Dauphiné sur la ville de Lyon.

La largeur de la vallée de Graisivodan qui aboutit à Montmeillant, fortifié par les Espagnols en 1746, comprend le fort de Barrault et son camp retranché sur la rive droite de la rivière d'Izère, une plaine assez étendue et des penchants de montagnes très accessibles à la rive gauche de la même rivière.

Le camp retranché serait d'autant meilleur, que sa droite est appuyée à une rivière qu'on ne peut gayer dans aucun temps de l'année, sa gauche à une montagne inaccessible, et que son front présente un ravin très profond dans les trois quarts de son étendue, on est convenu

---

[1] Le comte Pierre-Louis-René de Marcieu, lieutenant général du 20 février 1743, gouverneur de Grenoble de 1753 à 1790.

qu'il serait aussi utile de l'entretenir que les redoutes de la vallée de Barcelonnette et celles du long du Var.

Le fort Barrault, en arrière du camp, est une place de peu de défense dans son état actuel, parce que son glacis est informe et qu'on ne peut en découvrir le pied d'aucune partie de son enceinte ; mais on pourrait remédier à ce défaut et rendre cette place plus respectable ; il faudrait en même temps l'augmenter de quelques bâtiments pour le logement de la garnison, pour les vivres et les effets de l'artillerie.

A l'égard du terrain compris à la rive gauche de l'Izère, il serait très difficile de s'y précautionner contre les entreprises d'une armée supérieure, et cette considération, jointe à la nécessité d'avoir à Grenoble l'entrepôt de toute la frontière, fait désirer que le Roi se détermine à le fortifier, d'autant qu'il se trouve à l'extrémité du débouché de la vallée de Graisivodan, à la fourche des chemins qui communiquent aux places de la frontière du Piémont, et que le roi n'a aucune place en seconde ligne. On ajoutera ici que cette capitale se trouvant au confluent du Drac dans la rivière d'Izère est souvent menacée de leurs irruptions et que sa situation exige toute l'attention du ministère et demande les bontés du Roi pour l'ordre et les fonds nécessaires aux réparations qui peuvent la mettre à couvert des inondations fréquentes auxquelles elle est exposée.

Avant de parler de la frontière du Piémont, il est nécessaire d'observer qu'on ne communique aux places qui la couvrent que par le moyen de deux chemins, l'un appelé la Grande Route, dirigé par La Mure, Corps et Gap sur Embrun, d'où, par Saint Crépin et la Bessée, à Briançon ; l'autre, appelé Petite Route, dirigé sur Vizille, le Bourg d'Oysans et le Villars d'Aresne, d'où, par le Monestier, à Briançon ; que cette dernière a été négligée, qu'elle est devenue presque impraticable et que rien n'est plus essentiel que d'en ordonner le prompt rétablissement: 1° parce que son débouché étant très rapproché de Briançon, on pourrait y faire arriver des secours en peu de temps et de Grenoble en trois jours au plus ; 2° qu'elle économiserait beaucoup les dépenses dans un temps de guerre pour le transport des munitions de guerre et de bouche, puisqu'il y aurait cinq ou six jours de marche à gagner sur le débouché des troupes d'une route à l'autre et quatre au moins pour les bêtes de charge ; 3° parce qu'il ne saurait y avoir trop de chemins pour assurer la communication d'une frontière, et enfin que si la position des places de Briançon et de Montdauphin est devenue défectueuse depuis la cession des vallées, c'est par la difficulté qu'on trouverait à les secourir si les ennemis étaient postés sur les parties les plus resserrées de ces deux routes, n'ayant aucun moyen d'y arriver par d'autres chemins pratiques dans l'intervalle qui les sépare.

La frontière de Dauphiné qui répond au Piémont est couverte par les places de Briançon, Château de Queyras, Montdauphin et Embrun.

La première au concours des Vallées des Prés sur le débouché du Mont Genèvre, de Servières et du Monestiers, comprend Briançon et ses hauteurs, c'est-à-dire les Têtes et Randouillet, avec leur mutuelle communication, les forts Dauphin et d'Anjou, avec la redoute à Machicoulis.

La ville de Briançon, quoique fermée par une enceinte et couverte par la redoute des Salettes sur un plateau avancé, ne pourrait résister à une attaque en règle qu'autant qu'on fortifierait son château pour prendre des revers sur toute l'étendue de son pourtour. Les forts des hauteurs sont d'une bonne défense, mais exigeraient qu'on occupât encore l'Infernet et le plan de la Ceille, hauteurs qui les dominent et sur lesquelles l'ennemi pourrait arriver avec du canon. Et cette place, dont l'étendue des fortifications est immense, n'a pas assez de bâtiments pour le logement des troupes et exigerait la construction d'un grand hôpital dans quelque partie convenable de son enceinte, parce que la maison que le roi loue pour cet objet est hors de toute défense de la place et ne pourrait être occupée, si on avait à craindre quelque entreprise de la part de notre voisin.

Le château de Queyras, situé au concours des vallons qui divisent la vallée de Queyras, ne doit se regarder que comme un corps de garde avancé qui couvre le débouché de la Combe de Queyras sur Montdauphin, et celui des vallons d'Arvieux et le col d'Hisouard sur Servière et Briançon. Mais, comme le Roi de Sardaigne ne peut y faire arriver du gros canon que par le travail de toute une campagne, il suffirait de mettre ce château à l'abri d'un coup de main pour s'en assurer la position, qui ne laisse pas d'en imposer aux courses des Barbets ou Vaudois des vallées de Luzerne et de Saint Martin.

Le Montdauphin, situé très avantageusement au débouché du col de Vars et de la Combe de Queyras, est une place des plus importantes pour la sûreté de la frontière, qui est bordée d'un escarpement sur les trois quarts de son pourtour, fournit plusieurs moyens d'une bonne défense ; mais le projet de sa fortification n'ayant été exécuté qu'en partie, elle se trouve dans un état qui ne permettrait pas la défense la moins opiniâtre, il est d'une nécessité absolument indispensable de déterminer plus tôt que plus tard les travaux dont elle est susceptible, qui remédieront sans doute aux inconvénients que le plateau de Guillestre fait craindre sur l'étendue de son front d'attaque, et d'y construire tous les bâtiments dont on peut y avoir besoin.

Embrun, situé sur un plateau dans le penchant de la montagne de Saint Guillaume, ne peut être regardé que comme une place très médiocre, parce que son enceinte du côté de la même montagne en est dominée à la portée de carabine ; mais comme le Roi de Sardaigne ne peut y marcher qu'avec du gros canon en passant sous le Montdauphin, on doit la regarder comme une place en seconde ligne dont le sort dépendra toujours de la défense de Montdauphin.

Le débouché du col de Vars, qui est le seul dont l'ennemi pût se servir pour faire arriver de l'artillerie de siège sur Montdauphin et Embrun, répond à la vallée de Barcelonnette Et c'est au bas de ce passage, du côté de cette vallée, à une demi-lieue de Saint Paul, qu'on trouve le camp de Tournoux, dont l'importance a été généralement reconnue par tous les officiers généraux et principaux qui ont fait la guerre sur cette frontière.

Ce camp occupe un fond de très peu d'étendue sur un plateau dont les penchants sont très difficiles à gravir, et domine l'unique chemin par lequel on puisse faire passer l'artillerie.

Il a l'avantage, étant occupé par quinze bataillons ou douze au moins, de ne pouvoir être tourné et d'avoir toujours sa retraite assurée sur Embrun, ce qui le fait regarder comme la position la plus essentielle contre les entreprises que le Roi de Sardaigne pourrait tenter par le côté de Barcelonnette, et exige toute l'attention du Ministère pour l'entretien des redoutes qui en doivent soutenir la défense, d'autant que dans toute l'étendue de cette vallée il serait impossible de trouver une position qui pût être fortifiée et remplir un objet plus important.

Au surplus, le Marquis de Monteynard, maréchal de camp, qui a fait avec tant de distinction les fonctions de maréchal des logis de l'armée sur toutes ces frontières et en Italie pendant six ans, et M.

Bourcet, brigadier chargé de la direction des fortifications en Dauphiné, qui a été employé si utilement dans toutes les trois dernières guerres, tant en deçà qu'en delà des Alpes, sont plus en état que qui que ce soit de fournir les détails et les éclaircissements qu'on pourra désirer relatifs à ces observations, comme aussi M. de la Porte, intendant, pour ce qui concerne dans cette province les vivres, les approvisionnements, les hôpitaux, etc. et M. Bailly, lieutenant-général, pour ce qui regarde l'artillerie, etc.

Le Comte De Marcieu.

A Grenoble, le 25 février 1752.

VII. — MÉMOIRE DE M. BOURCET SUR LES FORTIFICATIONS DE GRENOBLE [1].

La ville de Grenoble a une enceinte si irrégulière et si informe qu'on ne pourrait en tirer aucun parti pour sa défense. Et comme elle se trouve d'ailleurs dominée par le penchant de la montagne de Rochas, sur un des mamelons de laquelle est situé le mauvais réduit de la Bastille, il serait nécessaire d'occuper les hauteurs pour mettre cette place dans l'état convenable.

Ce réduit se trouve au point de concours d'une enceinte en maçonnerie qui enveloppe une partie dudit penchant depuis la porte de France jusques à la porte de Saint Laurent, tant au dessus qu'au dessous de la ville, sur la rive droite de la rivière d'Izère.

La partie d'enceinte qui ferme la partie supérieure de ce penchant, depuis la porte de Saint Laurent jusques à la Bastille, est disposée à n'en pouvoir faire aucun usage dans le projet de fortification qu'on pourrait former sur cette place, celle qui ferme la partie inférieure

---

[1] Les consuls de Grenoble présentèrent à M. de Paulmy, le 16 juillet 1752, un plan pour appeler son attention sur l'état déplorable des fortifications de la ville et sur l'intérêt qu'il y aurait à ce que l'Etat se chargea de les faire réparer. D'après la réponse de M. de Paulmy, communiquée par l'Intendant le 23 novembre 1752, les réparations devaient être faites aux frais de la ville. (H. D.)

occupant l'extrémité des escarpements suivant leurs différents retours pourrait servir en partie.

La situation de Grenoble par rapport à la frontière du Dauphiné doit toujours se regarder comme la plus favorable pour servir d'entrepôt général aux places avancées ; ce qui autorise la nécessité de former un projet général qui embrasse toutes les parties et qui rende cette place des plus respectables, d'autant mieux qu'elle se trouverait la seule en seconde ligne sur toute l'étendue qui a rapport à cette province, que les effets du Roi y doivent être en sûreté dans toutes les circonstances ; et que dans le cas où le Roi serait forcé de faire marcher des secours sur la frontière qui y a rapport, tant du côté de Piémont que du côté de Savoye, il ne pourrait les rassembler dans aucun endroit plus convenable que dans ses environs.

Grenoble se trouve situé sur la rivière d'Izère, qui prend sa source dans les montagnes de Savoye, à l'extrémité de la Tarentaize, dont le volume des eaux est assez considérable pour porter les plus gros bateaux, et qui n'a qu'environ quatre pouces de pente par cent toises aux environs de la ville. Cette rivière reçoit le torrent du Drac au dessous de la ville, qui a une pente six fois plus grande, et qui se chargeant de beaucoup de gravier en dépose beaucoup dans toute l'étendue de son cours et principalement à son confluent, ce qui rétrécit si considérablement le lit de la première qu'il en suspend le cours. D'ailleurs, les dépôts du Drac ayant rehaussé le terrain et formé comme une espèce de traverse, il ne reste qu'un très petit espace pour l'écoulement de l'Izère et au moyen duquel lorsque les pluies d'orages ou fontes des neiges augmentent beaucoup le volume de ses eaux, il en arrive beaucoup plus qu'il ne s'en peut dépenser dans le même temps, et dès lors le surplus est forcé de se répandre dans la ville et sur la campagne, ce qui forme des inondations qui deviendront d'autant plus fréquentes que l'eau de l'Izère, dont la vitesse est très petite, déposant continuellement dans son lit beaucoup de la vase dont ses eaux sont chargées, elle le rehausse à chaque crue et augmente journellement le danger auquel cette ville capitale se trouve exposée dans les inondations.

D'un autre côté, le Drac menace par plusieurs points de faire irruption sur la ville, et ce n'est que par des réparations fort étendues qu'on contient ses eaux dans un espace appelé le Canal du Jourdan. Mais ce torrent déposant, comme on l'a déjà dit, beaucoup de gravier dans son lit, on est obligé de rehausser souvent lesdites réparations ; en sorte qu'on fait couler ce torrent sur le sommet d'un dos-d'âne dont la hauteur est de seize pieds au dessus du seuil de la partie appelée de la Graille ; et si on n'avait pas l'attention d'entretenir ces réparations à la hauteur des plus grandes eaux, les seuls déversements de ce torrent seraient capables de renverser quelques parties des murs de la ville. Il devient donc indispensable de faire entrer pour premier objet dans la détermination de fortifier Grenoble le moyen de mettre la place à l'abri des inondations auxquelles elle se trouverait soumise.

Pour y parvenir, on juge que le moyen le plus sûr consiste à changer le lit de la rivière d'Izère qui sépare actuellement la ville des faubourgs de la Perrière et de Saint Laurent, pour le diriger hors de son enceinte aux extrémités des faubourgs des Trois Cloîtres et de Saint Joseph, d'où elle rentrerait dans l'ancien lit, à environ trois cents toises au dessous de la ville. Par ce moyen, la rivière aiderait à sa fortification, la ville se trouverait adossée à la montagne, et il serait facile d'assurer les rives de la rivière et de contenir ses eaux de façon qu'il n'en pût entrer dans la ville que les parties qui seraient nécessaires à l'usage des habitants ; et la rivière se trouvant par là avoir un cours moins étendu augmenterait de vitesse et dépenserait davantage, d'autant qu'on pourrait encore la diriger sur une portion des dépôts du Drac, et augmenter par conséquent l'étendue de son écoulement.

Quant à ce qui regarde le Drac, on croit que le seul parti à prendre pour garantir la ville de ses irruptions serait celui de lui former un lit en ligne droite depuis le pont de Clet, en le dirigeant de façon que son confluent formât le plus petit angle d'incidence possible, ce qui aiderait l'Izère à entraîner les dépôts qui restent aujourd'hui au confluent dudit torrent.

Pour profiter, quant à la fortification de Grenoble, du nouveau lit qu'on donnerait à l'Izère, on pourrait établir l'enceinte de façon que la rivière pût servir d'avant fossé ; et comme l'expérience apprend qu'elle n'a pas assez de force pour entamer les réparations en jetées de pierres, on établirait le parapet du chemin couvert au dessus des eaux les plus hautes, en observant de n'y faire aucune coupure et de se contenter de former des rampes pour descendre sur les ponts dormants des ouvrages extérieurs.

Il faudrait encore construire une grande écluse dans la partie rapprochée du point où le nouveau canal rejoindrait l'ancien et une plus petite entre l'arsenal et la porte de Saint Laurent : la première servirait à inonder la plaine en avant de la place depuis ladite écluse jusques au pied de la montagne au dessous de Grenoble, et la seconde à faire entrer dans un petit canal, qu'on conserverait au milieu de l'ancien dans l'intérieur de la ville pour le commerce des habitants, les eaux de la Tronche qui ne pourraient plus être conduites dans le nouveau canal de l'Izère.

A l'égard de la fortification, celle de la ville consisterait : 1° en une enceinte dont les fronts seraient les plus réguliers qu'il serait possible, suivant le système de M. le Maréchal de Vauban, couvert chacun d'une demi-lune et d'un chemin couvert avec son glacis, dont l'extrémité de la pente répondrait à la jetée de pierre qui borderait la rive droite de la rivière ; 2° en une citadelle qu'on placerait en avant de l'arsenal dans la partie appelée l'Isle Vert, et dont l'objet serait relatif à la fortification de la montagne. On pourrait encore, pour épargner les sommes qu'il en coûterait pour la formation d'une nouvelle enceinte, faire un simple camp retranché en avant de celle qui existe : car en supposant la rivière hors de la ville, on n'aurait à craindre aucune entreprise sur le côté de l'enceinte qu'elle borderait, surtout si la plaine se trouvait seulement inondée de six pouces ou un pied d'eau.

La plus grande hauteur du mont Rochas se trouvant susceptible d'un escarpement à pic dans tout son pourtour, ne laisserait aucune inquiétude pour la défense des plateaux bas, et ne pourrait par conséquent fournir aucun avantage à l'ennemi qui chercherait à l'occuper. On se contenterait donc de l'escarper, et de profiter du plateau qui se trouve au-dessous pour y construire un petit fort, dont la communication avec la Bastille borderait le sommet du penchant des vignes de la Tronche, et l'extrémité du rocher du côté de Saint Martin de la Porte de France.

L'enceinte depuis la Bastille jusques à la rive droite de l'Izère, près de la porte de Saint Laurent, formerait deux parties : la plus élevée depuis le point de la Bastille jusques à un escarpement qu'on formerait à mi penchant ; la seconde depuis ledit escarpement jusques à l'Izère, observant que la partie supérieure serait de défense à l'inférieure, et que la partie la plus rapprochée de la rivière fut couverte par quelques ouvrages extérieurs.

Dans cette disposition, il ne resterait de ressource aux ennemis pour assujettir Grenoble que dans le penchant des vignes de la Tronche, et ses attaques ne pourraient dans cette partie être dirigées que dans un rentrant considérable où ils seraient vus de tous côtés tant par les hauteurs que par la citadelle qui serait dans le bas, indépendamment des obstacles qu'ils trouveraient sur le front qui formerait cette étendue.

Ce mémoire ne pouvant donner qu'une idée générale sur le projet qu'il conviendrait de former en faveur de la fortification de Grenoble, on se réserve de faire le détail de chaque partie comprise dans ce projet général lorsque le ministre l'ordonnera.

Bourcet.

MÉMOIRE DE M. DE LA PORTE
SUR L'ADMINISTRATION DE LA VILLE DE GRENOBLE

L'Administration de la Ville est confiée à quatre consuls choisis élus par les habitants sous l'agrément du gouverneur de la province. Le premier consul est tiré du corps de la noblesse d'épée ou de robe, ou dans celui des avocats, le second dans la communauté des procureurs du Parlement, le troisième dans le corps des notaires, procureurs au baillage de Graisivaudan et des bourgeois et marchands, et le quatrième est pris parmi les plus notables habitants de la Perrière et de Saint Laurent.

Deux de ces consuls sont changés annuellement, en sorte qu'il en reste toujours deux en place pendant une année pour instruire les deux nouveaux.

Leurs gages sont actuellement fixés, savoir : ceux du premier consul à 600 l., ceux du second à 400 l., ceux du troisième à 300 l., et ceux du quatrième à 250 l. non compris un droit de marque qu'il perçoit sur les mesures d'étain.

Ceux de trésorier à 600 l.

Le pouvoir des consuls est borné à régler les petites affaires qui n'excèdent pas 200 l., ils peuvent jusques à cette somme arrêter tous comptes, mémoires et états, et à l'égard des autres affaires dont l'objet est au-dessus de 200 l., elles doivent être traitées et examinées dans le conseil ordinaire.

Ce Conseil est composé de quinze personnes savoir : des quatre consuls, d'un syndic du chapitre Notre Dame, d'un syndic de la collégiale de Saint André, du syndic de la noblesse de la ville, de trois conseillers, dont l'un tiré de l'ordre des avocats, l'autre des corps des procureurs au Parlement et au baillage et des notaires ou bourgeois vivant noblement, et le troisième du corps des marchands, du lieutenant général de police, du procureur du Roi de la ville, de l'avocat et du procureur au Parlement chargé des affaires de la ville, et du trésorier.

Lorsque ce Conseil a examiné les affaires et qu'il les trouve trop importantes pour les terminer seul, on les porte devant un Conseil général qui était ci-devant composé de 40 personnes et qui se trouve actuellement réduit à 25, qui sont : les 15 du Conseil ordinaire avec dix conseillers dont un second syndic de chacun des chapitres de Notre Dame et de Saint André, un second syndic de la noblesse, et deux avocats, et deux sujets tirés des communautés des procureurs au Parlement et au baillage, d'un tiré du corps des notaires ou de celui des bourgeois, et de deux sujets tirés du corps des marchands.

A l'égard des revenus de la Ville, ils montent actuellement à 93.712 l. 17 s. 3 d., savoir :

Les octrois affermés à..............	84.000	»	»
Neuvième de la ferme des poids à farine............................	610	11	2
Rentes sur les tailles..............	86	14	»
	84.697	5	2
De l'autre part.................	84.697	5	2
Rentes sur particuliers.............	123	12	1
Loyers de maisons................	1.242	»	»
Sur l'état du Roi pour l'entretien des lanternes...	4.000	»	»
Fermes du péage sur le Pont de Pierre.	3.650	»	»
Total des revenus................	937. 12	17	3

Sur ces revenus la Ville a différentes natures de dépenses à payer annuellement, savoir :

1° Les gages des consuls, procureurs du Roi, secrétaire, concierge, du lieutenant général, commissaires et huissiers de police dont les charges ont été réunies à la Ville et qu'elle fait exercer par commission, et l'entretien des pavés de la ville montant à.................... 11.083 9 »

L'indemnité accordée au Parlement sur les revenus de la Ville par arrêt du Conseil du 23 avril 1725, à cause des vallées cédées au Roi de Sardaigne par le traité d'Utrecht.. 2.000 » »

	13.083	9	»
Ci contre....................	13.083	9	»

Rentes et fondations que la Ville doit à différentes églises et à l'hôpital général.. 26.850 » »

Logement des officiers de l'état-major et de la garnison, de la maréchaussée, bois et lumières des corps de garde ; entretien des casernes, guérites, capotes, et tout ce qui regarde le militaire : montant année commune à environ............ 21.000 » »

Dépenses annuelles pour l'entretien des toits et vitres des églises paroissiales, réparations des bâtiments de la ville, des pompes et puits. Présents de vin à Mgr le Duc d'Orléans, appointements de l'ingénieur chargé de dresser les devis et de veiller aux réparations, gages du jardinier et portier, prêt et annuel des charges de police appartenantes à la ville, et autres.......... 60.933 9 »

De l'autre part.............. id.

Dépenses, soit pour les réjouissances publiques, passages d'officiers généraux, et autres imprévues montant année commune à environ.................... ...... 8.500 » »

Entretien des lanternes............ 4.000 » »

Entretien du Pont de pierre et du Pont de bois consomme année commune le revenu du péage qui est de.. .... 3.650 » »

Total de la dépense.......... 77.083 9 »

Ces dépenses ne se paient que sur des mandats expédiés dans le Conseil ordinaire sur le trésorier qui ne les acquitte que sur le visa de M. l'Intendant.

Indépendamment de toutes ces dépenses annuelles, la ville doit différents capitaux qui montent à plus de 350,000 l., tant à l'hôpital général et à ceux qui ont prêté à la ville pour les charges de police, que pour des reliquats d'anciens consuls.

Il est aisé de voir par le détail ci-dessus que la ville de Grenoble jouissant d'un revenu de.......................... 93.712 17 3
ayant de charges ordinaires.......... 77.083 9 »
n'a de revenu libre que............. 16.629 8 3

Et attendu les 350.000 l. de capitaux qu'elle doit en outre, et qui forme une dette annuelle de 17.500 l. d'intérêts à payer à raison de 5 p. 0/0 jusqu'au remboursement desdits capitaux.

D'ici là, il s'en faut de 870 l. 9 s. que la Ville de Grenoble n'ait un fonds libre pour pourvoir à des dépenses ou pour faire des nouveaux établissements.

IX. — MÉMOIRE DE M. DE LAPORTE, CONTENANT UN PROJET D'APPROVISIONNEMENT DE FOURRAGES A ÉTABLIR ET A SOUTENIR EN TOUT TEMPS DANS LE DAUPHINÉ POUR S'EN SERVIR DANS LES OCCASIONS.

On ne saurait trop se précautionner, pour le service militaire du Haut Dauphiné, contre les obstacles que la nature a réunis pour le rendre difficile.

L'article des fourrages est un de ceux qui exige qu'on le prépare le plus d'avance qu'il est possible, si l'on veut qu'ils soient assemblés au premier besoin, de façon qu'une armée agissant sur cette frontière, soit à titre d'offensive, soit de défensive, puisse en trouver dans les différentes positions qu'elle sera destinée à occuper.

Les fourrages pour la formation des magasins de cette frontière ne peuvent se tirer que des parties du Dauphiné qui en sont les plus voisines, et cependant on est forcé de recourir jusqu'à une distance de 20 ou 25 lieues pour en rassembler les quantités que le besoin militaire exige.

L'Ecarton briançonnais et la vallée de Queyras sont les plus à portée de contribuer à la formation des magasins ; mais les quantités qu'on en peut tirer sont bornées et jamais il n'a été possible de les porter au-delà de 30 à 35.000 quintaux au plus. L'Oysans et l'Embrunais, qui forment la seconde ligne, n'en peuvent pas rassembler plus de 30.000 quintaux dans le cas du besoin le plus forcé, et enfin le Gapençais et le Champsaur, qui sont en troisième ligne par rapport au magasin de Briançon ou de Mont Dauphin, ne peuvent pas y fournir au-delà de 40.000 quintaux.

On a recouru, en 1747, à la subdélégation du Buis, composée du pays appelé les Baronies, et qu'on peut regarder comme étant en quatrième ligne par rapport aux emplacements ci-dessus désignés, et on en a porté la répartition jusqu'à 30.000 quintaux, mais sans les avoir jamais pu réellement faire transporter dans les magasins de la frontière.

Il est donc aisé de voir que la plus forte quantité de fourrage qu'on puisse se flatter d'assembler sur la frontière pour les besoins d'une armée destinée à y opérer n'excède pas 130 ou 135.000 quintaux. C'est forcer l'opération et sortir des bornes du possible que d'en espérer ou d'en demander davantage ; et si, malgré la connaissance des forces de la province, un général veut porter la répartition plus loin, il s'expose à ne pas obtenir la quantité demandée, qui n'existera que dans les mandements de l'intendant et jamais dans les magasins de la première ligne.

Mais ce n'est pas tout que de songer à n'exiger du Dauphiné que le possible, il faut encore s'occuper de la difficulté des transports et la surmonter en demandant assez à temps les quantités de fourrages dont on pourrait avoir besoin pour qu'elles soient rassemblées à l'entrée de la campagne.

La récolte en fourrages se fait au plus tôt, dans cette province, à la fin du mois de juin ou au commencement de celui de juillet, et comme l'ouverture de campagne précède communément cette époque, il faut songer à former les magasins en matières de la récolte précédente et ne pas s'en tenir à celle de l'année.

Or, les transports de fourrages de l'année qui précède celle où se fait la guerre ne pouvant commencer que vers le mois de mai, lorsque la terre est découverte de neige dans cette partie, il est aisé de sentir que si l'on ne prévient l'hiver et la chute des neiges pour ordonner les transports et les versements de fourrages, on ne parvient pas à l'objet qu'on se propose, on trompe la Cour et le général qui y comptent, et on se réduit à être forcé de convenir qu'ordonner des approvisionnements de fourrages en Dauphiné à la fin de décembre, ou ne les demander qu'au 20 avril suivant, c'est la même chose quant à l'effet.

On a eu, dans la préparation des campagnes de 1747 et de 1748, une expérience réitérée de l'inconvénient qui vient d'être exposé, et l'on a, dans le dépôt de l'intendance de Dauphiné, des exemples réitérés de la vigilance avec laquelle MM. Bouchu et Dangervilliers, intendants de la province et de l'armée pendant la guerre de 1700, surmontaient ces obstacles, en déterminant la Cour et les généraux à former dès la fin de chaque campagne le plan des emplacements de fourrages nécessaires pour l'ouverture de la suivante. Dès le mois d'août de chaque année, le général fixait les quantités d'approvisionnements dont il prévoyait qu'il pourrait avoir besoin ; l'intendant formait une répartition sur les communautés, elle était annoncée par des mandements de lui portant défenses aux consuls et aux particuliers desdites communautés de se dessaisir des quantités de fourrages que la communauté était en état de fournir jusqu'à de nouveaux ordres de la part de l'intendant.

Si le projet de guerre était invariable, on employait utilement les mois d'octobre et de novembre, et même le reste de l'année jusqu'à la chute des neiges, à approcher les matières par reversements successifs de la quatrième ligne sur la troisième, de la troisième sur la deuxième, et de la deuxième sur la première.

La chute des neiges venait interrompre l'opération qui, déjà aussi avancée qu'elle pouvait l'être, se complétait aisément pendant la fin d'avril et le mois de mai, temps où communément la terre est découverte et les transports sont redevenus possibles.

La nouvelle récolte venait au secours des emplacements formés pendant l'hiver et la subsistance se trouvait assurée, quelque position que prît l'armée dans la fin de la campagne.

Pour imiter de pareilles précautions et s'assurer, dans tous les cas, une première tête d'approvisionnement qui, sans donner trop de jalousie à l'ennemi, préparât d'avance les opérations qu'il est possible de prévoir sur cette frontière au premier mouvement de guerre, on proposerait de profiter du temps même de paix pour s'assurer chaque année d'une quantité d'approvisionnement de fourrages à prendre sur la récolte, dont les communautés demeureraient dépositaires jusqu'au moment où la déclaration de la guerre et un besoin réel obligeraient de la déplacer pour en faire usage et qui ne serait payée aux communautés qu'au moment du déplacement même.

Pour mieux développer ce projet et l'avantage commun qu'en retireraient et le service du Roi et la province, on suppose que, dès 1752, l'intendant du Dauphiné recevrait ordre d'arrêter sur les communautés de cette frontière, une répartition de 40, 50, 60 ou 80.000 quintaux, le tout dans la proportion de la production en fourrages des communautés et des répartitions générales faites dans les années 1747 et 1748, avec défense aux particuliers de se dessaisir des quantités comprises dans la répartition.

Le paysan, averti par cette répartition et accoutumé au joug de l'autorité, plus encore sur cette frontière que dans les autres parties de la province, conserverait précieusement, et par forme de dépôt, la quantité dont il aurait eu défense de se dessaisir. Il garderait un moindre nombre de bestiaux pour diminuer sa consommation.

Le peu d'apparence qu'il y ait guerre en 1753 ne permet pas de prévoir que le déplacement de ces fourrages pût devenir nécessaire au mois de mai prochain; en ce cas, l'intendant permettrait aux communautés de disposer de leurs fourrages, sauf à en réserver la même quantité sur le produit de la récolte prochaine; cette précaution peut se répéter successivement d'année en année. Elle est onéreuse à la province la première fois qu'on la met en usage, mais, en récompense, elle assure pour le service du Roi une quantité déterminée de matières au premier besoin qu'en peut avoir son armée et elle sauve au peuple des transports forcés qui deviennent souvent impossibles ou insuffisants pour le premier moment de guerre, avec quelque vivacité qu'ils soient ordonnés et conduits.

La partie de finance ni le défaut de fonds ne peut pas être un obstacle à l'accomplissement de ce projet, puisqu'il ne peut jamais être question de payer la matière qu'au moment où on la déplace et que l'époque où le versement en est ordonné sur les magasins de la première ligne est celle de la déclaration de la guerre, où, par conséquent, la finance a fait les fonds nécessaires pour tous les genres d'approvisionnements qu'exige l'ouverture d'une campagne et que le fourrage qui en fait partie aura des fonds déterminés et assignés tant pour le payement de la matière que pour celui des transports, à raison de cinq sols par quintal et par lieue.

Observations de M. le Comte de Langeron

Toutes les réflexions du mémoire ci-contre partent d'un homme qui connaît très bien la province qui lui est confiée, et on ne peut assez louer le détail dans lequel il entre.

Le projet proposé paraît bon quand la guerre est commencée, mais on comprendra qu'il y a des circonstances qui ne permettent pas d'annoncer à ses voisins qu'on se dispose à la guerre, en faisant un an à l'avance des magasins sur ses frontières.

2° En obligeant en tout temps les communautés à avoir une certaine quantité de foin en dépôt, n'y aurait-il pas à craindre de porter à la province un préjudice considérable, puisqu'on gênerait le commerce, et qu'on ne peut en interrompre la circulation dans une partie, sans que les autres ne s'en ressentent?

3° Pourquoi forcer le paysan à garder un moindre nombre de bestiaux pour diminuer sa consommation, et lui rendre plus pesant le joug de l'autorité? Ne jamais faire tout ce qu'on peut, est une maxime d'état, encore plus indispensable sur les frontières que dans l'intérieur du royaume.

On va donner un autre projet, qui sera moins onéreux à la province, et qui pourra remplir une partie des vues qu'on se propose.

La récolte des fourrages ne se fait en Dauphiné qu'à la fin du mois de juin, comme le remarque très bien le mémoire ci-contre.

Et les transports ne peuvent se faire que depuis le mois d'avril jusqu'au mois de novembre; il faut prendre ses mesures en conséquence, mais avant de faire des transports, voyons comment on peut assembler des fourrages.

Les peuples du Dauphiné et de la Provence ont mille bonnes qualités, on conviendra cependant qu'ils aiment passionnément l'argent. Quand on sait prendre les hommes par leur faible, on est bien sûr de leur faire faire ce qu'on veut. C'est d'après ce principe qu'on propose, lorsque le Roi voudra assembler une armée sur la frontière du Dauphiné:

1° D'envoyer dans le temps convenable un homme intègre, intelligent, agréable à la province et muni d'une quantité suffisante d'argent. On appellera cet homme du nom de Commissaire pour plus de facilité.

2° Ce Commissaire, en arrivant à Grenoble, sera instruit par l'intendant et les subdélégués du produit général et exact des récoltes en foins et en pailles de chaque subdélégation, et du prix courant de chaque espèce.

3° Il s'attachera principalement à gagner la confiance des hommes principaux de chaque canton, et à leur persuader que les foins et pailles seront payés par lui aussitôt qu'ils auront été remis dans les magasins.

4° Le Commissaire fera indiquer le jour et le lieu où la communauté de......., portera telle quantité de foin ou paille. Il s'y trouvera pour voir peser et pour faire payer sur le champ et au prix courant. Il évitera sur toutes choses de donner des reçus. Le papier effraye le peuple, il ne compte que sur le bien présent ; on en dira plus bas les raisons.

5° Le premier essai fait, on indiquera dans la totalité ou dans une partie de la province, les lieux destinés pour faire les magasins de 1re, 2e, 3e et 4e lignes, et on avertira les communautés des jours où elles porteront telle quantité de fourrages.

Le Commissaire ne pouvant être partout à la fois, il faut remédier aux friponneries des gardes magasins. M. le Maréchal de Belle-Isle y a réussi en Provence, en mettant un officier principal à la tête de chaque magasin, et, indépendamment de cet expédient, on ne fera cesser ces friponneries des commis, qu'en cessant l'impunité de ceux dont les malversations sont connues.

Un habitant principal sera à la tête du convoi de chaque communauté, pour contenir les conducteurs, assister aux pesées, et aller recevoir son argent. Le Commissaire s'établira au centre des lignes.

6° La première imposition ne sera que d'une partie de ce que chaque communauté peut fournir, et, les approvisionnements ne se faisant que successivement, la confiance s'établira mieux, le peuple cessera de les craindre, et on lui donnera le temps de vendre le superflu de ses bestiaux.

7° Les versements et les transports se feront à raison de cinq sols par quintal et par lieue comme le prescrit le mémoire ci-contre.

Ce projet souffrira sans doute des objections, on dira, par exemple, que l'intendant est un commissaire désigné, et qu'il est inutile d'en envoyer un autre ;

2° Que ce projet est tout à l'avantage du peuple.

On répond à la première objection que si l'intendant de la province est chargé de former des magasins, le peuple ne croira jamais son payement assuré ; il se persuadera au contraire qu'on prendra ses denrées sans les payer ou tout au plus à compte de la taille, et qu'il se trouvera sans fourrages et sans argent. Si on envoie des commis faire des recherches dans les villages, la méfiance augmentera, les paysans cacheront leurs fourrages dans les montagnes, vendront ou cacheront leurs bestiaux, les communautés seront rançonnées par les commis, ou elles leur donneront de l'argent pour se dispenser de payer la quotité de l'imposition, et les magasins ne se rempliront point. Au lieu que par le projet proposé, le peuple sera charmé de trouver un débit sûr et prompt de ses denrées, et de rapporter de l'argent dans sa maison.

A l'égard de la 2ᵉ objection, rien de plus facile que d'y répondre.

L'aisance du peuple fait la richesse du souverain. Cette maxime, profondément gravée dans le cœur du monarque qui nous gouverne, prouve la bonté de ce projet. N'est-il pas de la justice et de l'humanité de diminuer aux provinces frontières le poids de la guerre, toujours plus onéreux pour elles que pour celles de l'intérieur du royaume ?

Gardons-nous d'appesantir le joug de l'autorité, il n'est supportable qu'autant qu'il est léger. N'employons l'autorité qu'à punir sévèrement le vice, et toujours d'une façon proportionnée à son énormité.

Enfin ce projet N'est point fondé sur une simple spéculation, mais sur celui donné par M. D. S..... en 1748, qui réussit, fit l'aisance de l'armée du Roi et le bonheur des habitants de Sospello.

On supplie M. le Mᶦˢ de Paulmy de vouloir bien jeter les yeux sur ces observations qu'on finit à regret, pour ne pas passer les bornes qu'on s'est prescrites.

X. — MÉMOIRE PARTICULIER DE M. BOURCET SUR LES FRONTIÈRES DE DAUPHINÉ.

Si la principale force d'un Etat consiste dans le nombre d'hommes qu'il peut rassembler et mettre en armes, c'est dans les frontières qu'on en connaît mieux les avantages ; car, lorsque les habitants (attachés à la conservation de leurs héritages et affectionnés à leur souverain) s'y trouveront en grand nombre, on y aura beaucoup de ressources pour leur défense et surtout dans les pays de montagnes, où l'usage qu'on peut faire des habitants pour la garde de quelques passages déterminés se présente naturellement à l'esprit.

L'expérience qu'ont fait plusieurs fois les princes de Piémont de l'utilité des habitants mis en armes sur leur frontière, dans les guerres qu'ils ont eu à soutenir contre la France, en démontre d'ailleurs la nécessité.

Pour commencer à remplir cet objet dont l'importance se fait sentir, il faut empêcher l'abandon successif de plusieurs familles (qui ne trouvant aucun moyen de subsister dans leurs anciens domiciles, vont chercher des établissements dans les pays éloignés et moins sauvages). Pour y parvenir on doit entrer dans le détail des facultés que les peuples peuvent avoir, on distinguera les habitants par trois classes.

La première comprendra ceux qui possèdent quelques terres et prairies en propriété.

La seconde ceux qui étant dans un état de médiocrité tiennent des portions de terre et prairies en arrentement pour vivre de leur travail lorsque les récoltes sont bonnes.

Et la troisième ceux qui ne possédant rien en propriété et n'ayant pas assez de moyens pour tenir des terres en arrentement, sont réduits à tirer des pâturages communs le foin nécessaire pour la nourriture du peu de bestiaux qu'ils peuvent avoir en capital.

1° Ceux qui possèdent des terres et prairies en propriété trouveraient beacoup de facilité à subsister et à entretenir leurs familles, si les pluies d'orages et les débordements des torrents ne comblaient pas par des dépôts de graviers quelques parties de leurs possessions, ou si les terres qu'ils ont dans les penchants n'étaient point entraînées par des ravines occasionnées par ces mêmes pluies d'orages ; mais il y a plusieurs exemples que des habitants de cette espèce se sont trouvés après vingt-quatre heures de grosses pluies dans l'état des plus misérables.

2° Les habitants qui se trouvent dans un état de médiocrité et dans la deuxième classe ne peuvent se soutenir que dans les années où les récoltes sont bonnes, car, devant payer leurs rentes et faire subsister leurs familles, ou il faut que les terres qu'ils cultivent (sans en avoir la propriété) soient productives, ou qu'ils vendent leurs capitaux en bestiaux pour y suppléer ; ce qui fait abandonner le pays à plusieurs.

3° Ceux de la troisième classe qui ne possédant rien et n'ayant pas la faculté d'avoir des terres en arrentement sont réduits à tirer des paquerages communs l'herbe et le foin nécessaires à la nourriture du peu de bestiaux qu'ils peuvent avoir en capital, n'ont aucun moyen de subsistance que dans la production en veaux et agneaux de leurs troupeaux, ou dans le gain qu'ils pourraient faire en les achetant dans les foires d'automne pour les revendre dans celles du printemps ; mais, comme cette production et ce profit ne peuvent qu'être relatifs au nombre plus ou moins grand de leurs bestiaux, on se persuadera facilement qu'ayant de quoi acheter du blé pour toute l'année, lorsque les récoltes seront bonnes et le grain à un certain prix, ils ne pourront en acheter que pour six mois, lorsque les récoltes étant mauvaises, le blé se vendra à un prix double, et par conséquent que ces mêmes habitants seront forcés dans ce dernier cas de vendre leurs capitaux pour vivre pendant les autres six mois ; d'où suivra nécessairement leur ruine et l'obligation d'abandonner le pays.

Si à ces inconvénients on ajoute : 1° les corvées trop fréquentes que ces habitants sont obligés de fournir pour la réparation des grands chemins ; 2° les tailles dont ils sont imposés même pour des fonds, dont les ravines leur ont ôté la possession ; 3° les miliciens qu'ils fournissent dans la répartition de la province ; 4° les droits des seigneurs sur la plus grande partie des montagnes qui fournissent les pâturages et le seul moyen de les faire subsister ; 5° les fréquentes gelées des mois de mai, juin et septembre qui leur font souvent perdre leurs récoltes, indépendamment de la grêle et autres accidents ; on trouvera les motifs qui obligent les habitants à l'abandon du pays et les raisons qui rendront les frontières désertes dans la suite des temps, l'époque même en paraît d'autant moins éloignée que les pluies d'orage faisant descendre beaucoup de terres dans les bas des vallées augmentent journellement les escarpements et découvriront peu à peu tous les penchants. Pour remédier à l'inconvénient de voir dépeupler une frontière que le Roi et l'Etat ont le plus grand intérêt de voir remplie d'habitants, on propose plusieurs articles d'après lesquels, suivant le rapport des principaux habitants qui y restent, on pourra se promettre que non seulement les familles actuelles n'abandonneront pas, mais qu'au contraire chaque chef cherchera à donner des établissements à ses enfants pour y perpétuer et augmenter sa race, et que de plus ces mêmes habitants, intéressés à la conservation des paquerages feront des petites réparations pour éviter les désordres occasionnés par les pluies.

Ces articles favorables aux habitants consisteront : 1° A diminuer la taille des fonds, dont les particuliers ne jouissent plus, et une partie de la capitation ;

2° A accorder aux seuls habitants des frontières le sel au même prix qu'aux Briançonnais ; car il n'y a pas plus de raison de donner ce privilège à ceux-ci qu'aux autres qui seront compris dans l'état ci-après ;

3° A faire acheter par le Roi le droit des seigneurs sur les montagnes pour en laisser la jouissance aux communautés ;

4° A accorder aux habitants non seulement des milices, mais encore à les décharger de toute corvée pour les grands chemins, aux conditions : 1° de fournir par eux des gardes sur le sommet des cols de leur dépendance, de prendre les armes pour leur défense lorsqu'ils en seront requis ; 2° d'entretenir à leurs dépens les communications que le Roi y fera faire ;

5° D'aider à quelques habitants à avoir des capitaux en bestiaux aux conditions de retirer une rente proportionnellement aux sommes qu'on leur ferait fournir, et d'être remboursés du capital en cinq ou six années ;

6° D'établir des succursales dans les hameaux les plus éloignés des paroisses, observant de faire choix de ceux qui seront les plus considérables et les plus à portée des autres hameaux.

Quoiqu'il paraisse qu'il en coûterait quelque chose au Roi pour les avantages à procurer aux habitants des vallées indiquées ci-devant, si on évalue ceux que Sa Majesté y trouverait dans un temps de guerre, on comprendra bientôt combien il serait important de prendre cette détermination; car le pays dont il est question ne pouvant jamais servir pour un cantonnement de troupes, il faudrait dans un cas de défensive, ou abandonner la garde des débouchés qui y correspondent, ou y faire monter des troupes s'il n'y avait pas des habitants. Abandonner la garde desdits débouchés, ce serait ouvrir des passages à l'ennemi pour pénétrer aussi avant qu'il le jugerait à propos, et y faire monter des troupes dont les quartiers seraient à huit heures de distance, ce serait les écraser. D'ailleurs l'entretien d'un seul bataillon coûterait plus au Roi que tous les privilèges qu'il accorderait au pays, et dix bataillons ne rempliraient pas l'objet de défensive aussi bien que les habitants, soit parce que connaissant tous leurs passages ils seraient plus en état d'en empêcher le débouché, soit parce qu'en les défendant ils défendraient en même temps leurs héritages, soit enfin parce qu'étant accoutumés au pays ils résisteraient mieux que des troupes aux rigueurs du froid dans les sommets des montagnes. Il est donc très important et d'une nécessité presque indispensable de pourvoir aux moyens de peupler cette partie de la frontière.

BOURCET.

XI. — MÉMOIRE SUR LE PAYS BRIANÇONNAIS
Présenté par les CONSULS.

Le Briançonnais est confiné dans le Haut Dauphiné, frontière du Piémont, dans des vallées étroites entourées de montagnes. Sous un climat des plus froids, ensevelis dans les neiges pendant six mois de l'année, les habitants sont réduits à cultiver un sol léger et ingrat dont la production ne consiste qu'en blé, seigle, orge, avoine et fourrages. La grande économie les fait subsister; ils ne sauraient être attachés à leur patrie par les liens qui attachent les autres peuples, par les douceurs du climat ou du bien-être. Cependant leurs vallées sont extrêmement peuplées, les habitants qui les quittent pendant l'hiver y rapportent avec empressement le fruit de leurs travaux; ils quittent après avoir fait une sorte de fortune les villes et les contrées les plus riches pour venir les habiter. Les exemptions et les privilèges dont ils jouissent en est le seul motif, ce qui évite des émigrations toujours funestes à l'État sur une extrême frontière très intéressante au roy.

Dans les sixième et septième siècles, cette partie des Gaules fut ravagée par l'irruption des Lombards qui pénétrèrent en deça des Alpes, sans cependant changer l'état politique des habitants. Les Sarrazins s'y réfugièrent, l'occupèrent ensuite pendant près de deux siècles et réduisirent ceux des anciens habitants qu'ils ne détruisirent pas à vivre errants et fugitifs ; pendant cet intervalle de temps, ces peuples ne conservèrent que le souvenir de leur ancienne indépendance. [1]

Les comtes d'Albon, aidés de quelques seigneurs du Dauphiné, les chassèrent enfin du Graisivaudan, des montagnes voisines, et aidèrent à recouvrer leur pays aux habitants du Briançonnais qui ne reconnurent d'autres seigneurs que ces comtes ; leur soumission fut la récompense des secours qu'ils en avaient reçus, et les comtes d'Albon prirent pour tous le titre de princes du Briançonnais.

Les guerres que ces princes eurent dès lors à soutenir lorsque leur puissance se fut accrue, et qu'ils eurent pris le titre de Dauphin de Viennois, leur firent apercevoir dans l'affection des habitants du Briançonnais des ressources qui les engagèrent à les protéger spécialement et à se les attacher en maintenant leurs libertés. Ils avaient dans ces peuples une nation belliqueuse, toujours prête à prendre les armes et qui, en défendant ses foyers, fermait avec succès l'entrée de leurs Etats aux princes du Piémont et aux marquis de Saluces, leurs ennemis.

Il s'éleva insensiblement, dans la suite des temps, des plaintes contre les châtelains et receveurs des Dauphins qui furent écoutées. Elles se renouvelèrent encore sous Humbert II, ce qui détermina ce prince, en 1343, à assurer par un traité solennel les privilèges et les exemptions de ce pays.

Ce prince s'étant fait rendre compte du produit des droits ordinaires qu'il percevait, et assuré de leur valeur, il laissa aux habitants de cette principauté le droit de s'imposer et de se nommer des syndics pour en faire le recouvrement ; et toutes les charges municipales furent électives, avec le droit de nommer dans chaque communauté des secrétaires greffiers, et il stipula avec elles en corps un abonnement général, également avantageux à son trésor, auquel il assurait

---

[1] Les Sarrazins se maintinrent dans les montagnes jusques au xe siècle.

une redevance certaine et utile aux Briançonnais, et prévenait les abus de l'administration souvent arbitraire des officiers des Dauphins.

Ce traité fut passé le 29 mai 1343 à Beauvoir en Royans. Dix-huit députés y acceptèrent pour leurs compatriotes les arrangements et les conditions que leur dicta leur souverain. Plusieurs des conseillers et des officiers du Dauphin le souscrivirent avec ce prince; il le scella lui-même de son sceau privé et le fit sceller du grand sceau par son chancelier.

Par ce traité le prince Dauphin confirme toutes les libertés, franchises, privilèges, usages et coutumes du Briançonnais; il veut qu'on ne puisse jamais à l'avenir y porter atteinte.

Par les articles 6 et 7 de ce traité, le prince cède à ses fidèles sujets tous les droits réels et personnels, droits de lods, censes, tiers, treizins, vingtains, plaits, droits de mutation, champarts, eaux et forêts, moulins, et généralement tous autres droits de fiefs et seigneuriaux qui pouvaient lui appartenir.

Les articles 10, 22 et 25 dudit traité confirment encore cette exemption absolue de tous droits féodaux; et enfin, par l'art. 35, dudit traité le prince Dauphin, pour perpétuer le souvenir de l'affranchissement qu'il accorde aux habitants du Briançonnais, établit en leur donnant le titre de Franc-Bourgeois une forme particulière d'hommage qui devait à chaque prestation en rappeler la mémoire: voulant, est-il dit, marquer son affection à ses bons et fidèles sujets du Briançonnais, veut ordonne que dès à présent et à l'avenir ils soient nommés et aient la qualité de franc-bourgeois, et de plus qu'en prêtant hommage au Dauphin leur seigneur ils baisent son anneau à la manière des hommes francs, à la différence des roturiers qui baisent au pouce; mais, de plus encore, ils ont toujours été dispensés de mettre les deux genoux en terre comme les simples roturiers y sont obligés; ce qui s'est toujours observé dès lors, voulant que les nobles ou non nobles aient la faculté et la capacité de tenir et posséder tous fiefs et arrières-fiefs et d'en disposer de quelle façon que ce put être.

L'art. 36 du même traité fait voir que tous les droits qu'il assurait aux Briançonnais n'étaient pas des pures concessions du Dauphin; ce prince reconnaissait au contraire que plusieurs appartenaient déjà à cette contrée, en vertu de ses anciennes franchises et libertés; car ce prince stipule dans cet article une quitation authentique de tout ce qu'il pouvait avoir exigé ou perçu de ses sujets au préjudice de ses **franchises.**

Un prix considérable fut cependant mis à la ratification et à la confirmation que fit Humbert dauphin de ces privilèges. Les députés lui payèrent d'abord pour deniers d'entrée douze mille florins d'or, somme très considérable pour le temps, et se soumirent de plus à une rente annuelle et perpétuelle de quatre mille ducats, évalués dès lors à treize mille quatre cent trente deux livres, qui a été réduite depuis la cession des vallées de Château Dauphin, de Prajelas, d'Oulx et de Bardonnesche au roy de Sardaigne par le traité d'Utrecht, à la somme de huit mille quatre cent seize livres quinze sols. Cette rente payée longtemps au receveur des domaines a dès lors été attribuée par nos roys aux gouverneurs de la province de Dauphiné, et le payement annuel et exact qu'en fait le Briançonnais, le deux février de chaque année, ne l'a point exempté des charges ordinaires de l'Etat, comme les tailles, capitation, dixième, vingtième doublement d'iceux, et dons gratuits.

Tel est le titre sur lequel le Briançonnais jouit des exemptions et privilèges qu'il n'a acquis qu'à titre onéreux. Ce titre est revêtu de toutes les solennités possibles pour en assurer l'exécution et le rendre invariable ; le seigneur Dauphin promet avec serment de n'y jamais contrevenir ; il ordonne à tous les officiers de l'exécuter ponctuellement, il prescrit à ses successeurs le même devoir.

Confirmation des privilèges briançonnais. — L'article 47 du Statut solennel d'Humbert Dauphin qui précéda le transport du Dauphiné à la France porte que ce prince confirma de nouveau les exemptions, franchises, libertés et privilèges dont jouissaient précédemment ses peuples.

Dans l'acte de donation du dernier mai 1349 qui renferme le transport, Philippe de Valois promit expressément, et avec serment, de garder inviolablement les libertés et privilèges anciens et nouveaux accordés par le Dauphin ou ses prédécesseurs.

Par lettres patentes données à Romans le dernier août 1349, Charles V, petit-fils de Philippe de Valois et depuis roy de France, confirma expressément les privilèges Briançonnais, qu'il se fit représenter, et lire l'acte qui renfermait les libertés *de verbo ad verbum*.

Le 25 juillet 1381, Charles VI confirma par lettres patentes données à Cressi en Brie la transaction faite par Humbert Dauphin de Viennois avec les vallées Briançonnaises.

Au mois de janvier 1483 les communautés Briançonnaises obtiennent encore sous Charles VIII des lettres de confirmation datées de Tours.

François Ier étant à Lyon au mois de juin 1533, renouvela cette confirmation.

Henry II au mois de juin 1547, Henry IV au mois de septembre 1595 et Louis XIII au mois d'Avril 1612, y ajoutèrent encore le sceau d'une nouvelle approbation.

Le 12 du mois de juillet 1613, le Briançonnais, pour donner à ces confirmations toute la solennité possible, les fit enregistrer au Parlement et à la Chambre des comptes de Dauphiné qui, les ayant vérifiées, en ordonnèrent l'exécution, pour faire jouir par les impétrants desdits privilèges, franchises, libertés et immunités ainsi qu'ils en ont ci-devant bien et dûment usé et joui.

Louis XIV, de glorieuse mémoire, confirma au mois de février 1644, de l'avis de la reine régente du royaume et de son conseil, approuva et ratifia les privilèges, conventions, transactions et franchises accordées par Humbert Dauphin en 1343 par lettres patentes qu'il accorda aux Briançonnais.

Enfin sous ce règne, Louis XV, heureusement régnant, a accordé aux Briançonnais des lettres de confirmation du mois de mai 1727, par lesquelles il est expressément porté que : voulant marquer aux exposants notre protection, et reconnaître leur fidélité et leur attachement à notre service, de l'avis de notre Conseil, ordonnons, etc.

Les Briançonnais ont rempli dans la forme la plus authentique, ce que les auteurs exigent pour le maintien des privilèges ordinaires.

Administration. — Les dix-neuf communautés qui composent le baillage de Briançon, et qui ont été démembrées des vallées de Château Dauphin, de Prajelas de Cézane, d'Oulx et de Bardonnesche, par le traité d'Utrecht, où celles-ci furent cédées au roy de Sardaigne, se sont dans tous les temps conservés leurs usages et privilèges. Elles forment deux Ecartons, savoir, celui de Briançon et celui de la vallée de Queyras, qui signifient union et association pour supporter entre elles toutes les charges communes, principalement dans les temps de guerre où le service du roi est justifié. Cette réunion chère aux intérêts du prince, et indispensable au bien intime de l'Etat, a été autorisée et confirmée par différents avis du Conseil, notamment par celui de 1701. Elle découle des motifs les plus pressants pour établir sur cette frontière les moyens les plus efficaces et les plus prompts que la sûreté du bien du service exige dans les temps de guerre.

Chaque communauté concourt à supporter relativement à ses feux la répartition du logement des troupes, des fournitures, des denrées, des voitures, des transports d'équipages d'armée, et généralement de tous les autres secours nécessaires au service du roy ; les Briançonnais, jaloux dans tous les temps de signaler leur zèle, et de le transmettre à leurs descendants sans interruption et sans obstacle, sont dans l'usage constant de faire un surtaux, ou augmentation de prix aux particuliers pour chaque voiture, ou fournitures que les communautés supportent en pure perte pour accélérer le service du roy, indépendamment du prix que MM. les intendants fixent. Par ce moyen, les communautés deviennent responsables du service à l'encontre des particuliers, leur en font les avances, et attendent elles-mêmes avec confiance le remboursement, dès qu'il est ordonné. L'espoir de l'un et de l'autre de ces avantages, que les particuliers sont assurés de recevoir des consuls et communautés, est le mobile le plus puissant pour déterminer le service à la satisfaction des habitants, des généraux et intendants des armées, ces objets bien intéressants sont pour les communautés une obligation aussi étroite, qu'elle est étendue et sensible aux intérêts du prince, lorsqu'il s'agit de mettre à exécution ses ordres.

Ces communautés nomment chaque année leurs conseils et des députés qui s'assemblent, savoir : l'écarton de Briançon dans l'Hôtel de ville où le maire ou premier consul préside ; l'écarton de Queyras au lieu de la Villevieille, centre de cette vallée, pour former l'état général de leurs charges, dont ils font une répartition, et chaque communauté impose en droit la portion qui la concerne.

Service que le Briançonnais fait en temps de guerre. — Le pays Briançonnais s'est toujours distingué dans toutes les guerres qui étaient sur la frontière, ou en Italie, notamment lors des campagnes de 1680 jusques en 1713, pendant lequel temps les communautés ont fait des avances pour plus de huit cent mille livres à l'occasion des fournitures qu'elles avaient faites pour faire subsister les armées selon qu'il résulte des arrêts du conseil des 29 mai 1708, et 29 avril 1709, ayant été exceptées du bail des entrepreneurs généraux des étapes. Les remboursements d'une somme si considérable ont été très lents, et avec des effets qui, suivant la circonstance des taux, ont essuyé des pertes considérables.

Il est surprenant de voir que dans un temps désolé où, la troupe n'étant pas payée, ce pays était le théâtre de la guerre, principalement lors de la levée du siège de Turin que l'armée vint en déroute se replier dans ces montagnes, manquant de bas, de souliers, dans un état pitoyable, l'habitant pouvant à peine subsister avec sa famille, attendu la misère des temps, ait trouvé par son industrie et par son crédit des ressources en tous genres pour faire subsister des armées aussi considérables à cette époque. L'habitant se privait de son nécessaire.

M. le maréchal de Berwick, commandant à cette époque trois corps d'armées, savoir : un corps dans les vallées cédées, l'autre en Savoye, et le troisième sous Briançon, ce général ayant son quartier général au pont de Cervières, les armées manquaient de pain. M. d'Angervilliers, pour lors intendant de son armée, étant sans ressources, ne trouvant nulle part des grains pour faire subsister la troupe, n'eut d'autre ressource que de s'adresser à la ville de Briançon qui s'assembla sur le champ dans son hôtel de ville où il fut décidé qu'en attendant les grains qu'ils envoyaient acheter par des députés dans le Gapençais et dans l'Embrunais, les habitants fourniraient à la troupe leurs denrées, ce qui fut exécuté dans les vingt-quatre heures. Les habitants portèrent dans l'église des Cordeliers leurs pains, leurs denrées, leurs viandes salées et se privèrent de leur nécessaire. Pendant cet intervalle, les députés ayant trouvé des grains que les Gapençais et les Embrunais avaient refusé à M. d'Angervilliers, employèrent toutes les voitures du pays pour en faire le transport, et firent moudre ces grains au fur et à mesure qu'ils arrivaient, et firent porter à dos d'homme les farines par les cols du Galibier et du Montgenèvre, pour faire subsister les deux corps d'armée qui étaient en Savoye et dans les vallées cédées. M. d'Angervilliers devenu ministre [1], pénétré de la plus vive reconnaissance du zèle des habitants, en conserva un éternel souvenir; après sa mort, son héritier nous envoya son portrait que nous conservons dans l'hôtel de ville.

Le pays Briançonnais n'a cessé de donner des marques de son zèle pour le service du roy; dans les mouvements de la guerre d'Italie, en 1733, on releva les troupes du roy qui étaient en garnison à

---

[1] En 1729.

Briançon, et les postes furent confiés aux milices et gardes bourgeoises du pays.

En 1744, le service étant des plus urgents, toutes les montures du pays étant employées au transport des farines et des fourrages pour l'armée et les munitions de guerre manquant au siège de Cony en Piémont, les boulets et bombes d'artillerie furent transportés à dos d'homme jusques dans la vallée de Barcelonnette, passant par le col de Vars. A cette époque, le Briançonnais avait plus de six cents hommes sous les armes pour garder les débouchés de la frontière. Enfin dans les temps de guerre, quelle ressource l'Etat ne trouve-t-il pas dans l'affection de ces peuples ?

Les communautés Briançonnaises n'ont pu soutenir cet ordre d'équité qu'en s'imposant les charges qu'elles trouvaient nécessaires pour subvenir à des besoins si urgents.

Des services aussi importants sont dignes des grâces du roy, surtout pour un pays sans ressources, confiné dans les montagnes les plus hautes de la province.

Industrie des habitants. — Le génie des habitants est très industrieux et laborieux, ils naissent avec des talents qui, cultivés, formeraient en tous genres d'excellents sujets, ce qui peut provenir de la vivacité du climat, et de la vie frugale des habitants qui sont d'ailleurs robustes, vigoureux, économes, et adonnés au travail ; mais la division des successions par la multiplicité des héritiers fait que tous sont peu aisés, et qu'il n'y a point de famille opulente.

La majeure partie des habitants sortent du pays pendant sept mois de l'année. Ils se répandent dans différentes provinces du royaume, les uns pour colporter, les autres pour tenir les écoles ou pour peigner du chanvre, et pour garder leurs troupeaux de brebis dans la plaine du Piémont ; ils ne reviennent que dans le mois de mai. Ils sont en usage de faire la cuite de leur pain en automne pour toute l'année, ce qui est d'une grande économie. Par leurs absences, ils allègent leurs planchers, épargnent leurs denrées et rapportent de petits profits qu'ils emploient au payement des intérêts qu'ils doivent et au payement des impositions.

Commerce du pays. — Le principal commerce consiste en bestiaux. Les habitants tirent leurs mulets ou muletons du Poitou et de l'Auvergne, au moyen de plusieurs particuliers maquignons qui vont les chercher. Ils s'en servent pour la culture de leurs fonds, consomment leur fourrage pour faire de l'engrais et les revendent ensuite aux foires voisines. Ils commercent aussi en vaches, brebis, moutons et veaux, et en laines provenant des toisons de leurs brebis.

Ils commercent encore en beurre et fromages provenant du laitage de leurs bestiaux ; ils l'exportent en Provence et dans le Comtat Venaissin, et emploient le bénéfice au payement des impositions.

Les principaux débouchés du Briançonnais pour entrer dans le Piémont sont : les cols du Montgenèvre et de Lagnel par lesquels l'artillerie peut passer.

Par le premier l'on va dans les vallées cédées, à Exilles et Suze, suivant la rivière de la Doire, et à Fenestrelles et Pignerol par le col de Cestrières.

Par le second, l'on va dans la vallée de Château Dauphin à Saluces, sans faire des sièges.

Le premier col est praticable dans tous les temps, le second dès le 20 juillet.

L'on coupe les grains et fourrages dans le Briançonnais dès le 22 juillet.

C'est à cette époque que les troupes peuvent camper dans le pays, où elles trouvent des fourrages.

Dénombrement de la subdélégation de Briançon

Noms des Communautés	Noms des Hameaux qui en dépendent	Nombre des Familles	Distance de chaque communauté aux principales routes et à la ville de Briançon, chef-lieu de la subdélégation.
Briançon	Fontenils, Foncristianne, Pont de Servière, Forvilles, Mas de Blais, Chabas, Pramorel, Saint Blaise, Chamandrin.	634	Briançon est sur les deux routes et ses hameaux en sont très voisins.

Valloüïse	Ville Chef Lieu Villard Pinaillau Percher Puy Alberts Prés Poüet Sarret Saint Antoine Claux Vignaux La Bastie Labessée	630	La communauté de Valloüïse est éloignée de la Bessée, qui est sur la Grande Route, d'une lieue et demie, excepté les hameaux des Vignaux et de Bastie qui n'en sont éloignés que d'un quart de lieue, et est éloignée de Briançon de trois lieues et demie.
Monêtier	Le Chef Lieu Casset Lauzet Le Magdelaine Guibertes Freysinet Serre	460	Cette communauté est sur la Petite Route, et est éloignée de Briançon de trois lieues.
St Chaffrey	Le Chef Lieu Chantemerle Villard la Magdelaine	235	Cette communauté est sur la Petite Route et est éloignée de 3/4 de lieue de Briançon.
La Salle	Le Chef Lieu Villeneuve Bés Chirouze Pananches	184	Cette communauté est sur la Petite Route et est éloignée de Briançon d'une lieue et demie.
Servière	Le Chef Lieu Terre Rouge	180	Cette communauté est éloignée de Briançon et de la Grande Route d'une lieue 1/2
Saint Martin	Le Chef Lieu Queyrières Ste Marguerite Villard-Meyer Bouchier Presles Piolier Sachas Villaret	218	Cette communauté est sur la Grande Route ; elle est éloignée de Briançon d'une lieue et demie ; les hameaux Villard, Meyer, Bouchier et Piolier sont éloignés du grand chemin de demi lieue.
Villard St Pancrace	Le Chef Lieu Paquier Sachas Soubeiran	174	Cette communauté est éloignée de la Grande Route de demi-lieue et autant de Briançon.
Montgenèvre	Le Chef lieu La Vachette Alberts Rousier Serre Pra-premier Draye	205	Cette communauté est sur la route de Briançon en Piémont, elle est éloignée de Briançon d'une lieue.

Neuvache	Le Chef lieu Ville basse Cros Salé Robion Plampinet	194	Cette communauté est éloignée du grand chemin qui conduit en Piémont de deux lieues et demie et de Briançon de trois lieues.
Puy St André	Le Chef lieu Puy Chalvet	92	Cette communauté est éloignée de 1/2 lieue de la Grande Route et d'une lieue de Briançon.
Puy St Pierre	Le Chef lieu Puy Richard Les Querelles Le Pinet Belvoir La Croisat	82	Cette communauté est éloignée de la Grande Route de demi-lieue et de Briançon trois quarts de lieue.

XII. XIII. XIV. — MÉMOIRES[1]
POUR SERVIR A CONNAITRE LES PLACES DU HAUT-DAUPHINÉ DANS L'ÉTAT QU'ELLES SE TROUVENT ET CE QU'IL CONVIENT D'Y FAIRE POUR LES RENDRE CAPABLES D'UNE BONNE DÉFENSE.

Les places de Briançon et de Montdauphin sont dans une position si avantageuse pour couvrir le Dauphiné et le mettre en sûreté du côté du Piedmont contre les irruptions qu'un ennemi puissant par ses alliances pourrait y tenter, que l'on ne peut s'empêcher de désirer leur perfection et de les voir en état de fournir une résistance proportionnée à celle qu'il serait naturel d'en attendre, soit qu'on les considère par la situation de leur emplacement ou par ce que l'art peut y ajouter.

L'expérience a fait comprendre l'importance de ce que l'on avance et les facilités que le roy de Sardaigne trouva en 1692 à pénétrer la frontière en sont une preuve.

---

[1] Ces trois mémoires ayant été utilisés presque intégralement pour la rédaction du Journal de voyage du Marquis de Paulmy, *(Voir pages 52 et suivantes)*, on se borne à donner ici leur avant-propos avec leur critique par le Comte de Langeron.

Il n'aurait jamais osé se flatter d'y faire des progrès avec les forces combinées qu'il avait, si ces deux places, l'une existante et l'autre projetée, avaient été en état d'une bonne défense ; mais il connaissait la faiblesse de la première et il réussit sans obstacles à se rendre maitre d'Embrun et à ravager le pays jusqu'à Gap. La Cour sentit alors la nécessité de fortifier convenablement Briançon et de construire Montdauphin, et sans les circonstances occasionnées par la disette des fonds, la dernière ne serait pas dans l'état misérable où elle se trouve, son enceinte n'étant point achevée et les écorchements actuels de ses murs menaçant de les anéantir par des dégradations continuelles. Cependant, cette place, par son heureuse situation, exigerait indispensablement des attentions favorables, pouvant être mesurée par sa bonté avec Briançon et ses nouvelles fortifications qui la rendent très respectable. C'est l'entrepôt d'une artillerie considérable et, d'une quantité de munitions de guerre, tant pour sa propre défense que pour le besoin des armées qui seraient en avant et dont la sûreté, si la guerre s'allumait dans le voisinage, deviendrait suspecte. L'on a pris la liberté de représenter les inconvénients qui en résulteraient et, dans un cas contraire, tous les avantages que produirait sa perfection pour le bien de l'Etat, la sûreté du Haut Dauphiné en particulier et la tranquillité de ses habitants. Mgr le comte d'Argenson a bien voulu écouter toutes les raisons qui ont été alléguées à ce sujet et, en conséquence, il a ordonné de constater des projets capables de mettre lesdites places dans le meilleur état qu'il est possible et ses ordres ont été exactement exécutés.

Embrun et le château de Queyras ne sont pas comparables aux places dont l'on vient de donner une idée, l'une étant mal située et en troisième ligne, et l'autre n'étant regardée que comme occupant un poste avancé d'où l'on peut apprendre les mouvements de l'ennemi que ce château pourrait arrêter quelques jours et donner le temps de se précautionner sur les derrières. Néanmoins, chacune de ces petites places mérite des égards pour l'utilité qu'on peut en retirer, ne pouvant être forcées qu'avec de l'artillerie dont la voiture est toujours difficile dans un pays de montagnes.

Les mémoires particuliers ci-après et les plans de chacune des places donneront à Monseigneur le marquis de Paulmy une intelligence de ce qu'elles sont actuellement et la considération du local lui fera juger de l'état auquel elles peuvent être mises pour en tirer le meilleur parti relativement au bien du service du roi.

....

Observations de M. le comte de Langeron sur les Mémoires XII, XIII et XIV.

Les mémoires n° 12 [1] ne contiennent que des réflexions générales sur Briançon, Montdauphin, Embrun et Queiras, mais elles partent d'un homme consommé dans l'art de fortifier et également bon militaire.

Le mémoire n° 13 [2], n'embrassant que les fortifications de Briançon, traite cette matière avec un peu plus d'étendue que le n° 12 ; mais les deux habiles ingénieurs qui ont fait l'un et l'autre s'accordent parfaitement dans leurs systèmes.

Le mémoire n° 14 ne comprend que les hauteurs de Briançon. Il est fait par l'auteur du n° 13 et, par conséquent, il mérite la plus grande attention.

On n'a rien vu d'aussi parfait que ces trois mémoires ; on n'y ajoutera que quelques légères observations qui n'ont sûrement point échappé aux auteurs des trois mémoires et on sera très flatté si elles peuvent mériter leur approbation.

Briançon. — La place de Briançon doit être regardée comme une des clefs du royaume et comme le dépôt de tous les préparatifs des guerres que la France pourra avoir au-delà des Alpes.

Il est bien difficile de ne pas regarder Briançon sous ce point de vue et de ne pas convenir que cette place exige indispensablement de grands arsenaux, des magasins, des logements pour les troupes et des hôpitaux.

En 1747, après l'affaire de l'Assiette, on porta tous les blessés à Briançon, mais, faute de logements, on fut obligé d'envoyer des

---

[1] Par M. d'Heuriance. Ils sont datés d'Embrun, 10 juin 1752.
[2] Par M. Bourcet.

officiers dans les villages voisins et même dans des fermes à une demi-lieue de la ville; on fit aussi un hôpital à Saint-Crépin et un à Saint-Clément.

Il est donc à désirer que la Cour se détermine à faire exécuter incessamment les projets du n° 13 pour la construction d'un hôpital, des magasins et des bâtiments militaires.

Pour mettre la ville en sûreté, il est certain qu'il n'y a rien d'aussi bien à faire que de profiter du rocher du Château qui, suivant la remarque du n° 12, couvrirait aussi la communication de la ville au fort des Têtes.

On a vu avec le plus grand étonnement que cet emplacement du Château n'ait point frappé un aussi grand homme que M. le maréchal de Vauban et que Briançon, qui a fait l'occupation des généraux et de la Cour pendant très longtemps, n'ait été fortifié que par parties, sans qu'il y ait jamais eu de projet général.

M. le maréchal de Berwick a beaucoup travaillé sur les hauteurs de Briançon, cependant il a oublié le premier axiome de la guerre de montagnes : que celui qui a la hauteur a l'avantage. Cependant, il est certain que si les ennemis étaient une fois établis en force sur le plateau de la Ceille, on ne pourrait pas les en déposter ni les empêcher d'écraser successivement les forts.

La redoute des Salettes est une des meilleures défenses de la ville, en ce qu'elle empêche l'ennemi de déboucher par le village de la Vachette. Il est si facile de mettre cette redoute hors d'insulte qu'on ne doute point que les ordres n'en soient donnés incessamment.

Le roy de Sardaigne avec ses seules forces ne sera jamais en état d'attaquer Briançon. Dans quelle position que la France se trouve, ses ennemis n'ont que 4 mois de l'année pour en faire le siège; aussi il est indispensable de mettre cette place en état de soutenir un siège de 5 ou 6 mois. Mais comme il est démontré que le Roy aura toujours besoin de Briançon pour l'offensive ou la défensive, il faut conclure que Sa Majesté ne peut pas se dispenser de faire exécuter tout ce qui est projeté dans les mémoires n° 12, n° 13, n° 14.

Montdauphin. — Cette place est dans un état déplorable; cependant, il y a peu d'emplacement aussi favorable pour y construire une belle place. M. le maréchal de Vauban ne sachant plus quel éloge lui donner, dit que quand Dieu l'aurait fait exprès, il ne pourrait pas être mieux.

Montdauphin exige qu'on l'achève au plus tôt et qu'on y construise des bâtiments militaires et civils, qu'on fasse tout ce qui est possible pour la peupler, car elle est absolument déserte.

Il n'y a d'eau, à Montdauphin, que dans deux grandes citernes, parce qu'on compte pour rien une mauvaise petite fontaine qui vient du quartier du Roy ou Egliers ; l'eau de la petite citerne est d'une si mauvaise qualité qu'elle donne la fièvre et l'état-major n'en laisse prendre aux soldats que pour faire la soupe.

Cette ville a effectivement l'avantage de jouir du soleil, mais il y règne un vent terrible qui cependant n'est pas malsain. Au mois de mai il commence à midi, au mois de juillet de 9 à 10 heures du matin, au mois de septembre entre midi et 1 heure. Il tombe au soleil couchant et à la fin d'octobre il cesse totalement.

Embrun. — Embrun est dans une position peu susceptible d'une bonne fortification, et quand Briançon et Montdauphin seront dans l'état où ils doivent être, Embrun sera en deuxième ligne ; cependant,

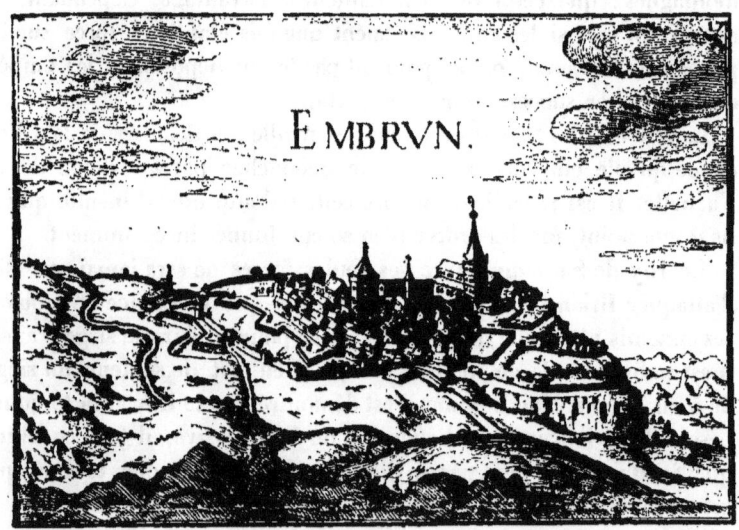

cette place étant d'un très grand secours dans la guerre de Dauphiné et de Piedmont, il convient d'y faire les fortifications indispensables et d'y avoir des magasins à poudre, de grains, d'armes, des casernes et des hôpitaux.

XV. — NOTE DE M. LE COMTE DE LANGERON [1] SUR LA BRUNETTE

On a ouï dire souvent à un officier général qui a commandé cinq ans en Savoye qu'il est possible d'attaquer La Brunette en se servant d'un chemin qui est au-dessus de Lanslebourg, à gauche du grand Montcenis, qui conduit à un plateau supérieur à la Brunette où il y a suffisamment de terre pour y établir des batteries.

On dit aussi que, pendant l'été, ce fort manque d'eau et que les souterrains y sont si humides que les munitions de guerre et de bouche ne peuvent s'y conserver que pendant peu de mois. C'est par cette raison que le roi de Sardaigne a un marché fait avec ses entrepreneurs pour renouveler toutes les années les approvisionnements de ses places. Au reste, la Brunette est une place très difficile à prendre, mais on conviendra qu'il y aura très peu d'occasion où la France puisse regarder comme un point capital de s'en emparer.

XVI. — MÉMOIRE DU SIEUR DE LA SALLE, SECRÉTAIRE DE M. DE LA PORTE, SUR SON VOYAGE AUX COLS DE L'ASSIETTE ET DE LA FENESTRE.

En suite des ordres de Mgr le marquis de Paulmy, on a reconnu les cols de Sestrières, de Côte Plane, de l'Assiette et de la Fenêtre, passant par le Mont-Genèvre, Sézanne, Rouillières, Chanlas du Col, Sestrières, le Duc, les Traverses, la Rua, le Puy de Pragelas, Balboutel, Jalasse, Chaumont, Exiles, Salbertran, Oulx, Fenils, Sézanne, le Mont-Genèvre et Briançon.

On a remarqué dans cette tournée que la route est praticable pour

---

[1] D'après les Mémoires de M. le maréchal de Langeron, son père, Jean-Baptiste-Louis Andrault, marquis de Maulevrier Langeron, comte de Banains, maréchal de France le 1er mai 1745. — Son fils aîné, Charles-Claude, dit le Comte de Langeron, titré Marquis de Langeron, brigadier le 3 juin 1748, maréchal de camp le 1er mai 1758 et lieutenant général le 25 juillet 1762, fut gouverneur de Briançon jusqu'en 1790.

toutes sortes de transports, en y faisant peu de réparations, de Sézanne à Chanlas du Col, et, de cet endroit au sommet du col de Sestrières, qu'il n'y a que quelques sentiers pratiqués par les voyageurs et que, sur la pelouse, il est aisé de pratiquer un chemin solide lorsqu'on le jugera à propos, le sol étant ferme et sans précipice. On a observé, sur le col de Sestrières, qu'il y a une espèce de grange ruinée qu'on dit avoir été construite pour former une redoute qui défend le passage de ce col ; on a même appris que M. de Lautrec l'avait fait construire en gazon en 1745 et que ce n'est que postérieurement à cette époque que le roi de Sardaigne s'est déterminé à la faire édifier en pierres sèches.

La descente de ce col jusqu'au village du Duc, passant devant celui de Sestrières (qui est fort petit et dans lequel il y a une garde pour quelques hommes pour l'arrestation des déserteurs), en longeant la rivière de Cluson, est praticable pour toutes sortes de voitures en y faisant quelques réparations, la nature du sol étant la même que celle du sommet du col.

En sortant du Duc, autre petit village, on monte assez rapidement pendant environ deux bonnes heures, passant par celui de Villars d'Amont, et laissant sur la droite le village des Traverses et de la Rua, par un chemin étroit et pierreux, et on parvient, en côtoyant sur la gauche, à une montagne garnie de bois sapins et mélèzes, au pied du col de Côte Plane, qu'on monte pendant environ trois quarts d'heure par un vallon sans chemin tracé en marchant sur la pelouse.

Du sommet de ce col, qui est assez étendu pour pouvoir y faire camper une douzaine de bataillons et même plus, on découvre le bourg d'Oulx et les villages du Saulx d'Oulx et de Jouvencaux, qui sont sur le penchant du côté de la rivière de Doire Surine, qui est la route qu'a tenue, en 1747, la division que commandait M. le chevalier de Belle-Isle lors de l'affaire de l'Assiette.

En suivant la crête des montagnes de la droite qui touchent ce col, on parvient à celui de Bléziers, qui n'est séparé de l'Assiette que par un vallon d'environ 60 ou 80 toises de largeur, et par ce col on descend sur Salbertran, passant par les Granges du *Sens*, où était l'hôpital ambulant lors de l'attaque de l'Assiette.

Le plateau de l'Assiette, si on peut ainsi nommer la crête d'une montagne au travers de laquelle aucun chemin ne passe, est fait en entonnoir ovale, dont le fond peut avoir environ 150 toises de longueur sur 80 ou 100 de largeur. Les bords de cet entonnoir sont fortifiés par un retranchement en zig-zag, suivant les sinuosités de sa crête, en pierres sèches et couronnées par du gazon ; ces retranchements, qui sont encore en état de soutenir une attaque, étaient garnis de palissades, en dehors, à environ trois pieds de distance du retranchement, qui a communément quatre pieds de hauteur. Ces palissades ne subsistent plus actuellement, le roi de Sardaigne les ayant fait vendre à différents particuliers du village du Puy-de-Pragelas.

Comme il se trouve au milieu de l'entonnoir quelques petites élévations de terrain, on y a pratiqué de petites redoutes en étoile avec un massif au milieu, sur lequel on présume que l'intention du général était d'établir du canon à barbette, et des fusilliers dans le bas, y ayant, entre le massif et le retranchement, un intervalle d'environ trois pieds, on a observé que partie de ces petits retranchements sont en fascines et qu'ils communiquent à ceux qui bordent l'entonnoir.

La gauche des retranchements, en montant par la vallée de Pragelas, est appuyée sur un plateau escarpé, fortifié dessus et commandé par le col du Bleziers. La droite s'étend sur la montagne de Valette et successivement sur celle de Fatières et ensuite va se terminer en suivant la crête des montagnes jusqu'à la redoute qui est sur le col de la Fenêtre dont il sera parlé ci-après.

L'intervalle qui se trouve entre la gauche du retranchement et la montagne de Valette est un petit vallon au milieu duquel est la source du ruisseau de Malplan, qui passe entre deux montagnes et a son embouchure dans la rivière de Cluson, au-dessous du village de Chabreuil. Il n'y a qu'un petit sentier au milieu de ce vallon, qui est rapide au point qu'on ne peut y monter qu'avec peine. Avant la construction des retranchements, le roi de Sardaigne y avait fait camper quelques bataillons qui faisaient face à la vallée de Pragelas et à Fenestrelles, qu'on découvre en plein, surtout de la montagne de Valette, n'en étant éloigné que d'environ une bonne lieue et le plateau de Valette se trouvant plus élevé.

Le côté opposé forme une espèce de gorge, c'est celui par lequel l'attaque s'est faite. Il est beaucoup plus rapide, le terrain étant pierreux et semblable à un ravin formé exprès. C'est sur la gauche de ce ravin, faisant face à Chaumont, que M. le chevalier de Belle-Isle a été tué, et M. d'Arnaud vers le centre, suivant le rapport des indicateurs.

Le retranchement qui communique de l'Assiette à la montagne de Valette prend sa naissance à une pointe formée par un bord de l'entonnoir et le pied de la montagne de Valette, et sur cette pointe il y a une petite redoute en étoile construite ainsi que celles ci-dessus décrites. De cette même redoute, il part un second retranchement qui borde la montagne du côté de Chaumont et de Sabasse jusqu'à Fatières, où les retranchements de droite et de gauche se réunissent, et de là continuent en descendant jusqu'au col de la Fenêtre.

Les palissades de toute cette partie sont enlevées, et il n'en existe plus ; les retranchements sont très peu dégradés et, en l'état actuel, ils peuvent faire très bonne défense.

On croit devoir observer ici que, si M. le Chevalier de Belle-Isle eut voulu donner le temps à l'artillerie d'arriver au col de Bleziers, les ennemis auraient abandonné leurs retranchements qui se trouvaient dominés et enfilés ; on ne doute pas même qu'on ne s'en fût emparé sans tirer un seul coup de fusil, en faisant camper une division dans le vallon de Bleziers, une dans celui de Chabreuil et une troisième sur le penchant de la montagne où s'est formée l'attaque en observant de la placer hors de la portée du canon des retranchements.

Après avoir reconnu cette partie, on est descendu de l'Assiette à Balboutet par un petit chemin pratiqué sur le penchant des montagnes ; on assure qu'il avait 4 à 5 pieds de largeur, mais que les pluies l'ont ruiné depuis ; il n'a actuellement que 2 pieds dans sa plus grande largeur. Il est susceptible de réparations. On met environ cinq quarts d'heure à faire cette route, et toujours à la vue de Fenestrelles qui n'est qu'à demi-lieue de Balboutet, il est vrai que c'est en droiture ; mais, attendu les montées, descentes et détours nécessaires, il y a plus.

Fenestrelles est situé dans le fond de la vallée de Pragelas, sur le bord du Cluzon. Il ne paraît aucune fortification autour de cette ville.

L'ancien fort est vis-à-vis au delà du Cluzon, sur un plateau penchant ; on n'a pu en découvrir la forme, attendu qu'il est enterré et couvert d'un côté.

Au dessus de Fenestrelles est un plateau très élevé sur lequel est un fort de forme irrégulière nommé fort de l'Elme, qui par une continuité d'ouvrages flanqués de redoutes en descendant communique à un fort plus bas, qu'on a dit s'appeler l'Aiguille, et de là à la ville, entre l'Elme et lesquels sont encore les forts de Valette et de l'Entonnoir[1].

De Balboutel on monte pendant une heure par un chemin pierreux et rapide au Col de la Fenêtre, sur le sommet duquel il y a un rocher qui s'élève en pain de sucre escarpé de toutes parts.

Sur ce rocher on a construit un bâtiment carré qui peut contenir environ 60 ou 80 hommes. Ce bâtiment est environné d'un retranchement avec une palissade qui en est à 3 pieds de distance.

Le retranchement de Fatières aboutit à ce col en suivant le penchant de la montagne ; il vient en former un second à cette redoute à environ 25 à 30 toises en contre-bas ; il a sa droite appuyée à une petite plateforme d'environ 10 toises en carré qui est au pied d'une montagne qui fait le pendant de Fatières ; le chemin du col passe au travers de ce retranchement ; il y a une porte près de laquelle est un corps de garde à moitié détruit qui peut contenir environ 20 à 30 hommes. Après avoir passé ce corps de garde on trouve un second retranchement qui, en formant une double enceinte à la redoute, du côté de Suze, va rejoindre celui qui descend de Fatières. Tous ces retranchements sont palissadés, ont environ 5 pieds de hauteur et une banquette derrière.

Il y a un chemin qui vient de Fenestrelles aboutir au pied du col et de là un autre pratiqué en zig-zag sur le revers de la montagne de Fatières qui conduit à celle de la Valette ; il a été construit par ordre du roi de Sardaigne pour la communication de Fenestrelles à l'Assiette. C'est par ce chemin, qui est couvert par les retranchements, que les subsistances parvenaient aux troupes retranchées.

Du sommet du Col de la Fenêtre on descend rapidement pendant deux grandes heures au village de Meane ou à celui de Jalasse, en suivant le penchant des montagnes, pour venir à Chaumont et laissant Suze à la droite.

Ce chemin n'est point tracé dans beaucoup d'endroits, et on suit des sentiers formés par les eaux pluviales ou par l'écoulement de celles qui proviennent de la fonte des neiges ; la descente est extrêmement rapide, remplie de grosses pierres ou de roc vif.

Du milieu de cette descente on découvre Suze et le fort de la Bru-

---

[1] De Suze on descend à l'Elme par Bussolin, qui est sur le grand chemin de Suze à Turin.

nette, qu'on ne perd de vue que lorsqu'on a joint le grand chemin au détroit du Pas de Suze.

De Suze à Exiles, passant par Chaumont, qui est à une lieue de distance de l'un et l'autre endroit, le chemin est beau et praticable pour toutes sortes de voitures. Le pays est abondant et produit toutes sortes de denrées.

La vallée est arrosée par la Doire qui y cause beaucoup de dommages dans le temps de ses débordements. Les montagnes de droite et de gauche sont bien cultivées et produisent des grains et des fourrages en quantité.

Avant d'arriver à Exiles, et sous le fort même, on passe la Doire sur un pont en bois formé par quelques pièces de bois posées sur des chevalets les uns à côté des autres et assemblées par une petite lierne clouée sur chaque pièce.

Le fort d'Exiles est situé sur un rocher en pain de sucre qui s'élève au milieu de la vallée ; ce roc est escarpé par la nature du côté de la Doire et de Chaumont, et par l'art du côté du chemin qui est entre le fort et le penchant de la montagne sur lequel sont les villages de Sels et de Saint Colomban, du côté d'Oulx.

Ce fort est un carré situé sur la pointe du rocher environné du côté de la Doire et de Chaumont d'une double enceinte et de plusieurs redans qui forment pour ainsi dire une troisième enceinte. La partie du fort qui fait face au chemin venant de Salbertran est défendue par un glacier soutenu par deux forts murs, une demi-lune casematée et un ouvrage derrière qui en défend les faces et qui a paru être des batteries à feu rasant.

Le fort est vieux, partie des défenses sont en fascinages ou en gabions ; il est même ouvert du côté du chemin par une brèche de 15 à 20 toises qu'on rétablit actuellement.

D'Exiles à Salbertran on compte une lieue, le chemin peut avoir 12 pieds de largeur ; il est pratiqué sur le penchant de la montagne, à l'exception de la sortie du village d'Exiles où il est soutenu par des pièces de bois dans la longueur d'environ 60 à 80 toises.

De Salbertran à Oulx ont compte une lieue ; on longe la Doire, le chemin étant pratiqué sur la grève, à l'exception du Pont Ventoux, qui, étant construit sur le gravier, ainsi que celui qui est dessous le fort d'Exiles, est emporté aux moindres débordements.

D'Oulx à Sézanne on compte deux lieues ; le chemin n'est pas mauvais, mais les ponts emportés ont forcé de prendre celui qui est sur la gauche à mi-coteau en sortant d'Oulx, et qui aboutit à un ruisseau dont l'embouchure dans la Doire est vis-à-vis le village des Amasas, où on reprend le grand chemin d'Oulx à Sézanne.

De Sézanne à Briançon on compte deux lieues qu'on ne peut faire qu'en trois heures et demie.

XVII. — MÉMOIRE SUR LA VALLÉE DE QUEYRAS
Par M. Bourcet.

La vallée de Queiras forme une pointe en avant de la direction des frontières du Haut Dauphiné et se trouve également éloignée de Briançon et Mont Dauphin.

On y communique de Briançon par la vallée de Servière et le Col d'Hizouard en quatre heures, et de Mont Dauphin par la Combe de Queiras également en quatre heures.

La rivière du Guill qui arrose cette vallée reçoit trois torrents principaux : celui de Brunissar qui forme le vallon d'Arvieu, celui de Lagnel qui forme le vallon de Molines comprenant ceux de Lagnel et de Saint Veran, et celui de Prevaire qui forme le vallon de Prevaire.

Le vallon d'Arvieu est sur la rive droite du Guill, à l'entrée de la vallée de Queiras, et se trouve presque parallèle à la vallée que la Durance arrose entre Mont Dauphin et Briançon ; il contient le village d'Arvieu et les hameaux des Moulins, de la Chalp, de Brunissar, de Maison, du Pasquier et du Coin.

On communique également au village de la Roche en quatre heures par le col du Lozon et au Grand Villard de Briançon par le col des Ayes aussi en quatre heures.

Le vallon de Molines se trouve à la rive gauche du Guill et forme au village de Molines deux autres vallons : celui de Saint Veran comprenant les hameaux de la Chalp Ronde avec le village de Saint Veran et communiquant en trois heures dans la vallée de Château Dauphin et en quatre heures dans celle de Barcelonnette et le vallon de Lagnel, comprenant les hameaux de Coste Roux, Fonds Gillarde, le Coin, Pierre Grosse, le Serre, le Serre de Chabran et les villages de Molines et de Ville Vieille, etc.

Entre le vallon d'Arvieu et celui de Molines est situé le château de Queyras qui ferme exactement la vallée. Ce château couronne la sommité d'un plateau fort étroit, mais il est dominé à la portée du mousquet par les montagnes qui bordent le Guill sur les deux rives; il exigerait néanmoins de la part de la puissance qui voudrait l'assu-

PASSAGE D'ARTILLERIE DANS LES ALPES AU XVIII° SIÈCLE
Gravure de Pet. Schenk

jettir une disposition de siège et ne pourrait être pris qu'avec des mortiers de six pouces au moins et des canons d'un calibre au-dessus de douze, ce qui demanderait un très grand travail pour les y faire arriver, soit par le Col de Lagnel venant de Château Dauphin, soit par le Col d'Hizouard venant de celui du Bourget et de la vallée de Cezane.

Ce château, quoique d'une très petite défense, est très essentiel pour écarter les approches de Briançon et de Mont Dauphin et facilite beaucoup le soutien de la communauté de ces deux places ; car il n'est point à présumer que l'ennemi tentât de déboucher par les cols de Furfande, du Lozon ou des Acles avant de l'avoir assujetti, et c'est principalement cet objet qui rend ce château d'une grande importance ; car, si cette communication était bien soutenue d'ailleurs, la prise du château de Queïras deviendrait inutile à l'ennemi, parce qu'elle ne lui fournirait aucun moyen de marcher en avant avec de l'artillerie de siège, puisque la combe de Queïras et le col d'Hyzoard seraient ses deux débouchés, que la combe de Queïras ne peut permettre aucun passage pour des voitures à roues à cause des rochers escarpés qui se trouvent dans toute sa longueur, et de l'impossibilité morale qu'il y aurait à y pratiquer aucun autre chemin que pour les gens à cheval et bêtes de charge tout au plus, et encore avec des très grandes difficultés, par le nombre de ponts à établir dans la longueur de cette combe.

La vallée de Queïras se trouve au centre des cols qui communiquent aux vallées de Saint Martin de Luzerne, du Pô et de Château Dauphin, et est environnée des plus hautes montagnes des Alpes, ce qui la rend subordonnée aux Barbets ou Vaudois et ôte tout moyen de pouvoir en soutenir la défense, à moins d'un corps de troupes supérieur ou tout au moins égal à celui qu'aurait le roi de Sardaigne s'il voulait entreprendre sur cette vallée, et c'est la raison qui oblige ses habitants de demander comme une grâce qu'on leur permette de payer la contribution en temps de guerre pour éviter les descentes desdits Barbets qui brûleraient leurs habitations s'ils refusaient de la payer, et on ne peut les en dédommager que par des contributions de représailles qu'on tirerait des vallées soumises au roi de Sardaigne et qui sont limitrophes du Dauphiné dans des parties d'un débouché plus facile, telle que la vallée d'Esture ou celles de Cézane et de Bardonèche.

Si le roi de Sardaigne entreprenait de marcher sur cette vallée par le Col d'Abriès venant de la vallée de Saint Martin, par le col la Croix venant de celle de Luzerne ou par les cols de Laguel et de Saint Veran venant de celle de Château Dauphin, la position la plus convenable à prendre pour couvrir le château de Queïras serait celle des deux branches du col du Fromage à la rive gauche du Guill et celle du camp du Roux à la rive droite de cette rivière. La position des cols du Fromage a sur ses derrières la vallée de Seillac qui communique à Guillestre et Mont Dauphin et au col de Vars, et celle de Roux sur Souliers a sur ses derrières le vallon d'Arvieu d'où elle peut communiquer à Briançon.

On ne doit prendre ces positions que pour couvrir le château de Queïras et sa communication sur Mont Dauphin et sur Briançon, car pour ce qui regarde tout le reste de l'étendue de cette vallée, il faut nécessairement l'abandonner, quand on est inférieur par l'impossibilité d'y trouver aucune position où il soit facile de se soutenir contre un nombre un peu supérieur et même égal, à cause de la supériorité des débouchés de l'ennemi sur tous les points de cette partie. Ainsi il faut regarder l'avant du château de Queïras qui comprend les trois quarts de la vallée comme un pays abandonné à l'ennemi et duquel on pourra seulement tirer quelques ressources en fourrages.

Bourcet.

Observations de M. le comte de Langeron.

La position de la vallée de Queiras par rapport aux frontières du Haut Dauphiné me paraît très bien expliquée dans le mémoire.

La communication de Briançon à la vallée de Queiras ne me paraît pas assez clairement expliquée.

Si on compte la distance de Briançon à la limite de cette vallée, il n'y a effectivement que 4 heures, mais cette façon de compter ne me semble pas juste, et j'aimerais mieux indiquer un village, toujours plus connu qu'une limite qui, pour l'ordinaire, l'est fort peu.

Ainsi, je compterais de Briançon au haut du col d'Hizouard.... ou de Briançon à Arvieux.... 5 heures, ou de Briançon au Château Queiras 6 heures.

A la guerre, on ne peut être assez exact sur les distances, et il est constant que dans les montagnes, une troupe met autant de temps à aller d'un lieu à un autre qu'un mulet chargé.

Je compte aussi pour la même raison, 6 heures de Mont Dauphin au Château de Queiras.

Je crois que l'auteur a oublié un des torrents qui tombent dans le Guill. La carte suffit pour prouver qu'il y en a 4, savoir:

L'un vient des cols de Saint Martin, de la Maye et d'Urine, qui tombe à Abriès.

Le 2ᵉ qui vient du col de l'Agnel et de la gorge de Saint Vérant, qui tombe à Villevieille.

Le 3ᵉ vient des cols d'Hizouard et des Ayes, passant à Arvieux, et va tomber à une demi-lieue au-dessous du Château de Queiras ;

Le 4ᵉ vient du côté de Seillac et tombe au Tourniquet de la Maison du Roy.

Il y a encore plusieurs petits ruisseaux dont on ne parle point, parce qu'il n'y a que peu ou point d'eau pendant l'été.

Les hameaux des Moulins et de Brunissard, dépendant d'Arvieux, **ne se** trouvent pas dans la carte des Alpes.

Les positions des camps pour couvrir le château de Queiras, sont dignes du militaire qui les indique, et on croit qu'il conviendra que l'ennemi ne tentera point le siège du château de Queiras quand il saura cette place approvisionnée, et confiée à un homme ferme et actif.

Si l'ennemi s'en rendait maître, ce ne pourrait être que pour le raser, parce qu'il ne pourrait pas le garder, son siège pourrait être interrompu par les troupes qui marcheraient à lui par les corps d'Hizouard et du Fromage, et en gardant ces cols et rompant les ponts du Guill et le Tourniquet, l'ennemi ne sait par où déboucher.

Le Col du Fromage est oublié sur la carte. Sa position est parallèle au col de Seillac et à la droite de la montagne de Rousset.

Le reste du mémoire me paraît parfaitement bon et digne de M. Bourcet.

XVIII. — MÉMOIRE SUR LES VALLÉES, CHEMINS ET COLS DU QUEYRAS
Par M. Desgagnier.

MONSEIGNEUR,

J'ai reçu, avec la lettre dont vous m'avez honoré du 21 décembre dernier, le mémoire qui y était joint, de M. Desgagnier, capitaine dans les volontaires du Dauphiné.

Ce mémoire est bon pour ce qui concerne l'itinéraire des vallées et chemins les plus praticables pour entrer en Piémont, mais les observations qui sont après l'itinéraire ne peuvent être admises.

Il est vrai qu'il y a un camp qu'on appelle le camp de Roûs, dont la droite doit appuyer au rocher qui est vis-à-vis et très rapproché du château de Queyras, à la rive droite du ruisseau de Soulier et la gauche à la montagne sur laquelle se trouve le col d'Isoard, et non comme il l'indique, la droite à Arvieu et la gauche à Soulier, parce que de cette façon, il ne serait pas soutenable.

Toutes les positions qu'il indique au-dessus d'Abriès et au-dessus de Praroubeau sont défectueuses.

Cet officier est fort actif et serait propre pour le commandement de la vallée de Queyras, si M. de Vidal venait à manquer, car avec la connaissance qu'il en a et quelque instruction qu'on pourrait lui donner sur les différents postes, il aurait bientôt compris la véritable façon de la défendre.

Vous trouverez ci-joint, Monseigneur, le mémoire de cet officier.
Je suis avec le plus profond respect,

Monseigneur,
Votre très humble et très obéissant serviteur,

BOURCET.

A Grenoble, le 14 janvier 1754.

Observations de M. le comte de Langeron

M. Bourcet, dans sa lettre du 14 janvier 1754, a fait toutes les observations à faire sur l'itinéraire n° XVIII, et je crois qu'il est à propos de l'attacher à ce mémoire.

Je n'ai eu qu'à rectifier beaucoup de fautes de copistes sur les noms propres.

Col de la Pierre Rouge : les gens du pays l'écrivent col de la Peirs Roüs.

Du Bourget on peut aller sur le mont Genèvre en passant le long de la colline, le chemin est bon.

Le col de la Croix est praticable par les bêtes de charge, il n'est mauvais que du côté du Piémont, où il y a du roc et des escarpements.

Le col Destures s'appelle d'Astures ou du Turas, il est bon pour les chevaux.

Le sieur Desgagnier paraît appliqué et intelligent, il serait à désirer que le Roy eût une plus grande quantité d'officiers qui s'attachassent à la connaissance des pays, surtout des montagnes.

Itinéraire des vallées et chemins les plus praticables pour entrer dans la Vallée et Château de Queyras et les différents Cols par où l'on peut pénétrer dans les Etats du Roi de Sardaigne, dans le Piedmont[1].

Distance des lieux d'un endroit à un autre, et des heures qu'il faut pour les faire à une troupe à pied, étant un pays de montagnes.	NOMBRE des FEUX	ENTRÉE DANS LA VALLÉE DE QUEYRAS du côté de France par Briançon
De Briançon à Servières une lieue. Il faut une heure et un quart. De Servières à Arvieu, deux lieues. Il faut deux heures et demie.	Servières et hameaux 200 feux	De Briançon on vient à Servières et de là on prend à main droite, on monte le col d'Izoard qui descend à Brunissard, Arvieu, au Château Queyras et dans toute la vallée : c'est la route la plus facile pour faire passer l'artillerie.
De Servières au Bourget, demi-lieue. Il faut trois quarts d'heure. Du Bourget au Château Queyras, 2 lieues. Il faut 2 heures et demie.		De Servières on peut facilement monter au Bourget, hameau de cette communauté. Du Bourget, prenant à droite, on monte le col de Péas, qui descend directement sur le Château Queyras.
Du Fonds à Aiguilles, 2 lieues. Il faut 2 heures et demie. Du Fonds à Abriez, 2 lieues. Il faut 3 heures et un quart.	Aiguilles et hameaux 250 feux	Au-dessus du Bourget il y a un autre hameau appelé Le Fonds, à la droite duquel on monte le col de Lombard, qui descend sur la communauté d'Aiguilles et en tirant plus avant en droite ligne on monte le col de la Pierre Rouge qui descend dans la communauté d'Abriez.
Du Bourget à Boussons, 1 lieue et demie. Il faut 2 heures.		Dudit hameau du Bourget, prenant à gauche, on monte sur le col de Boussons qui descend à Boussons, Cézanne, à Oulx, à Suze. En descendant sur la gauche, et de Boussons, village des vallées cédées, prenant sur la droite on monte sur le col de Sestrières et descend facilement dans la vallée de Pragella, vallée cédée, Fenestrelles, La Perouze, Pignerol, etc.
De Boussons au Mont-Genèvre, 1 lieue. Il faut 1 heure et demie.		De dessus le col de Boussons on peut aussi communiquer facilement à Montgenèvre.
Du Pont de Cervières à Arvieu, 2 lieues. Il faut 2 heures trois quarts. D'Arvieu au Château de Queyras, 1 lieue. Il faut 1 heure.	Arvieu et hameaux 200 feux	On peut encore facilement pénétrer dans la vallée de Queyras par le Pont de Cervières près de Briançon, on monte le col des Ayes qui descend à Arvieu, au château Queyras, etc.

[1] Ce mémoire est de M. Desgagnier qui a commandé, l'année 1752, dans la vallée de Queyras. J'ai déjà un pareil mémoire de lui, mais il m'a remis celui-ci comme plus étendu et plus sûr. — (Note de M. le comte de Paulmy).

De Guillestre au Château de Queyras, 3 lieues. Il faut 4 heures.		Par Guillestre, les troupes et menus équipages peuvent passer par le Tourniquet ou Combe du Veyer.
De Guillestre à Cillac, 2 lieues. Il faut 2 heures et demie. De Cillac à Mollines, 2 lieues. Il faut 2 heures et demie.	Cillac et hameaux 160 feux	On peut encore, étant au Mongauvy, en deçà de Guillestre, prendre le chemin de Cillac sur la droite, on monte le col de Fromage qui vient communiquer à Mollines et à St-Véran.
Du Col de Fromage au Château de Queyras, 1 lieue. Il faut 1 heure et demie.	Château de Queyras et hameaux 300 feux[1]	Entre Cillac et le col de Fromage, on peut par des sentiers descendre au Château de Queyras.
De St Véran à Lachenal, 2 grandes lieues. Il faut 3 heures et demie. De Mollines à Lachenal, 2 lieues et demie. Il faut 4 heures.	St Véran et hameaux 120 feux	**Col de Saint-Véran** Le col se monte par la communauté de Mollines et de St Véran et descend dans la vallée du Château Dauphin en Piedmont, c'est-à-dire, par Lachenal, château de Pont, Château Dauphin et ensuite à St Pierre, Sallusses, etc.
De Ville-Vieille à Mollines, 1 lieue. Il faut une heure et demie. De Mollines sur le col de Lagnel, 1 lieue et demie. Il faut 2 heures. Du dit col à Lachenal, 1 lieue. Il faut 1 heure et demie.	Mollines et hameaux 300 feux	**Col de Lagnel** Il se monte par Ville-Vieille, ensuite à Mollines, Coste Roux, Fongillarde, et on descend de même à Lachenal, Château de Pont, etc., et se trouve à gauche de celui de St-Véran.
De l'Eschalpes, hameau de Ristollas, jusqu'au col Vieux, 2 lieues. Il faut 3 heures. Et du col Vieux à Lachenal, 1 lieue. Il faut 1 heure et demie.	Ristollas et hameaux 130 feux	**Col Vieux** Pour monter ce col, qui est à côté et à gauche de celui de Lagnel, il faut prendre la Manche d'Aiguilles, Abriez et Ristollas. Il se monte à droite de l'Eschalpes, hameau de la communauté de Ristollas, et va joindre le col de Lagnel et descend de même à Lachenal, Château de Pont, St Pierre, Sallusses, etc.
De l'Eschalpes, hameau de Ristollas, pour aller au col de Soustre, 2 lieues. Il faut 2 heures et demie. Et du col de Soustre à Lachenal ou à Pont, une lieue. Il faut 1 heure et demie.		**Col de Soustre** En delà du hameau de l'Eschalpes et le vallon de Vizoul appartenant à la communauté de Ristollas qui va jusqu'au pied du mont ; Vizoul à côté et à droite de ce vallon est le col de Soustre qui descend encore au Château de Pont, Château Dauphin, St Pierre, Sallusses, etc.

---

[1] *200 feux*, sur la copie du mémoire présentée en 1766 au Marquis de Savines. *(Voir page 223)*.

De l'Eschalpes, hameau de Ristollas, au col de Valante ou Vizoulet, 2 lieues et demie. Il faut 3 heures.
Et du col à Lachenal ou à Pont, ou Château Dauphin, 1 lieue. Il faut 1 heure et demie.

Col de Valante ou Vizoulet

Plus avant dudit vallon est le col de Valante ou Vizoulet qui descend de même que ceux ci-devant.

Col de la Traverseitte

De Ristollas au col de la Traverseitte, 3 lieues. Il faut 4 heures et demie.
Et de la Traverseitte à Crissol, 1 bonne lieue. Il faut 1 heure trois quarts.

Entre le col de Valante et celui de la Traverseitte et la montagne du Mont Vizoul, la plus haute de toutes les Alpes. A côté et à gauche de ce mont est le col de la Traverseitte qui descend dans le val de Pont, c'est-à-dire, par Crissol, Oustanne et à Payzanne, commencement de la plaine du Piedmont ; de Payzanne, prenant à droite, on va à Sallusses, et à gauche, à Pignerol.
Le roi de Sardaigne a fait détruire le haut de cette Traverseitte en 1743, et on ne la pourrait passer qu'en faisant raccommoder ce qui a été détruit.
Nota : C'est au pied de la Traverseitte qu'un roi de France a fait percer la montagne pour éviter la montée de cette Traverseitte, et que l'ouverture subsiste encore en grande partie du côté du Piedmont.

Col de la Celleitte

De Ristollas au col de la Celleitte, 2 lieues. Il faut 3 heures.
Et de la Celleitte au Pra, terre de Piedmont, 1 grande lieue. Il faut 1 heure trois quarts.

Sur la gauche du vallon de Vizoul est le col de la Celleitte qui descend dans la vallée de Luzerne, c'est-à-dire, par le Pra, le fort de Mirebouq, Villeneuve, Boby, Le Villard, La Tour, Luzerne, Pignerol, etc.

Col de la Croix

De La Monta, hameau de Ristollas, au col de la Croix, 1 grande lieue. Il faut 1 heure trois quarts.
Et du col de la Croix à Mirebouq, fort du roi de Sardaigne, une lieue et demie. Il faut 2 heures un quart.

Ce col se monte à la gauche du hameau de la Monta, de la communauté de Ristollas, et descend de même au Pra, au fort de Mirebouq et dans toute la vallée de Luzerne.

D'Abriez à Valpreveyre, hameau de cette communauté, 1 lieue. Il faut 1 heure et demie.
De Valpreveyre sur ledit col, 1 lieue. Il faut 1 heure et demie.
Et de ce col à Mirebouq, 1 lieue et demie. Il faut 2 heures.

Col d'Urine

Abriez et hameaux 250 feux

Pour monter le col d'Urine il faut prendre la gauche d'Abriez et suivre le chemin qui conduit au hameau de Valpreveyre de ladite communauté et se monte à la droite de ce hameau et descend de même dans la vallée de Luzerne.

De Valpreveyre au col de Nivoul, 1 lieue. Il faut 1 heure et demie;
Et de ce col à Villeneuve, village du roi de Sardaigne, une lieue et demie. Il faut 2 heures.

Col de Nivoul

Il se monte de même par le hameau de Valpreveyre et laissant le fort de Mirebouq à droite, il descend à Villeneuve, Boby et dans toute la vallée de Luzerne.

De Valpreveyre au col de Boucher, 1 lieue et demie. Il faut 2 heures.
Et de ce col à Villeneuve, 2 lieues. Il faut 3 heures.

Col de Boucher

On le monte aussi par Valpreveyre et se descend comme celui ci-devant ; du col de Boucher on peut aller sur le col de la vallée de Saint Martin, qui sera ci-après.

D'Abriez à Praroubaut, hameau de cette communauté, 1 lieue. Il faut 1 heure et demie.
De Praroubaut sur le col, 1 lieue et demie. Il faut 2 heures.
Et de ce col à Pralis, 2 lieues. Il faut 2 heures et demie.

Col de la vallée de St-Martin

Ce col se monte par Praroubaut, hameau de la communauté d'Abriez, et descend dans la vallée de St Martin, c'est-à-dire, par la Ribe, Pralis, le Périer, et descend à la Pérouze. En prenant à droite on va à Pignerol et à gauche on monte à Fenestrelles.
Nota : C'est dans la vallée de Luzerne et de St Martin où habitent les Vaudois.

D'Abriez à Praroubaut, 1 lieue. Il faut 1 heure et demie.
De Praroubaut au col de La Mait, 1 lieue et demie. Il faut 2 heures.
Et de ce col au Sauze, 2 lieues. Il faut 2 heures et demie.

Col de La Mait

Il se monte de même par Praroubaut, hameau de la communauté d'Abriez, et descend au Sauze ; de là, prenant à gauche, on descend à Boussons, Cézanne, Oulx, Suze, etc., et à la droite on monte sur Cestrières et descend à Fenestrelles.

D'Abriez à La Monteitte, hameau de cette communauté, 1 lieue. Il faut 1 heure et demie.
De la Monteitte sur le col des Tures, 1 lieue et demie. Il faut 2 heures.

Col des Tures

Ce col se monte par la Monteitte, hameau de la communauté d'Abriez, et descend aux Tures, Boussons, Cézanne, Oulx, Suze, etc.

D'Abriez au Malrif, hameau de cette communauté, demi-lieue. Il faut 1 heure et demie.
Du Malrif sur le col de la Pierre Rouge, une lieue et demie. Il faut 2 heures.
Dudit col de la Pierre Rouge au Fonds, 1 lieue. Il faut 1 heure et demie.
Du Fonds à Cervières, 1 lieue et demie. Il faut 2 heures.

Col de la Pierre Rouge

Il se monte par le Malrif, hameau d'Abriez, et descend au Fonds, au Bourget, hameaux de Cervières, du Bourget.
En prenant à droite on monte le col de Boussous qui descend à Boussons, Cézanne, Oulx, Suze, etc. Et à gauche on va à Cervières, et à Briançon, etc.

On compte de St-Paul à Maurins, dernier village en allant vers le Piedmont de la communauté de St-Paul, vallée de Barcelonnette, deux lieues ; de Maurins on peut prendre deux routes pour aller en Piedmont. La première au Midi de Maurins par le col de Mary, on va aboutir à Ceille, dans la vallée de Mayre ; la seconde, à l'Orient d'été du village de Maurins, se subdivise au lac de Praroard. Vers l'Orient on va à Lachenal par le col de Longet, et par le Midi l'on entre dans la gorge de Chabrière. Au bout de la prairie de cette gorge, c'est-à-dire, à une demi-lieue de Praroard, il se forme deux gorges ; par celle de la Malacoste, à l'Orient, on va aboutir aux premières granges de de Belins, et par celle du Lautaret, au Midi, on y va aussi. La route de Lautaret paraît la plus commode. De ces granges à la Gardette, premier retranchement, demi-lieue ; de la Gardette à Pierre-Longue, une lieue ; de Pierre Longue à Château Dauphin, en suivant le ruisseau, une lieue ; du Château Dauphin au Couchant l'on revient en France par la Gorge du Château de Pont. Par le col de Longet, en partant de Lachenal, une lieue. De Pont on vient à Maurins par le col de la Blanche à St Véran, et par le col de Lagnel à Mollines.

Du Château Dauphin à Sallusses, huit lieues par la route de St-Pierre ; on suit la rivière du Véraït jusqu'au village du Piase ; du Château Dauphin à St-Pierre, deux lieues ; de St-Pierre à Venasque, trois lieues ; de Venasque au Piase, une lieue ; par l'Orient d'hiver du Piase à Sallusses, deux lieues, en tournant vers l'Orient d'été.

Observations pour mettre le Château de Queyras à couvert d'être assiégé en cas de guerre avec le roi de Sardaigne et d'empêcher les ennemis de faire des incursions dans la vallée.

On pourrait faire un camp de dix à douze bataillons sur le col de Roüe, appuyer la droite à Arvieu et la gauche à Soulliers, qui descend sur le Château de Queyras ; mais comme ce camp se trouverait trop reculé, il ne pourrait point mettre la vallée à couvert.

Si on voulait faire un camp de six bataillons au-dessus d'Abriez, sur un plateau nommé le Clot où il y a de l'eau et du bois nécessaires, ce camp empêcherait et mettrait à l'abri non seulement le Château de Queyras, mais encore toute la Vallée, parce qu'il se trouve dans une situation à dominer l'ennemi, qui ne pourrait faire aucune incursion ni sur le Château ni dans la Vallée de Queyras, qui par ce moyen serait exempte de payer aucune contribution, d'autant mieux qu'on pourrait savoir son intention et sa démarche trois ou quatre jours d'avance par les habitants du lieu, qui, se voyant par là à couvert d'être brûlés, serviraient avec zèle et succès, ce qu'ils n'osent faire.

Et pour plus grande sûreté on pourrait encore mettre un détachement de ce camp, de quatre à cinq cents hommes, au-dessus de Praroubaut, hameau d'Abriez, qui tiendrait en bride l'ennemi, soit pour la Vallée et Château de Queyras, soit du côté des vallées cédées, au cas qu'on voulût pénétrer du côté de Fenestrelles.

Ce poste dominerait de même les vallées de Luzerne et celles de St Martin, où habitent les Vaudois, en sorte que les convois et équipages pourraient aller à Fenestrelles, passant par Briançon, sans beaucoup de risque.

Au cas qu'on voulût faire passer des troupes dans les Etats du roi de Sardaigne par la Vallée de Queyras, les cols les plus aisés sont ceux de Lagnel, qui monte par Guillestre sur celui de Fromage passant par Ceillac et descend à Lachenal, à Pont, au Château Dauphin, St Pierre, et ensuite à Sallusses, etc.; ou bien, par la Vallée de Queyras, se rendre à Villevieille, monter à Mollines et se rendre sur le col de Lagnel, qui descend dans le Piedmont comme ci-dessus.

On peut encore de Villevieille passer par Aiguilles, Abriez, Ristollas, par le vallon de Visoul et monter le col de la Traverseitte qui descend à Crissol, à Oustanne, Payzanne, et de là à Sallusses en prenant la droite, et à Pignerol en prenant la gauche, mais il serait nécessaire de faire raccommoder le haut de cette Traverseitte qui a été détruit en 1743.

Le col de la Croix est très difficile, celui d'Urine de même.

On pourrait encore passer par Abriez, et monter sur le col de La Mait qui descend au Sauze, pays des vallées cédées, et monter sur Cestrières qui descend à Fenestrelles.

Le col des Turcs est aussi très difficile.

On peut aussi, facilement, de Briançon aller à Cervières, de là au Bourget et monter à gauche le col de Boussons qui y monte aussi, étant à Boussons sur Cestrières en prenant à droite et à gauche on descend à Sauze, à Oulx, Suze, etc.[1]

XIX. — MÉMOIRE AU SUJET DES FORTIFICATIONS DE BARCELLONETTE ET SUR LA PRÉFECTURE DE LADITE VALLÉE.

Par l'article 5 de l'arrêt du Conseil d'Etat du Roy, servant de règlement à cette vallée, du 11 janvier 1716, et par la déclaration de Sa Majesté du 21 février suivant, Sa Majesté s'est réservé la nomination du Préfet qui doit être renouvelé de trois en trois ans, et ne peut être originaire de la vallée.

Mais comme suivant le même règlement le Préfet n'a que mille livres de gages par an, dont huit cents sont payées par les Communautés de la vallée et les deux cents livres restantes sur le compte du Roy, et d'autant que les gages sont insuffisants pour l'entretien et subsistance du Préfet, les sujets qui ont de la capacité et du bien se faisant avec raison une peine de quitter leurs emplois, leurs maisons et leurs affaires pour s'aller transplanter dans un mauvais pays de montagnes et y manger leur bien, on peut dire avec vérité que depuis l'heureuse réunion de cette vallée à la couronne, la justice n'y a pas bien été administrée. Les procès y ont fourmillé, les divisions s'y sont multipliées, et il n'y a pas apparence que la justice soit mieux administrée à l'avenir, à moins qu'il n'y ait une augmentation considérable des juges qui attire les bons sujets.

---

[1] *Une copie du mémoire ci-dessus présentée en 1766, à Embrun, à M. le Marquis de Savines, plus tard Maréchal de Camp, par le Capitaine Desganiers, alors « Commandant pour le service du Roy au Château et Vallée de Queyras », se termine par l'addition suivante:*

La vallée de Queyras peut, fournir en temps de guerre ou dans un cas pressé :

    Rations de foin 50.000
    Rations d'avoine ou orge 40.000
    Quintaux de paille............... 10.000
    Cercles de bois, tant qu'on veut.

On observe que cette vallée peut faire cette fourniture pendant plusieurs campagnes de suite, c'est-à-dire qu'elle ne peut être en état de la faire qu'après la perception de la récolte en fourrage, qui est, pour l'ordinaire, dans le courant de juillet de chaque année.

Mais comme d'un côté les intérêts de l'Etat et encore plus les circonstances de la guerre ne permettent pas de faire cette augmentation, que d'un autre côté les fortifications nécessaires qui ont été ordonnées dans la vallée de Barcellonette coûteront des sommes considérables; et comme il ne convient pas d'épuiser la caisse du Roy dans ces circonstances et encore moins de surcharger cette vallée qui n'est déjà que trop épuisée par les efforts incroyables qu'elle a fait dans les dernières guerres et par les charges dont elle est journellement accablée. Pour concilier l'intérêt du Roy avec celui de cette vallée, on pense qu'il conviendrait de rendre cette préfecture une charge vénale et ce titre héréditaire comme les autres charges de justice du royaume et de la donner à un homme du pays qui eut de la capacité et du bien pour pouvoir répondre de sa conduite et qui, en restant dans sa maison et dans ses affaires, serait mieux en état de subsister, et d'administrer la justice avec plus de désintéressement qu'un étranger qui est obligé d'y gagner sa vie, et on pourrait obliger ce particulier à appliquer le prix, qui sera arrêté, de cette charge, au payement des fortifications qui ont été ordonnées dans cette vallée.

On propose le sieur Pierre Jacques Monnin, premier consul de la vallée, nommé par le Roy, dont le zèle pour le service du Roy et celui du public est attesté par M. le comte de Marcieu et de Mirrepoix, pour remplir cette charge aux susdites conditions.

XX. — MÉMOIRE SUR LA VILLE ET LE CHATEAU DE SEINE

Par M. Bourcet

La ville de Seine est située sur le penchant de la montagne de la Pale qui la domine de très près, et ses habitations sont établies en amphithéâtre suivant la pente dudit penchant, à quelques cents toises de la rive droite du ruisseau de Blanche appelé un peu plus bas Rabious dont le confluent se trouve dans l'Ubaye un peu au-dessous de la Brioule.

Son enceinte irrégulièrement dirigée n'est défendue que par des tours couvertes qui laissent entre elles des courtines de cinquante et jusques à soixante toises de longueur, les murs qui forment ladite enceinte n'ont pas au-delà de quinze à vingt pieds de hauteur et ont très peu d'épaisseur, en sorte qu'ils ne pourraient pas soutenir un terrassement.

On a construit un magasin à poudre entre les tours 23 et 24 qui sert tant pour la ville que pour le château et qui n'est point à l'épreuve.

Le château de Seine occupe un rideau assez élevé, il y a une partie haute dans laquelle est une tour ancienne, un corps de garde et un bâtiment servant de casernes pour les invalides, avec une citerne, la partie basse comprend un corps de garde et une Tour appelée de la Citadelle et se trouve séparée de la partie haute par une tenaille. L'enceinte de ce château est oblongue et très irrégulière, le côté de la porte de secours n'est couvert que par un petit réduit auquel on ne communique plus et qui se trouve abandonné ; les deux longs côtés de ce château ne sont flanqués que par deux bastions inégaux et l'extrémité de l'enceinte basse forme un bastion très irrégulier dont les flancs inégaux concourrent néanmoins à la défense des différents côtés.

Cette ville et son château se trouvent hors de direction de toute route venant de Piémont et ne pourraient servir que pour défendre le débouché sur Digne aux troupes qui auraient dépassé le fort St-Vincent ; au moyen de quoi on ne juge pas qu'il soit nécessaire d'y faire d'autres réparations que celles qui concerneront l'entretien des murs et bâtiments qui existent, et dont la dépense annuelle ne fera jamais un grand objet

Bourcet.

XXI. — MÉMOIRE SUR LE COMTÉ DE BEUIL
Par M. Bourcet.

Le comté de Beüil, possédé souverainement par un Grimaldy, quoique feudataire de la Maison de Savoye, a été réuni aux domaines du roi de Sardaigne depuis que cette puissance a confisqué les biens dudit Grimaldy accusé du crime de lèse-majesté, de rébellion et de félonie dans le commencement du dix-septième siècle.

Il comprend dans son étendue vingt-deux villages dont la plus grande partie sont situés entre la Tinée et le Haut Var, et le reste entre le Var et la rivière d'Esteron.

La partie du comté de Beüil située entre la rivière de Tinée et le Haut Var est séparée de la vallée de Lantosque, de celle de Saint Dalmas, de Barcelonnette et des frontières de Guillaume et d'Entrevaux par des montagnes dont les communications sont très difficiles ; elle est aussi séparée du Piedmont par la grande chaîne des Alpes dont les débouchés sont presque impraticables. En sorte que cette province particulière ne peut jamais servir que pour quelques diversions dans les guerres que la France et le roi de Sardaigne peuvent se déclarer.

La partie dudit comté située entre l'Esteron et le Var devenant une dépendance de la partie haute pour l'usage que le roi de Sardaigne en pourrait faire contre la France, on ne doit pas y craindre de grands efforts de sa part.

Ce comté peut être facilement assujetti par la France sans qu'il soit possible au roi de Sardaigne de s'y opposer, mais sa conquête ne présente aucun avantage pour les projets d'offensive que l'on pourrait avoir en vue contre le Piedmont.

Sa contiguité avec le comté de Nice en rend la possession nécessaire lorsqu'on est décidé à la conquête et à la conservation du dernier, quoique leurs communications respectives se fassent par des défilés très difficiles.

Les places d'Entrevaux, de Guillaume et de Colmars qui en couvrent les débouchés par le côté du couchant, ne sont pas fortifiées de façon à soutenir des défenses bien vigoureuses, mais comme le roi de Sardaigne ne saurait y faire arriver du canon et que leurs enceintes en exigent pour être assujetties, on peut les regarder comme imprenables si on en excepte les cas de surprise ou de trahison, au moyen de quoi la Provence se trouve bien couverte contre les efforts d'une armée dans l'étendue comprise entre Barcelonnette et Entrevaux. Et si on a dit précédemment que le comté de Beüil pouvait servir à la diversion de quelques petits corps, on ajoute ici que ces sortes de diversions sont plus à craindre pour le roi de Sardaigne que pour la France, parce que cette dernière puissance a des places pour servir à la retraite de ses troupes, et que le roi de Sardaigne ne pourrait y engager les siennes qu'après leur avoir fait traverser les grandes Alpes, et en les exposant à être coupées par celles que la France pourrait faire déboucher par la vallée de Barcelonnette sur le haut comté de Beüil, et par celles qu'on pourrait avoir dans le bas dudit comté, entre l'Esteron et le Var.

Le débouché des premières se ferait par les cols de Fours et de la Caillole, sur les villages de Péone et de Beüil et le débouché des secondes regarderait le Puget, le Rostang, et Rigault, pour ce qui sortirait d'Entrevaux, du Puget, de Teniers, Thierry et Lonche, pour la partie du Toüet, Massoins et Bairols pour ce qui déboucherait de Malausene.

XXII. — MÉMOIRE SUR LE COMTÉ DE NICE

par M. Bourcet.

Le comté de Nice est borné au levant par la principauté de Monaco et par les terres de Gênes, au nord par les cols de Tende et de Fenestre, au couchant par le comté de Beüil et le Var, au midi par la mer.

Les principales rivières ou torrents qui l'arrosent sont le Var, la Tinée, le Vesubia, le Paillon, le Bevera et la Roïa.

Le Var, rivière considérable, n'est point guéable pendant la fonte des neiges, ni après des pluies considérables, la largeur de son lit depuis le Brock jusqu'à son confluent dans la mer est de quatre à cinq cents toises. Entrecoupée d'îles de gravier où le torrent se joue et qui varient à chaque veüe, ses bords sont plats dans le susdit intervalle et sont dominés de droite et de gauche par des rideaux à peu près de même hauteur dont les penchants, quoique très rapides, sont cependant accessibles. On peut défendre le passage de cette rivière soit dans la partie du côté de Saint Laurent, soit dans celle de Ste Marguerite pour la première, en occupant le Brock, Carros, Gratières, le château de la Gaude, le Puget et Saint-Laurens, d'où l'on fournirait des postes sur son bord, et, par la partie de Nice, en occupant Roqueta, Saint Martin, Saint Blaise, les Castagners, les Cabanes, Aspremont, Roquegarbière, Saint Isidore, et le rideau de Sainte Marguerite d'où l'on peut se porter dans les points qui seront menacés. On passe cette rivière plus facilement vis-à-vis Saint Martin à Roquegarbière, au-dessous de Carros, à la gorge de Saint-Isidore, à la chapelle de Sainte Marguerite et près de son confluent dans la mer.

La Tinée prend sa source dans la montagne qui sépare la vallée de

Barcelonnette de celle de Saint Dalmas et a son confluent dans le Var au-dessous du village de la Torre et très près de celui de Massanis ; elle est guéable pendant dix mois de l'année quoique son cours soit très rapide, mais ses bords sont si escarpés de droite et de gauche qu'il est très difficile d'y former des rampes. On a construit des ponts dans l'étendue de son cours pour la communication mutuelle des villages assis dans la vallée qu'elle arrose, appelée vulgairement vallée de Saint Dalmas, de Saint Etienne et de la Tinée ; les principaux sont ceux de Clans Deilance, d'Isola, de Saint Etienne, et le point haut pour communiquer à Saint Dalmas le Sauvage.

Les chemins sont bons dans cette vallée, quoique extrêmement serrée, si on en excepte la partie de Liouche à St Sauveur ; il n'y a que les villages de Reimplas, Clans et la Torre qui puissent faire des postes en temps de guerre, et cette vallée a peu de ressources en grains et en fourrages. De cette vallée on communique dans celle d'Esture par les cols de Sainte Anne, à celle de Barcelonnette par le col Clapouse, et à celle d'Entraume par le col du Pal.

La Vésubia prend sa source à la montagne de Finestre qui sépare le vallon d'Entraigue et de Vaudier du comté de Nice ; son confluent dans le Var est à 3/4 de lieue au-dessous de Levenzo, vis-à-vis le village de Boucon. Elle arrose la vallée de Lantosque, abondante en fourrages et en grains dans sa partie haute ; les bords de cette rivière sont escarpés de droite et de gauche dans la partie basse, et elle les a plats dans la partie haute.

Elle est guéable comme la précédente, dix mois de l'année ; les principaux ponts construits sur cette rivière sont ceux des Cros d'Huës ou Utelle et celui de Bolena. La communication de cette vallée avec celle de la Tinée se fait par le val de Blaûre qui débouche à Saint Martin d'une part, et à Reimplas de l'autre, laissant Saint Dalmas du Plan vers son centre. Les chemins sont bons depuis Figaret jusques à Saint Lartin et Saint Dalmas, mais ils sont très mauvais dans la partie basse depuis ledit Figaret jusques à Levenzo.

L'hermitage d'Utelle, appelé vulgairement Notre Dame d'Huës, située sur une montagne fort élevée entre la Vésubia et la Tinée, peut servir de point de signal. Le village d'Utelle est situé sur un petit plateau isolé par des penchants extrêmement rapides à une demi lieue au-dessous dudit hermitage. Sa position est bonne pour une défensive parce qu'il découvre tout ce qui peut venir par la vallée de Lantosque et qu'il est très facile d'empêcher qu'on y arrive lorsqu'on voudra se porter sur le chemin de la Torre ou sur celui de Figaret et de Duranus.

La vallée de Lantosque communique à Entraigue et Vaudier par le col de Finestre praticable pendant un ou deux mois de l'année, au col de Tende, à Saorgio et au col de Brous, par le mont de Raüs au-dessus de Belver, à Lusserant et l'Escarène par le vallon de Lude, vis-à-vis Lantosque, et dans le bassin de Nice par le Venzo, Aspremont et Tourrete.

Levenzo est un bourg assez considérable situé sur une butte élevée dont on peut faire un bon poste, les troupes que l'on y mettrait seraient également à portée de défendre le chemin qui communique à Utelle par les Cros, et celui qui communique à Lantosque par Duranus, et peu de soldats dans presque tous les points de ces chemins résisteraient à l'effort d'un beaucoup plus grand nombre, en sorte que la position de Levenzo doit être regardée comme la meilleure pour s'assurer contre tout ce qui pourrait déboucher des vallées de Lantosque.

Roqueta, situé à trois quarts de lieue de Levenzo, près du confluent de la Vésubia, sur un rocher coupé à pic et qui domine le Var vis-à-vis le Brock, fait une position admirable pour défendre le passage de cette rivière et le gué de Saint-Martin et Aspremont où se trouve le château ruiné de Saint Blaize.

Aspremont, situé entre deux montagnes à une lieue et demie de Levenzo et à deux lieues de Nice, est un poste essentiel à la défense du Var, d'autant mieux qu'il découvre son cours depuis le confluent dans la mer jusqu'à celui de l'Esteron dans le Var; mais la butte sur laquelle il est situé étant toute cultivée et accessible dans tous les points, on ne saurait se promettre une bonne défense dans ce poste qu'en contournant le village par une enceinte de retranchement, à portée des maisons.

Tourrete dont la situation est au centre et au bas d'un vallon, pourrait faire quelque défense si on en voulait seulement au village, mais il n'empêcherait point le passage soit qu'on voulût marcher à Saint André, à Falicon ou à Aspremont.

Castelnovo couronne la montagne au-dessus de Tourrette et découvre tout le bassin de Comtes, Berra, Coarasa, Lusserant, l'Escarène, le Toüet, Peille, Peglion et Blausasque; sa situation est sur une butte isolée par des penchants extrêmement rapides, et par conséquent d'une très facile défense, ce poste est également à portée de s'opposer à ce qui viendrait par Aspremont et Tourrete, comme à ce qui viendrait par l'Escarène, Berra et Comtes, et avertirait toujours du mouvement des ennemis.

Le Paillon prend sa source au dessus de Lusserant, reçoit le ruisseau du Toüet à l'Escarène, celui de Peglio au-dessous dudit village, celui de Berra et celui de Comtes à une demi lieue au-dessus de Drap, celui de Notre Dame de Laghet à la Trinité et celui de Tourrete au-dessous de Saint André ; il est guéable dans tous les temps excepté pendant les pluies d'orage, mais cela ne peut jamais faire un intervalle de plus de deux fois vingt-quatre heures.

Le château de Saint André ; est un poste qui défend tout ce qui pourrait longer le ruisseau de Tourrete venant de Nice.

Falicon, village situé entre deux grands ravins, est un poste qui se garderait bien lui-même, mais qui ne saurait empêcher le passage soit à la gauche allant de Nice par Reimier, les Goms à Tourrete, soit à la droite, allant de Nice à Tourrette par Saint-André.

Simiers, couvent de Recolets et Saint Pons, couvent de Bénédictins, à un quart de lieue l'un de l'autre, sont situés sur le rideau qui domine le Paillon et ne peuvent servir qu'à en défendre le passage contre les troupes qui viendraient de la Trinité.

Comtes et Còarasa situés sur le ruisseau appelé la Gravière ; Lusserant, l'Escarène et Peglion situés sur le Paillon ne peuvent pas se regarder comme des postes de quelque défense étant dominés de tous côtés, et d'un facile accès, et dont on ne doit faire aucune attention.

Berra au contraire se trouve comme au centre de ces cinq villages et est disposé de façon qu'on ne saurait y arriver que très difficilement, il est à portée de secourir Castelnovo, et d'en être secouru.

Drap et La Trinité ne sauraient se défendre contre les troupes qui viendraient du côté de Nice, mais ils empêcheraient facilement le débouché par le chemin de l'Escarène dans le défilé vis-à-vis un moulin situé sur l'autre bord du Paillon.

Peiglie, excellent poste pour défendre le chemin qui vient de Notre-Dame de Laghet et de la Turbie, mais fort mauvais pour se défendre contre ce qui pourrait venir de l'Escarène, de Castillon ou de Guerley, à moins qu'on ne se réduisit à défendre la Chapelle sur le chemin de Peiglie à Laghet.

La Turbie, poste admirable pour tout ce qui déboucherait de Monaco, et fort mauvais contre tout ce qui viendrait des hauteurs de Sainte Agnès ou des cols de Laghet et d'Eze.

Eze, dont la situation bizarre ne se présente pas d'abord comme

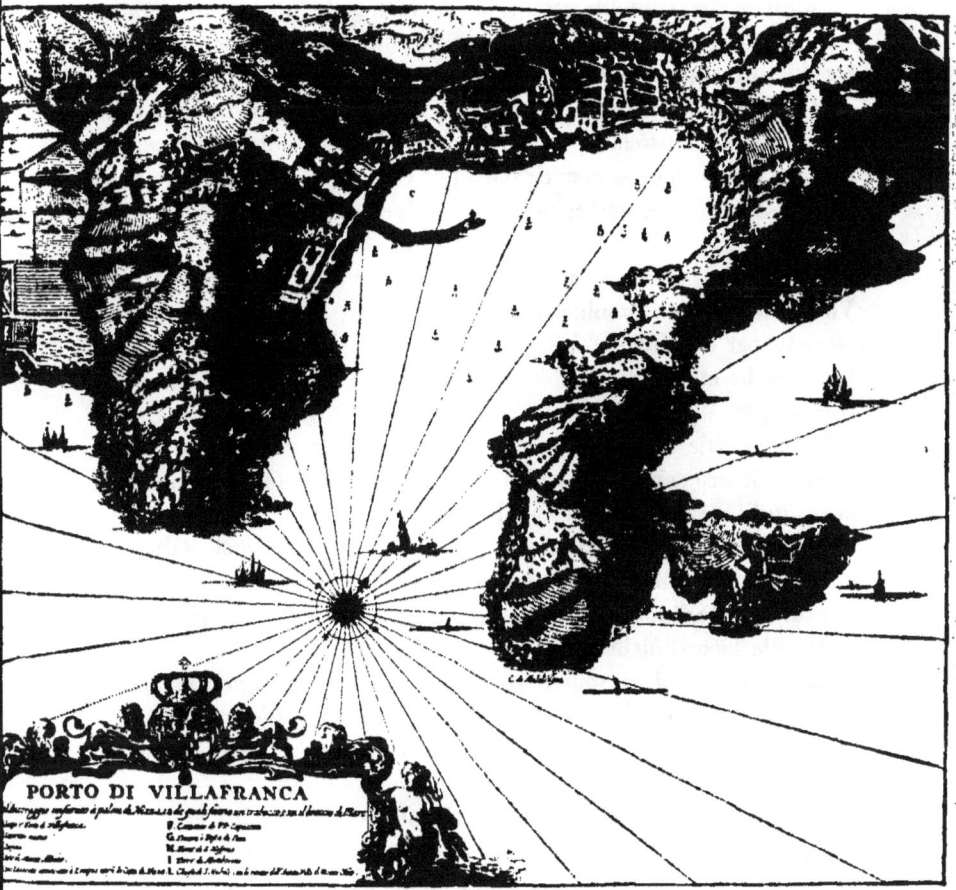

bonne est cependant à l'abri d'une attaque de vive force, il est assis sur un rocher isolé qui s'élève dans le milieu d'un grand penchant, et qui découvre d'assez loin tout ce qui peut marcher sur lui, en se défendant lui-même il interrompt le droit chemin de Villefranche à la Turbie et à Monaco, passant par le mont Gros et le col d'Eze.

Villefranche, situé entre le village d'Eze et la ville de Nice, est un très bon port, la ville n'est point fortifiée, il y a un château qui en est détaché à 150 toises de distance dont la figure est celle d'un ouvrage à cornes ayant à ses ailes des redans et des flancs bas; on peut établir des batteries pour soumettre ce fort au plateau des Capucins et, en formant des communications au travers de la ville, venir établir une parallèle à cent toises de la palissade ou bien longer le ravin qui est à la droite du chemin de Nice à cette place dont la direction est défilée de la fortification, et arriver au bas du glacis de son chemin couvert; mais dans cette partie il faudrait avoir des ballots de laine ou des sacs à terre pour se couvrir dans une espace où il ne se trouve que du roc. On présume que cette place saurait se défendre 8 à 10 jours au plus.

Montalban, petit fort carré, situé sur le rideau qui sépare Nice de Villefranche et qui domine également les deux, peut être facilement assujetti par des batteries à bombes et de canons placées sur le col de Villefranche et au penchant du Mont Gros ou sur le rideau du côté la mer.

Nice, capitale du comté du même nom, n'est fermée que par une enceinte de maçonnerie de 12 à 15 pieds d'élévation (sans aucun parapet) qu'il serait facile d'escalader; elle a au midi la mer, au couchant et au nord le ruisseau du Paillon, le rocher sur lequel était situé son ancien château; la situation de ce château est très bonne et très susceptible d'une bonne fortification qui rendrait les approches de la ville bien difficiles.

La Bevera prend sa source au-dessus du Molinet et près du bois de la Bolène; ses bords sont plats et cette rivière est toujours guéable, elle traverse le bourg de Sospel et reçoit le ruisseau de la Nissia, passe à portée de l'Olivette et se jette dans la Roïa à Bevera.

Sospel est un bourg de 350 feux situé au bas d'une vallée et dominé de toutes parts, et par conséquent d'une mauvaise défense. Il est à trois lieues de l'Escarène; sa communication avec ledit endroit se fait par le col de Braus et par Roque Taillade, chemin dans le Roc et soutenu par des murailles sur 300 toises de longueur, entre le Touët et la petite chapelle de Saint Laurent. Castillon et Sainte Agnès, sur le chemin de Sospel à la Turbia, sont de très bons postes contre ce qui pourrait déboucher de Sospel.

La Roïa prend sa source sur le col de Tende, reçoit plusieurs ruisseaux, passe au-dessous de Saorgia, contourne Breglio et a son confluent dans la mer à portée de Vintimille ; elle n'est point guéable au-dessus de Bevera.

Saorgio est un château fortifié sur un rocher qui tombe à pic sur la rivière de Roïa. Il défend le grand chemin de Tende, son donjon est un petit carré flanqué de quatre tours contenant deux bâtiments civils ; il y a une espèce de fausse braye du côté de la rivière en forme de demi-corne et une basse enceinte avec quelques redans, une communication défilée pour déboucher dans le village de Saorgio, qui est situé derrière ledit château, et n'en est séparé que par un petit ravin servant de fossé. On peut arriver audit village venant de Pigna et de Dolceaqua, sans être aperçu du fort, et plusieurs points de ce village dominent le fort à la portée du mousquet.

Breglio est un bourg situé au bas d'une vallée dans une presqu'île qu'arrose la Roïa dont les bords sont escarpés, quoique la position de ce bourg soit plongée de tous les points des environs à la portée du mousquet. Cependant comme on ne saurait passer à gué la rivière, ni arriver dans le bourg que par deux ponts ou par un chemin très étroit coupé dans le roc, ce poste est très bon à défendre ; il est à une lieue de Saorgio et à trois de Sospel où l'on communique par le col de Brous et par celui de Peruis.

La Pene, village de Gênes est situé sur un rocher entre deux ravins qui ne laissent qu'une arête très étroite pour la communication soit avec Breglio, dont il est à une lieue et demie, soit avec Sospel, qui en est éloigné de deux lieues. En sorte qu'en gardant le débouché par cette langue de terre, on se trouve en sûreté dans ce poste qui a, d'ailleurs, un château fort bon à défendre.

TABLE DES GRAVURES

	PAGES
Portrait du Marquis de Paulmy	en face du titre
Portrait du Lieutenant-général Pierre du Bourcet	17
Plan de Grenoble au XVIIIe siècle	29
Plan de Barraux id.	33
Plan d'Embrun id.	53
Plan de Mont-Dauphin id.	55
Ville et Château de Briançon, en 1752	63
Médaille commémorative de la construction des nouvelles fortifications de Briançon, en 1722	63
Construction du Pont de communication de Briançon aux Testes	112
Val de Suze	126
Val de Vraïtte	126
Val de Pragelas	127
Val de Sture	127
Vue d'Embrun	204
Passage d'artillerie dans les Alpes au XVIIIe siècle. *Gravure de Pet. Schenck*	212
Plan de Villefranche	231
Carte du Bas Dauphiné, en 1752, par le Col Ryhiner	à
Carte du Haut-Dauphiné, —	la fin
Carte de la Haute-Provence, —	du
Carte de la Basse-Provence, —	volume

TABLE DES MATIÈRES

	PAGES
Préface...	8
Voyage d'Inspection de la frontière des Alpes (¹) :	
1re Partie — *Bas Dauphiné*.............................	17
2me Partie — *Haut Dauphiné*............................	41
3me Partie — *Haute Provence*...........................	78
4me Partie — *Basse Provence*............................	97
5me Partie — *Bas Dauphiné*..............................	102
Index du Journal du voyage de 1752...................	106

DOCUMENTS ANNEXES

I. — Mémoire concernant la construction du pont de communication de Briançon aux Testes (attribué à P. de Bourcet) 113

II. — Mémoire de M. Bourcet relatif à sa carte manuscrite des passages des Alpes :

    1° *Pour servir à la connaissance de toutes les Frontières par un développement général des cols ou passages et des vallées qui communiquent en Piedmont tant par la Savoye que par le Dauphiné et la Provence*.. 117

    2° *Pour servir à la connaissance des Frontières du Piedmont et de Dauphiné*.. 122

    3° *Sur les parties de la plaine de Piedmont, relatives aux différents débouchés par où on peut y pénétrer*........................ 125

III. — Mémoire attribué à P. de Bourcet sur les

    Communications de la Grande et de la Petite Route, depuis La Mure et Corps, avec le Bourg-d'Oisans 131

    Communications du Bourg-d'Oisans avec la vallée de Morienne, passant par Besse et Saint-Sorlin-d'Arve ou Saint-Jean-d'Arve 137

    Communications de la vallée de Morienne avec la Petite Route de Grenoble à Briançon et avec les vallées du Briançonnais 143

(¹) *Dans ce volume, l'orthographe des noms de lieux est donnée telle qu'elle figure sur les documents originaux reproduits.*

Les variantes existant dans l'orthographe d'un même nom sur les divers mémoires manuscrits, parfois signés d'un même auteur, indiquent la médiocre attention trop souvent apportée jadis à l'orthographe des noms de lieux. — Voir à ce sujet les observations consignées par le Comte de Langeron au sujet du Mémoire XVIII, page 216.

		PAGES
IV.	— Mémoire de M. Bourcet sur les communications à ouvrir dans l'intervalle de la Grande à la Petite Route de Grenoble aux Places de la Frontière	147
V.	— Itinéraire de la Petite Route de Grenoble à Briançon, où il est fait mention de tous les différents débouchés qui déversent de cette route dans la partie supérieure de la Morienne, ainsi que dans les vallées d'Oulx et de Cézane par M. Jean-Baptiste Bourcet de la Saigne	155
VI.	— Observations importantes sur les frontières de Dauphiné, par M. le comte de Marcieu, lieutenant-général	169
VII.	— Mémoire de M. Bourcet sur les fortifications de Grenoble	173
VIII.	— Mémoire de M. de La Porte sur l'administration de la Ville de Grenoble	177
IX.	— Mémoire de M. de La Porte contenant un projet d'approvisionnement de fourrages à établir et à soutenir en tout temps dans le Dauphiné pour s'en servir dans les occasions	180
X.	— Mémoire particulier de M. Bourcet sur les Frontières de Dauphiné	187
XI.	— Mémoire sur le Pays Briançonnais, présenté par les Consuls	190
XII, XIII, XIV.	— Mémoires par M. Bourcet et M. d'Heuriance pour servir à connaître les places du Haut-Dauphiné dans l'état qu'elles se trouvent et ce qu'il convient d'y faire pour les rendre capables d'une bonne défense	200
XV.	— Note de M. le Comte de Langeron sur la Brunette	205
XVI.	— Mémoire du sieur de La Salle, sur son voyage aux cols de l'Assiette et de la Fenestre	205
XVII.	— Mémoire de M. Bourcet sur la Vallée de Queyras	211
XVIII.	— Mémoire sur les Vallées, Chemins et Cols du Queyras, par M. Desgagnier	215
XIX.	— Mémoire au sujet des fortifications de Barcelonette et sur la Préfecture de ladite vallée	223
XX.	— Mémoire sur la Ville et le Château de Seine, par M. Bourcet	224
XXI.	— Mémoire sur le Comte de Beuil, par M. Bourcet	225
XXII.	— Mémoire sur le Comté de Nice, par M. Bourcet	227
Table des gravures		234

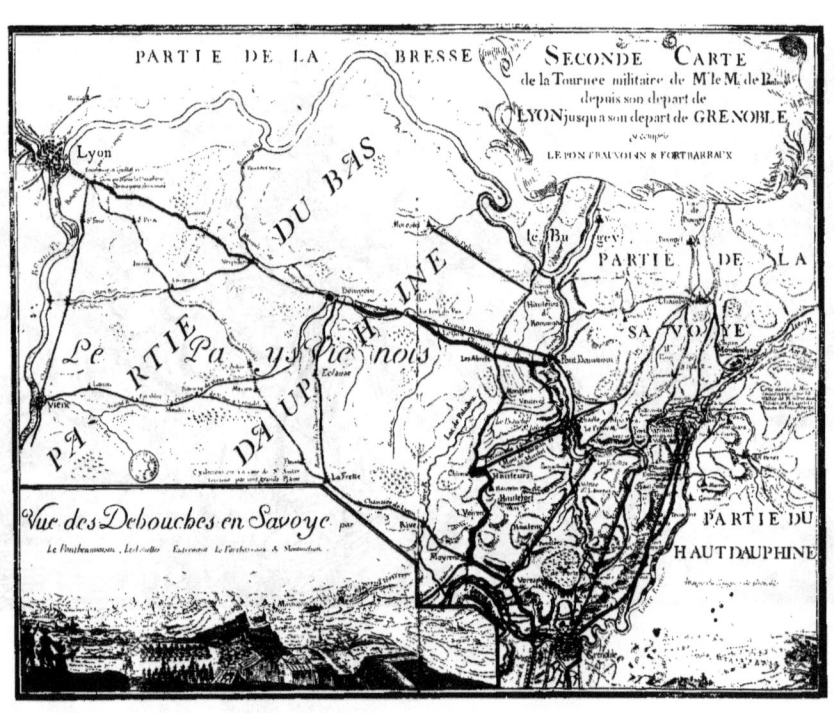

Ouvrages du même auteur

Guide du Haut-Dauphiné, en collaboration avec MM. le Rév. Coolidge et Perrin. In-16, 6 cartes. Grenoble, A. Gratier, 1887. *Honoré d'une souscription du Ministère de la Guerre*...... 12 fr.

Supplément au Guide du Haut-Dauphiné, en collaboration avec MM. le Rév. Coolidge et Perrin. In-16. Grenoble, A. Gratier 1890................................. 2 fr. 50

The Central Alps of the Dauphiny, en collaboration avec MM. le Rév. Coolidge et Perrin. In-32. Londres, Fisher Unwin, 1892 12 fr. 50

Carte du Haut-Dauphiné, 6 feuilles. Winterthur, Würster et Randegger, 1892. 2ᵉ édition........................... 5 fr.

Alpes Dauphinoises, de la collection des Guides-Joanne. In-16. Paris, Hachette, 1890........................ 10 fr.

Grenoble considéré comme centre d'excursions, avec cartes, plans et illustrations. In-16. Grenoble, 1902. 19ᵉ mille.. 1 fr.

Mémoire de la Blottière, maréchal de camp, concernant les frontières de Piémont, France et Savoie. In-8° avec 2 plans. Grenoble, Librairie X. Drevet. 1892.................... 3 fr. 50

Description des vallées des grandes Alpes, Dauphiné, Provence, Italie, par le marquis de Pezay, maréchal général des Logis de l'État-major de l'armée avec index des appellations anciennes et modernes des cols et passages. In-8°. Grenoble, X. Drevet, 1894. *Honoré d'une souscription du Ministère de la Guerre.* 2 fr. 50

La topographie du Haut-Dauphiné. Notes historiques sur le massif du Pelvoux, communications entre Oisans et Briançonnais. In-8° avec 1 carte. Grenoble, X. Drevet, 1896......... 1 fr.

Au pays des Alpins. In-4° avec 290 illustrations. Grenoble, 1899, Falque et Perrin. *Honoré d'une souscription du Ministère de la Guerre*.. 15 fr.

Au pays des Alpins. In-16, avec 187 illustrations. Grenoble, 1902, 12ᵉ mille, Falque et Perrin...................... 3 fr. 50

J. TIERSOT

Sous-Bibliothécaire du Conservatoire de Paris

CHANTS ET CHANSONS POPULAIRES

RECUEILLIS DANS LES

ALPES FRANÇAISES

In-quarto (30 × 22) contenant deux cents chants et chansons, français et patois, avec musique, notes historiques et critiques, illustrations hors texte et dans le texte.

—o—

DÉTAIL DU TIRAGE

Cinquante exemplaires sur papier des manufactures impériales du Japon, numérotés de 1 à 50.......... **150** fr.

Cinquante exemplaires sur papier de Chine fort, numérotés de 51 à 100. **100** fr.

Onze cent cinquante exemplaires sur vélin satiné des manufactures de Cran, numérotés de 101 à 1250. **40** fr.

L'ouvrage ne sera pas réimprimé

John GRAND-CARTERET

LA MONTAGNE
à travers les âges

Deux volumes in-quarto (30 × 22) imprimés rouge et noir, contenant près de **sept cents illustrations** hors texte et dans le texte, en noir ou en couleurs, reproductions de tableaux, estampes, gravures, affiches, portraits, croquis.

DÉTAIL DU TIRAGE

Exemplaires de luxe : *Cinquante exemplaires* sur papier des manufactures impériales du Japon, numérotés de 1 à 50.................. **200** fr.

— — *Cinquante exemplaires* sur papier de Chine, numérotés de 51 à 100....... **150** fr.

Exemplaires ordinaires sur vélin satiné des manufactures de Cran .... **40** fr.

CHEZ LES MÊMES ÉDITEURS

Henry Duhamel
AU PAYS DES ALPINS
Ouvrage honoré d'une souscription du ministère de la Guerre

ÉDITION IN-4°	ÉDITION IN-16
Volume orné de 290 reproductions photogr. en couleur dans le texte ou hors texte Cartes, Plans, Portraits, etc. Couverture illustrée par L. Guétal *Prix : 15 fr.*	Volume orné de 187 reproductions photographiques dans le texte *Prix broché : 3 fr. 50* Le même, reliure peau rouge, tête dorée *Prix : 5 fr.*

E. Tezier et Henri Second
NOS ALPINS
In-4° de dessins et croquis militaires sous couverture en couleurs
Prix : 5 fr.

HISTORIQUE DU 2ᵉ RÉGIMENT D'ARTILLERIE
Ouvrage honoré d'une souscription du ministère de la Guerre

In-4° tiré à 750 exempl. numérotés sur hollande B. F. K. filigrané aux noms des grandes batailles du régiment, illustrations hors texte et dans le texte, noir et couleurs, dont cent sept compositions par L. Doizel.
Prix : 30 fr.

SOUS PRESSE

Révᵈ W.-A.-B. Coolidge
JOSIAS SIMLER
ET
LES ORIGINES DE L'ALPINISME
In-8° avec illustrations, portraits, plans, cartes, etc.

J. Tiersot
CHANTS ET CHANSONS POPULAIRES
RECUEILLIS DANS
LES ALPES FRANÇAISES
In-4° contenant deux cents chants ou chansons, français ou patois, avec musique, notes historiques et critiques, illustrations hors texte et dans le texte

---

John Grand-Carteret
LA MONTAGNE
A TRAVERS LES AGES

Deux volumes in-4°, imprimés rouge et noir, avec près de sept cents illustrations en noir ou en couleurs, hors texte ou dans le texte

www.ingramcontent.com/pod-product-compliance
Lightning Source LLC
Chambersburg PA
CBHW071900160426
43198CB00011B/1178